인물로 본 북한현대사

김일성에서 김정은까지

정창현

인물로 본 북한현대사 김일성에서 김정은까지

초판 1쇄 발행 2011년 2월 15일
초판 2쇄 발행 2012년 4월 20일

저 자_ 정창현 ▮ 펴낸이_ 윤관백 ▮ 편집_ 이경남 · 김민희 · 소성순 · 하초롱 · 주명규 ▮ 표지_ 김현진
펴낸곳_ 도서출판 선인 ▮ 인쇄_ 대덕인쇄 ▮ 제본_ 바다제책
등 록_ 제5-77호(1998. 11. 4)
주 소_ 서울시 마포구 마포동 324-1 곳마루B/D 1층
전 화_ 02)718-6252/6257 ▮ 팩 스_ 02)718-6253 ▮ E-mail_ sunin72@chol.com
정가_ 20,000원

ISBN 978-89-5933-422-3 93910

인물로 본 북한현대사

김일성에서 김정은까지

정창현

개정증보판을 내면서

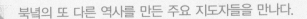

북녘의 또 다른 역사를 만든 주요 지도자들을 만나다.

남북이 분단된 지 65년이 지났다. 2000년과 2007년 두 차례 남북정상회담이 열렸지만 아직도 '대결의 역사'를 완전히 청산하지 못했다. 세계사적인 냉전은 해체됐지만 북한은 여전히 '경계해야 할 대상'이자 통일을 함께 모색해야 할 '동반자'이다. 북한 인식의 이중성은 끊임없이 이념적 논란을 불러일으키고 있다.

북한연구도 여기서 자유롭지 못하다. 1980년대 후반 이후 탈냉전기에 들어서면서 북한연구는 괄목할 만한 성장을 보여왔다. 우리 사회의 민주화와 민족문제 인식의 확대는 북한연구에도 활력을 불어넣었다. 과거와 달리 이념적 편견에서 벗어난 객관적이고 실사구시적 연구경향이 북한연구학계에 자리 잡았다.

그러나 '불안정한 남북관계'는 북한연구에도 부정적 영향을 미치고 있다. 뚜렷한 근거 없이 제기되는 '북한붕괴론', '북한체제 위기론' 등은 이를 잘 보여준다. 이러한 인식과 연구경향에는 여러 요인이 작용하고 있지만 그 뿌리에는 북한현대사에 대한 이해

부족이 깔려 있는 듯하다. 특히 북한의 역사를 움직인 주요 인물들에 대한 연구는 턱없이 부족한 상황이다.

역사는 사람들이 만들어 가는 과정이다. 단순하게 말하면 북한의 현대사는 김일성과 김정일의 역사다. '수령'을 정점으로 하는 '수령제 정치체제'의 형성과 발전의 역사다. 이 과정은 후계체제의 형성과 계승의 역사와 중첩된다.

따라서 북한의 역사를 이해하기 위해서는 수령제 정치체제의 기반을 마련한 김일성 주석과 수령제 정치체제를 이론화하고 체계화한 김정일 국방위원장의 행적과 활동을 파악해야만 한다. 이를 통해 수령, 총비서, 주석, 후계자 등 낯선 북한의 용어와 개념을 파악한다면 북한사회를 파악하는 데 한층 도움이 될 것이다.

| 수령 · 총비서 · 주석 · 후계자의 차이 |

	수령	총비서	주석	후계자
지위	인민대중의 최고뇌수 통일단결의 중심	당의 최고 책임자	국가수반	수령의 승계자
겸직여부	총비서 · 주석 겸직 가능	주석 겸직 가능	총비서 겸직 가능	총비서 겸직 가능
선출방법	인민의 추대	당 중앙위원회에서 선출	최고인민회의에서 선출	당 중앙위원회에서 선출
권한행사 방법	일상적 지도	당적 지도	국가적 지도	당적, 국가적 지도
권한한계 규정	없음	당 강령 · 규약 준수	헌법 준수	당 강령, 헌법 준수
권한의 자율성	없음	유한	유한	유한
임기	없음	명시되지 않음	헌법에 규정	없음

최근 북한은 김일성-김정일에 이어 새로운 후계자로 김정은을 확정하고, 김정은 중심의 후계체제를 수립하는 과정에 있다. 이로 인해 김일성-김정일-김정은으로 이어지는 최고지도자의 변화를 읽는 작업은 곧 북한현대사의 주요 흐름을 이해하는 첫 걸음이자 미래의 북한을 예측하기 위해 피할 수 없는 과제로 떠올랐다. .

이 책은 이러한 문제의식의 소산이다. 북한의 파워엘리트를 체계적으로 분석해야 북한사회의 과거와 현재를 이해할 수 있다는 것이다. 2002년 초판을 낼 때는 주로 1990년대 중반 러시아, 중국 등지에서 발굴한 자료와 증언을 중심으로 다양한 인물을 다뤘다. 그러나 시간이 지남에 따라 북한현대사의 특징을 좀 더 분명하게 드러내기 위해 김일성-김정일 중심으로 편제를 바꿀 필요를 느끼게 되었다. 때마침 절판된 이 책을 재출간해 보는 것이 좋겠다는 권유를 받았고, 필자도 욕심을 내 보았다.

우선 초판 내용의 일부를 빼고, 김일성-김정일 중심으로 순서를 조정했다. 그리고 2008년 후계자로 등장한 김정은 관련 내용을 추가했다. 결과적으로 이 책은 북한이 현대사의 기점으로 삼는 1920년대 중반부터 새로운 후계자가 등장한 2010년까지의 북한 역사를 포괄하게 됐다. 특히 다양한 증언과 자료를 활용했기 때문에 북한현대사와 북한의 지도자에 대해 서로 다른 시각과 관점에서 평가하는 데 도움을 줄 것이다.

모쪼록 이 개정증보판이 김일성-김정일-김정은으로 이어지는 북한현대사를 이해하는 데 조금이나마 밑거름이 됐으면 하는 바람이다.

끝으로 어려운 여건에서도 선뜻 출간을 맡아 깔끔하게 편집해준 도서출판 선인의 윤관백 사장과 편집부에 감사의 마음을 전한다.

2011년 1월 20일
신수동 연구실에서 정창현

이삭을 줍는다는 마음으로

　김대중 정부 출범 이후 북한을 방문하고 돌아온 사람들이 꾸준히 늘고 있다. 이제 북한을 다녀오지 않은 연구자는 북한전문가라는 명암도 못 내밀 정도가 됐다는 우스갯소리까지 들린다. 그러나 우리나라 국민의 대다수는 여전히 신문과 방송을 통해 북한 정보에 접하고 있다. 북한연구자들도 북한에서 간행된 원자료를 접한다는 사실 외에는 북한에 대한 언론보도에 큰 영향을 받는다.

　그러나 국내 언론이 보도한 과거의 북한 관련 기사는 "오늘자 북한기사, 내일이면 오보"라는 말이 있을 정도로 신뢰성이 떨어졌다. 게다가 오보로 확인된 기사라고 해서 특별히 정정되지도 않는다. '현대사발굴'이란 제하의 기사들도 발굴에 의미를 두다 보니 역사적 사실 여부를 따지는 작업은 뒷전으로 밀릴 수밖에 없었다. 북한정권에서 내무성 부상까지 지내다 소련으로 망명한 강상호는 1997년 필자를 만난 자리에서 "한국 언론에 보도된 일부 내용 중에는 내가 말하지 않은 것도 있다"며 노골적으로 불만을 표시하기까지 했다. 물론 8년째 북한과 북한현대사에 대해 기사를 써온 필자 역시 여기서 자유로울 수 없었다는 점을 솔직히 고백한다.

문제는 언론의 북한 관련 보도가 북한현대사 연구에 상당한 영향을 미치고 있다는 점이다. 지금까지 북한현대사 연구가 역사적 사실을 확정하는 실증작업을 소홀히 하거나 아예 관심을 두지 않았기 때문이다.

2000년 6월 남북정상회담 이후 남북의 화해와 협력 분위기가 조성되면서 북한 관련 보도의 객관성을 높여야 한다는 공감대가 형성되고 있다. 또한 1990년대에 들어 러시아, 중국 등 해외의 북한 관련 자료가 폭넓게 공개되기 시작했다. 따라서 객관적인 자료와 신뢰할 수 있는 관련자의 증언 없이 북한현대사를 서구의 이론 틀을 빌려와 설명하는 방식은 더 이상 설 자리를 찾기 힘들게 될 것이다. 이제는 체계적인 자료수집과 비판적 분석, 그리고 이를 설명하는 데 적합한 이론 개발을 동시에 추구할 때이다. 또한 지난 반세기 동안 수많은 자료들이 잘못 해석되고, 검증되지 않은 증언들이 마치 역사적 사실처럼 알려져 왔다는 점을 고려한다면 새로운 자료의 발굴과 더불어 지금까지 이용된 자료와 증언들에 대한 재검증 작업도 세밀하게 이루어져야 한다.

필자는 1990년대에 러시아, 중국, 우즈베키스탄 등을 다니면서 북한현대사의 생생한 증언들과 자료들을 접할 기회를 얻었다. 그중 일부는 신문과 월간지에 보도했지만 지면 사정으로 빠지거나 다 싣지 못한 내용이 많았다. 특히 일부 증언에는 기존의 통설을 뒤집거나 첨예한 논쟁을 불러일으킬 만한 내용도 포함돼 있다. 그래서 이삭을 줍는 마음으로, 그동안 수집한 증언과 자료들이 북한현대사 이해와 연구에 조금이나마 활력소가 됐으면 하는 바람으로 한 권의 책으로 펴내기로 했다. 책의 모양새를 갖추기 위해 약간 성격이 다른 학술적 성격의 글을 일부 함께 실었다. 그러다 보니 글의 일관성이라는 측면에서 보면 다소 불균형이 보이지만, 북한정권을 탄생시킨 김일성 주석부터 현재 북한의 최고지도자 김정일 국방위원장까지 다양한 인물들을 통해 북한현대사를 재조명해 봤다는 점에서 한 가닥 위안을 삼고 싶다.

이 작업은 여러 증언자와 자료를 접할 수 있도록 여건을 마련해준 통일문화연구소와 여러 선배들의 도움이 없었다면 불가능했을 것이다. 특히 유영구 선배와 자료를 꼼꼼히 정리해 준 김정래 연구원, 러시아 자료를 번역해 준 정태수 선배에게 감사의 마음을 전하고 싶다.

그리고 지난 10년간 매일 늦게 들어오는 '하숙생'을 웃음으로 맞아준 아내와 두 아이에게 이 책이 조그마한 선물이 됐으면 하는 마음 간절하다.

2002년 4월 10일
광화문 현대사자료실에서 정창현

차례

차례

북한현대사를

어떻게

볼

것인가

북한현대사를 어떻게 볼 것인가

1945년 분단 이후 남북은 반세기 동안 서로 다른 길을 걸었다. 자본주의와 사회주의라는 서로 다른 체제 속에서 각자 변화의 길을 걸으며 이질성의 폭도 커졌다. 남북한 어느 쪽이든 자신의 변화를 염두에 두지 않고 자기를 기준으로 상대를 보게 된다면 실제보다 몇 배로 더 변한 것처럼 보일 수밖에 없다.

따라서 북한현대사를 객관적으로 이해하기 이해서는 자신의 변화를 염두에 두고 생각할 수 있는 역지사지의 자세가 필요하다. 그렇지 않고 '선험적(transcendental)'으로 남한의 가치체계를 준거로 북한현대사를 평가해서는 곤란하다. 남북한의 현대사가 서로 다른 길을 걸은 것은 단순한 변질이나 이질화가 아니라, 일종의 변화이자 발전일 수도 있기 때문이다.

다행히 2000년 6월 역사적인 남북정상회담을 계기로 북한사회를 보는 시각이 많이 달라졌다. 대결과 반목의 시대였던 과거에는 북한은 공식적으로 '적성국'에 불과했다. 그러나 세계적인 냉전이 해체되고 남북관계가 화해와 협력의 시대에 들어서면서 비로소 북한을 남한과 '동등한 위치'의 국가로 보기 시작하였다. 나아가 '민족적 공동체'라는 인식 아래 기존의 체제적이며 이데올로기적인 장벽들에 대한 부담감 없이, 스스럼없이 북한사회와 북한현대사를 이야기할 수 있게 되었다. 반세기 동안 북한과 밀접한 관계를 유지했던 러시아와 중국의 자료도 점차 개방되고 있다.

과거에 가졌던 선험적인 인식과 편견에서 벗어나 자료에 입각해 '있었던 그대로'의 북한현대사를 바라볼 수 있는 길이 열린 것이다.

물론 북한을 연구하는 학계에서는 이미 1980년대 후반부터 '북한'이라는 역사적 실체에 대해 나름대로 객관적으로 접근하려는 노력이 등장하였다. 1990년대의 북한사회 인식을 둘러싼 '내재적 접근'과 '외재적 접근'

▲ 남북 정상의 첫 악수. 2000년 6월 13일 평양 순안공항에서 김대중 대통령과 김정일 국방위원장이 손을 잡고 첫 인사를 하고 있다.

논쟁 역시 북한사회를 보는 눈이 다양화되고 있음을 그대로 보여주는 현상이다.

과거 북한현대사 이해는 '주체사관'에 입각하여 북한사회주의의 혁명과 건설사를 정당화하는 북한의 공식 서술과 이를 그대로 소개하는 경향, 북한사회를 김일성과 김정일 족벌체제로 매도하면서 반공이데올로기에 기초해 재단하는 편협한 경향이 극단적으로 대립해 왔다.

북한사회의 운영원리인 주체사상과 북한체제가 형성된 역사적 맥락을 보려는 노력은 일부 선구적인 학자들의 몫일 뿐이었다. 그저 서구의 이론 틀, 특히 소련과 동구사회주의의 분석틀을 가져다가 선험적으로 북한현대사의 성격을 규정하려고만 하였다. 북한정권이 수립된 후 북한의 역사에서 실제로 어떤 일들이 벌어졌는가 하는 사실 탐구는 전연 도외시되었다.

1994년 김일성 주석이 사망한 후 풍미했던 '북한붕괴론'이 대표적인 사례이다. 당시 대부분의 국내외 북한전문가들은 3년 이내에 북한체제가 붕괴할 것으로 예상하였다. 그러나 김일성 주석을 계승한 김정일 체제는 1998년을 기점으로 안정성을 확보해 나가고 있다. 오히려 러시아·중국과의 전통적 유대관계를 복원하고 유럽연합(EU)이나 동남아 국가와의 전면적인 외교관계 수립을 통해 고립에서 벗어나고 있다. 북한의 과거와 현재를 역사적 흐름에서 종합적으로 분석하지 못한 데서 빚어진 오판이었다.

현존하는 북한사회에 대한 분석은 북한현대사에 대한 이해를 기초로 해야 타당성을 가질 수 있다. 이런 점에서 선험적이고, 전체주의적 접근에 기울어 있던 기성 북한사회, 북한현대사 이해에 대한 비판적 대안으로 1980년대 말부터 제기된 '내재적 접근론'은 때늦은 감이 있다.

이 접근법은 일부 독일학자들이 사회주의권 연구를 위해서 적용했던 방법론으로 사회주의를 '밖'으로부터, 즉 시민민주주의나 자본주의의 척도로 분석하려 것에 대한 대안으로 제시된 방법이었다. 사회주의의 이념과 현실을 내재적으로, 즉 '안'으로부터 분석·비판하여 사회주의사회가 자본주의사회와는 다른 이념과 정책의 바탕 위에 서있다는 것을 인정하고, 이 사회주의가 이룩한 '성과'를 이 사회가 이미 설정한 이념에 비추어 검토·비판하자는 것이다.[1] 북한이라는 대상을 분석할 때는 북한 내부인의 시각을 기준으로 해야 하며 북한의 특수한 현실을 고려해야 한다는 입장이다.

일부에서는 한국사회와 같이 협소한 이데올로기 지향을 갖춘 사회에서는 '내재적 접근'이라는 용어 자체가 자칫 비판을 사상(捨象)한다는 인식을 줄 수 있다는 우려에서 그 대신에 '내재적 비판적 접근'이라는 용어를 썼다.[2] 이는 연구대상이 되는 사회나 집단의 내재적 작동논리(이념)를 이해하고, 그것의 현실 정합성과 이론·실천적 특질과 한계를 규명해 내려는 접근이다.

이러한 접근법은 그동안 북한연구에 나타난 실사구시적 자세의 결여, 기초지식 없는 무분별한 이론의 개입, 일부에서의 무비판적 추종주의, 그 대칭으로서 맹목적 반북주의 등에 대한 반성으로 제기된 것이다.

초기에 내재적 접근법은 비록 의도적이지는 않다 하더라도 북한체제의 긍정적인 면을 지나치게 부각시키는 오류를 범할 수 있다는 비판을 받았다. 이러한 내재적 접근법의 한계를 극복하기 위해서는 외재적 접근과의 결합이 필요하다는 주장도 나왔다.

그러나 북한이라는 연구대상을 정확히 인식하기 위해서 연구자는 일단 내재적 연구시각을 가질 필요가 있다. 그런데 이때의 내재적 연구시각이, 맹목적 반공의식에 입각하여 의식적으로 북한의 긍정적 측면을 무시하거나 과소평가하고 부정적 측면만을 과장하거나 확대해 온 종래의 연구경향에 대한 대항적인 시각이어서는 곤란하다.[3]

특히 북한의 경우 사회주의의 보편성을 가지면서도 북한 고유의 여러 특성들, 즉 '주체형' 또는 '우리식 사회주의'나 '사회정치적 생명체론' 등이 사회전반에 걸쳐 강한 규정력을 행사하고 있다는 점을 고려할 때, 내재적 접근법은 북한의 여러 사회현상과 현대사 분석에 필수적인 접근법이다.

북한은 '어떠한 성격을 갖는 독재체제' 라는 선험적 규정에서 벗어나 내재적, 외재적 접근법을 북한의 현실에 적절하게 적용해 '있는 그대로의

▲ 남북공동행사에 응원단으로 나온 북한의 대학생들. 똑같은 복장, 일사불란한 행동 등은 북한 집단주의 생활문화를 상징적으로 보여준다.

북한' 을 분석하고 이해하려는 노력이 무엇보다 중요할 것이다.

그러나 북한에 대한 인식의 변화에도 불구하고 북한현대사 이해에는 넘어야 할 벽이 아직도 여러 측면에서 존재한다.

우선 양적 풍성함에 비해서 북한현대사 이해의 전제인 깊이 있는 분석적 연구가 매우 적다. 특히 현대사연구의 기초가 되는 자료 축적과 각 분야별 심층연구가 제대로 이루어지지 않고 있다.

현재 북한연구를 주도하고 있는 것은 주로 북한의 변화나 정책방향, 경제현황, 사회상황 등 현실 문제들이다. 이 연구들은 대체로 정보중심적 분석이거나 비교정치적 맥락에서 외국의 이론을 시론적으로 적용해 보는 수

준에 그치고 있다. 북한의 불안정이 고조되고 북한의 미래에 우리가 관심을 쏟지 않을 수 없는 현 상황에서는 이러한 연구들도 필요할 것이다. 그러나 현실 문제를 제대로 다루기 위해서도 역시 과거 역사에 대한 기초적인 심층연구가 필수적이다.[4] 따라서 정보 중심의 현실연구의 과잉과 역사나 구조에 대한 심층연구의 빈곤 상황은 북한현대사에 대한 정확한 이해를 위해 하루속히 극복되어야 한다.

둘째, 북한의 과거와 현재에 대한 실증연구의 부족이다. 사실(이해)과 해석(평가)은 구분되어야 한다. 역사적 의미를 이해하는 일과 역사적 사실을 확정하는 것은 별개의 작업이다. 예를 들어 김일성 중심의 항일무장투쟁이 전체 민족해방투쟁사에서 차지하는 의미에 대해 다르게 해석할 수 있지만, 김일성 등 북한의 다수 지도자들이 항일무장투쟁에 참가했다는 역사적 사실을 부정할 수는 없다.

그러나 지금까지의 북한현대사 이해와 연구에서는 역사적 사실을 확정하는 실증작업을 너무나 소홀히 해 왔다. 과거 역사에 대한 이해 없이 쌓아진 북한 이미지는 '환영'일 수 있으며, 역사 연구 없는 현상 분석은 거대한 사상누각일 수밖에 없다.[5]

'객관적으로 존재했던, 존재하는 일체의 사건과 현상을 구체적인 실제 속에서 그 내재적 연관성과 합법칙성을 연구'하는 것만이 이데올로기적 윤색, 무지와 비과학적 편견 등을 극복하고 북한 이해를 진전시킬 수 있는 유일한 길이다. 그래야 '상상 속의 북한'이 아니라 '실제 존재하는 북한'을 이해함으로써 북한체제의 성격과 운영원리를 파악할 수 있는 것이다.[6]

셋째, 북한현대사를 올바르게 이해하기 위해서는 북한사회의 변화와 발전이 갖는 특수성에 주목해야 한다. 북한은 소련의 지원과 영향을 받았지만 동구사회주의와 달리 상당히 독자적 발전 과정을 거쳤다. 이것은 사회주의라는 보편성과는 다른 북한현대사가 갖는 독특한 성격이다.

특히 북한은 6·25전쟁 이후 김일성 중심의 유일사상체계가 형성됐고, 1974년 김정일이 후계자로 등장한 후 20여 년간 후계체제가 형성·운영돼 권력승계가 순조롭게 이루어졌다. 그 결과 '수령제 사회주의'라는 독특한 정치체제를 형성하였다. 정권 수립 이후 여러 차례의 권력갈등을 거치면서 단일한 혁명전통과 정치세력이 형성된 것이다.

또한 소련이나 동구사회주의가 당의 권위가 약화되고 당과 군의 분리 현상이 나타났지만 북한은 조선노동당의 영도가 확고해 체제유지의 핵심인 군부가 수령과 당의 통제를 벗어나지 않았다.

북한 이해에서 특수성을 과도하게 강조하다 보면 자칫 북한 사회주의의 보편성을 망각할 수 있다.[7] 그러나 북한사회에서 나타나고 있는 '수령제'를 단순히 개인숭배라는 차원에서 접근하거나, 북한이 1950년대 이후 소련이나 동구사회주의와는 다른 독특한 사회주의의 길을 걸어왔다는 점을 무시해서는 안 될 것이다. 북한이 소련과 동구사회주의가 붕괴한 후에도 사회주의체제를 유지할 수 있었던 주요한 요인이 바로 북한체제의 특수성에 있기 때문이다.

특히 북한의 후계체제는 다른 사회주의국가들과 비교해 볼 때 북한사회가 갖고 있는 가장 두드러진 특수성을 보여 준다. 우선 북한의 후계체제는 권력의 1인자와 2인자가 30년 가까이 분점 혹은 영도와 지도라는 이중체계를 통한 병립으로 유지돼 왔다. 권력 속성상 이렇게 오랜 기간의 권력분점은 사회주의국가뿐만 아니라 자본주의국가의 권력 교체와도 상당한 차이점을 보여준다.[8] 북한현대사 이해는 이러한 북한의 독특한 경험에 대해 포괄적으로 접근해야만 가능할 것이다.

아직까지 북한현대사를 이해하고 연구하는 데 많은 어려움이 따른다.

우선 북한의 공식적인 문헌 이외에 북한현대사와 관련된 역사적 사실을 확인할 만한 객관적인 자료가 드물다. 현장조사를 할 수 있을 만큼 북한이 개방적이지도 않다. 그러다 보니 과거 북한의 문헌을 사실과 맞지 않는 것으로 완전히 부정하거나, 문헌 내용을 그대로 북한의 현실로 받아들이는 잘못된 양극단의 경향이 존재해 왔다.

이러한 어려움에도 불구하고 북한현대사에 대한 객관적이고 과학적인 이해를 위해서는 다양한 방법으로 과거 사실에 대한 역사적 복원과 규명에 힘을 쏟아야 한다. 역사적 접근이 필요한 것이다. 그래야 북한체제에 대한 단편적인 이해가 아니라 북한사회의 전반적인 내부작동원리를 이해하고, 그 근원을 역사적으로 해명할 수 있을 것이다.

주

1) 송두율, 「북한사회를 어떻게 볼 것인가」, 『사회와 사상』 12월호 한길사 ; 송두율, 「북한사회에서의 내재적 방법 재론」, 『역사비평』 1995년 봄호 역사비평사 ; 송두율, 「주체사상에 있어서 혁명과 역사」, 『주체사상』, 경남대학교 극동문제연구소, 1990.
2) 이종석, 「북한연구방법론, 비판과 대안」, 『역사비평』 1990년 가을호 역사비평사.
3) 최완규, 「북한연구방법론: 연구시각, 자료, 이론들」, 『북한연구』 제6권 제1호, 1995, 133쪽.
4) 이종석, 「탈냉전기 북한연구의 동향과 과제: 북한연구의 신지평 시대」, 『한국사론』 27권, 국사편찬위원회, 1997, 366~367쪽.
5) 서동만, 「북한연구에 대한 반성과 과제: 1990년대 연구성과와 문제점」, 『현대북한연구』 창간호, 경남대 북한대학원, 1998, 90쪽.
6) 한 원로 북한학자의 다음과 같은 토로는 과거 북한에 대한 선험적 이해와 내재적·역사적 접근의 부재가 가져온 결과로 보인다. "수년 동안 북한을 연구한 사람들이 배운 것은 어느 것도 평양의 수수께끼 같은 정권이 수개월 또는 수년은 차치하고서라도 수주 동안 어떻게 행동할 것인가를 예측하는 것만큼 무모한 것은 없다는 사실이다" 고병철, 「김정일 정권의 정치체제 : 비교적 시각」, 『현대북한연구』 창간호, 경남대학교 북한대학원, 1998, 294쪽.
7) 김연철, 「북한현대사 연구의 쟁점과 과제」, 『한국의 '근대'와 '근대성' 비판』, 역사비평사, 1996, 167~171쪽.
8) 북한 후계체제의 특징에 대해서는, 정영철, 『김정일 체제 형성의 사회정치적 기원 : 1967~1982』, 서울대 대학원 사회학과 박사학위논문, 2001.

01

김일성(1)

1930년대
만주지역
항일투쟁,
어디까지
사실인가

.

.

.

.

.

.

.

.

1930년대 만주지역 항일투쟁,
어디까지 사실인가

'민족해방운동사'를 바라보는 남북한의 시각 차이는 상당히 크다. 남한의 경우 일제 시기 독립운동사는 역사시간에나 듣는 이야기에 불과하다. 독립기념관을 찾는 사람도 갈수록 줄고 있다. 반면 북한에서는 "생산도 학습도 생활도 항일유격대식으로"라는 구호 아래 '항일유격대식'으로 사고하고 행동하고 생활하는 것이 일상화돼 있다. 남한에서는 이를 세뇌교육으로 치부해 버리지만, 북한에서는 자기의 지도자, 부모들이 어떻게 싸워 왔는가를 깨닫고, 여기서 축적된 혁명전통을 계승하자는 관점에서 항일무장투쟁사를 중시한다.

특히 북한은 1930년대 만주지역에서 전개된 '항일무장투쟁'을 김일성이 전적으로 지도했다고 주장하면서 정통성 확보를 위한 '혁명전통'으로 선전한다. 상해 임시정부를 중심으로 독립운동사를 서술하는 남쪽과 비교하면 그 차이가 얼마나 심각한지 알 수 있다.

북한의 '민족해방운동사' 서술이 정권 초기부터 완전히 김일성 중심이었던 것은 아니었다. 초기에는 1920년대 국내 사회주의운동과 연안에서 활동한 조선독립동맹·조선의용군도 포함돼 있었다. 그러다가 1950년대 후반에 있었던 조선독립동맹계의 '연안파' 숙청을 계기로 "김일성이 영도한 항일무장투쟁만이 유일한 혁명전통"으로 확립됐다.

특히 1960년대 후반 이후 '수령 중심의 유일사상체계'가 강화되자 민족해방운동사 서술도 '수령·당·인민의 삼위일체 원칙'을 표방한 '김일성의 항일무장투쟁' 중심으로 체계화됐다. 1980년대 들어 북한은 김일성이 1930년대 이후 국내외 모든 독립운동을 직접 지도하거나 영향을 준 것으로 서술하고 있다.

그러나 이러한 평가와 서술은 결과적으로 북한 스스로가 강조하는 '민족해방운동사'의 범위와 의미를 축소하고 부정하는 것일 수 있다. '위대한 수령'의 활동만으로 민족해방운동을 서술하자면 무리가 따를 수밖에 없기 때문이다.

더구나 러시아·중국 등에 보관되었던 극비문서와 관련자들의 증언이 공개되면서 북한이 대대적으로 선전하고 있는 '위대한 수령'과 '항일무장투쟁'의 윤곽도 드러나고 있다.

그동안 우리 학계 내부에는 북한이 주장하는 '항일무장투쟁'에 대해 다양한 견해가 존재했다. 첫째, 북한의 김일성은 일제 시기 전설적 명성을 떨쳤던 '김일성 장군'의 이름을 사칭(詐稱)한 가짜라는 주장이다. 둘째, 북한의 김일성이 1930년대 만주지역의 동북항일연군에서 활동한 것은 사실이지만 그것은 중국공산당의 지도를 받는 것이었고, 독립운동과는 관계가 없었다는 견해이다. 셋째, 김일성이 모든 것을 지도했다는 북한의 주장은 부정돼야 하지만, 1930년대에 만주지역에서 전개된 무장투쟁 자체는 민족해방운동사에 포함시켜야 한다는 주장이다.

이중 '김일성 가짜설'을 주장하는 학자는 극히 소수이고, 현재는 동북항일연군과 거기에 속해 활동한 '조선인 항일유격대'를 어떻게 평가할 것인가를 두고 논쟁이 전개되고 있다.

이러한 경향은 그동안 논의의 초점이 김일성 개인 행적의 진위여부에 맞춰지면서 오히려 그 개인만을 부각시키는 역작용을 초래했던 점을 극복하고, 전체 독립운동 또는 사회주의운동의 범주에서 1930년대 무장투쟁활동을 밝히고 평가하려 한다는 점에서 한 단계 진전된 것이다.

사실 지금까지 남북한 학계의 김일성 연구나 1930년대 만주지역의 무장투쟁에 관한 연구는 제대로 되지 않았거나 지나치게 확대 해석됐다.

예를 들어 북한은 20세도 채 안된 김일성이 소년단과 공산청년동맹을 조직해 지도했다고 주장하지만, 그가 민족주의 독립운동단체였던 국민부 산하 단체에서 활동했다는 것은 여러 자료에서 입증된다. 국민부에서 활동했던 백파(白波) 김학규(金學奎, 광복군 제2지대장)는 그의 자서전에서, 정의부가 김일성에게 공금으로 학비를 대 주어 공부를 시켰는데, 그 후 공산주의로 사상을 전환했다고 밝혔다.

북한은 김일성이 1930년대 초 항일유격대를 조직했고, 이를 기초로 1934년 '조선인민혁명군'을 창건해 만주지역 항일투쟁을 지도했다고 주장한다.

그러나 1980년대 중반 이후 『현대동북사』(1986년), 『동북항일연군사료』(1987년), 『동북항일연군투쟁사』(1991년) 등 중국의 연구와 자료들이 소개되면서 '조선인민혁명군'이 인민혁명군 제2독립사(후에 동북항일연군 2군 6사)를 지칭한다는 사실이 밝혀졌다. 북한과의 '형제당 관계'를 고려해서 김일성의 이름이 들어갈 자리를 공란으로 처리했던 중국이 실명으로 기재하기 시작한 것이다.

1990년대에 공개된 「평강(馮康)보고서」(중국공산당 동만주 특별위원회 서기 위증민[평강]이 유격대 간부들의 약력을 보고한 문건)는 김일성에 대해 "고려인, 1932년 입당, 학생, 23세, 용감·적극, 중국말을 할 수 있으며 유격대원에서 승진한 사람······. 대원 속에서 말하기를 좋아하고, 정치문제는 아는 것이 많지 않다"고 평가했다. 이것은 그간 논란이 됐던 1932년 김일성의 중국공산당 입당 사실을 다시 확인시켜 주는 자료이다.

만주에서 소련으로 후퇴한 후 김일성이 1942년 8월 소련 극동사령부의 협조 아래 만들어진 '동북항일연군 교도려'(소련 원동방면군 독립 제88려단, 제88특별여단 등으로 불리기도 함)에서 활동했다는 사실은 이미 여러 자료에서 드러났다. 이 부대의 여장은 주보중이고, 제1교도영장이 김일성이었다.

▼ 1939년 동북항일연군 제1로군 제2방면군 군장 시절의 김일성(뒷줄 가운데), 당시 김일성은 위장을 위해 가끔 안경을 쓰곤 했다고 한다.

그 외에 김책(金策, 제3교도영 정위), 최용건(崔庸健, 교도려 참모장), 강건(姜健, 제2교도영 정위)등 해방 후 북한정권의 핵심을 형성한 사람들이 모두 포함돼 있었다. 『주보중일기』에 따르면 이 부대에는 약 1백 명의 조선인이 있었다. 이처럼 수령 중심의 역사 서술과 역사적 사실 사이에는 일정한 간격이 존재한다.

그러나 북한이 1990년대에 소련군의 역할과 민족주의세력의 위상을 재평가한 김일성의 회고록 『세기와 더불어』 1~8권을 출간하면서 이러한 역사인식이 변할지도 모른다는 가능성이 조심스럽게 점쳐지고 있다. 특히 김일성을 비롯해 '항일무장투쟁'에 참가했던 세대의 퇴조도 중요한 변수다. 북한의 이러한 변화 가능성을 높이기 위해서는 우리측의 전향적인 자세도 필요하다. 그동안 우리는 김일성이 가짜냐, 진짜냐는 문제를 가지고 소모적인 논쟁을 해 왔다. 이제는 시야를 넓혀 자료를 통해 밝혀진 사실을 기초로, 통일을 준비한다는 자세로 발전된 연구와 인식의 전환이 필요한 시점이다.

개인의 활동에 초점이 맞춰져 묻혀 버린 1930년대 만주지역의 무장투쟁에 대해서도 그 활동 전모를 밝히고 전체 민족해방운동사에서 가지는 의미를 평가하는 작업이 이뤄져야 한다. 다양한 경향과 지역의 항일활동을 모두 우리의 민족해방운동사 속에 포함시키는 것이 역사적 정당성을 높일 수 있는 길이기 때문이다.

해방 이후 일제 식민지 잔재가 완전히 청산되지 못한 남한에서는 사실 오랫동안 민족해방운동사에 대한 연구를 할 수 없었고, 이로 인해 한동안 이 방면에 대한 연구가 실증적, 이론적 수준에서 상당히 낙후되어 있었다. 또한 주체사상이 전일화된 이후, 북한의 항일무장투쟁사 연구 성과들은 자신들의 일관된 입장에서 항일무장투쟁사를 체계화시켜 서술함으로써 우리가 이해하는 데는 상당한 어려움이 따른다.

따라서 남북 역사학계의 시각 차이를 극복하고 일치된 역사상을 획득하기 위해서는 남한 학계의 민족해방운동사 연구에서 장애가 되는 부분과 현재까지의 연구 성과가 가진 문제점을 비판·극복하는 한편, 항일무장투쟁사에 대한 북한의 연구 과정을 면밀히 추적해 보는 것이 시급한 과제이다.

남한 학계의 연구현황

해방 후 상당한 기간 동안 남한에서는 민족해방운동사 연구는 부진을 면치 못했다. 분단체제가 성립됨으로써 민족해방운동사 연구에 있어서 학문 외적인 요인들이 커다란 장애 요소로 작용하였고, 미군정과 단독정부의 수립 과정을 거치면서 식민지 잔재가 완전히 청산되지 못했기 때문이었다. 또한 연구가 있다고 하더라도 객관성 있는 연구가 되기 어려웠다. 따라서 사회주의운동과 노동·농민운동, 상해임시정부의 활동, 1920년대와 1930년대의 민족주의계열의 해외 독립운동과 국내의 신간회에 대한 연구가 진행되었을 뿐이다.[1]

6·25전쟁 이후 남북한 간의 심각한 대립과 독재정권의 의도적인 반공정책으로 1930년대 만주에서의 항일무장투쟁은 언급 자체가 금기시되었고, 대부분의 연구는 현재 북한의 지도자인 김일성이 '소련의 괴뢰'에 불과하다는 데 초점이 맞추어졌다. 그러나 1980년대 후반 이후 통일운동의 고양과 북한에 대한 객관적 인식이 확산되면서 항일무장투쟁사에 대한 연구도 차츰 활기를 띠기 시작했다.

현재 남한 학계에서 항일무장투쟁사를 바라보는 데는 크게 세 가지 시각이 존재한다. 첫째, 소위 '김일성 위조설(僞造說)'로 현재의 김일성과 일제시기에 독립운동을 한 김일성은 전혀 다른 인물이라는 견해이다.[2]

둘째, '김일성 위조설'은 부인하지만 김일성을 한국 공산주의운동과는 거리가 먼 이단자로 파악하여, 만주에서의 항일무장투쟁을 한국민족해방운동이 아니라 중국 공산주의운동의 일환으로 파악하는 견해이다.[3]

셋째, 항일무장투쟁사를 한국 민족해방운동사에 포함시키고, 이를 보다 실증적으로 규명하려는 새로운 견해이다.[4] 이러한 경향의 연구들은 대체로 항일무장투쟁이 민족해방운동에서 중요한 위치를 차지했다는 점은 인정하면서도, 항일무장투쟁사가 가지고 있는 역사적 역할과 의의에 대해서는 다른 평가를 내리고 있다.

1. 김일성 위조설=김일성 가짜설

김일성이 위조되었다는 주장의 핵심은, 식민지 시기에 전설적인 항일투사 김일성 장군이 존재했는데 그 사람은 해방 전에 죽었고, 해방 후 들어온 김일성은 북한의 김성주와 소련이 그 이름과 명성을 도용한 가짜라는 것이다. 북조선의 김일성이 전설상의 '김일성 장군' 이름을 도용한 가짜라는 주장은 해방 직후부터 일부에서 제기된 바 있다. 남한에서 이러한 견해가 등장하게 된 것은 모스크바 삼상회의 이후 '찬탁'과 '반탁'을 둘러싼 좌우익의 대립이 표면화되고, 북한의 토지개혁으로 토지를 빼앗긴 대지주들이 월남하던 1946년 초부터이다. 처음에는 주로 김일성의 나이가 너무 젊다는 점에 주목하여 이를 집중적으로 거론하면서 등장하였다.[5]

이러한 주장의 초기 형태는 이북의 책에서도 보인다. 그는 "전설상의 김일성은 일본 사관학교를 졸업하고 조선독립을 위해 용감하게 싸운 사나이와 동일인이며 이 김은 1922년 만주에서 동사했다."[6] 라고 주장한다. 이러한 주장은 김창순에게 이어져, "원래 김일성 장군은 우리 민족의 구전상의 영웅으로 정의부 계통의 독립군 가운데 걸출한 지도자(1931년 병사)였는데, 소련은 해방되던 해에 약관 34세인 김성주를 전설적 영웅인 김일성 장군으로 꾸며서 입북시키는 동시에 한국적화의 요원으로 양성해 두었던 소련 2세들을 김일성부대로 가장하여 들여보낸 것"[7]이라고 보완된다.

이명영은 이러한 견해를 더욱 다듬어 '4인의 김일성' 설로 체계화하였다. 이 설의 핵심은 구한말부터 일제 식민지 시기까지 네 명의 김일성이 있었음을 확인할 수 있는데 이들은 모두 해방 전에 죽었고, 북한의 김일성은 이들의 명성을 도용했다는 것이다.[8] 그는 심지어 "동북항일연군은 항일과 공산혁명을 부르짖고 있기는 하지만 실질적으로는 직업적인 비적떼로서 약탈, 방화, 살인, 납치를 일삼는 공비부대"라고 하여 일제가 독립군을 가르켜 '공비', '마적'이라고 부르던 것을 그대로 옮기는 데까지 자신의 견해를 더욱 보강하여 『권력의 역사』라는 책을 다시 내놓았다.

그 후 허동찬은 두 권의 『김일성 평전』을 통해 일제 시기 김일성의 행적을 정밀하게(?) 추적하여 "항일유격대 내에는 원래 두 명의 김일성이 있었는데 유명한 김일성은 현재의 김일성이 아니며 현재의 김일성은 두 명의 김일성 중 별 볼일 없던 또 하나의 김일성(일제의 기록에는 김일선으로 나옴)으로 유명한 진짜 김일성의 행적까지 자기 것으로 도용하였다"라는 새로운 '김일성 위조설'을 내놓았다.[9]

그러나 이러한 견해는 이제 이명영, 허동찬 등 몇몇을 제외하면 학계에서 더 이상 설 자리를 상실하였다. 심지어 초기에 '김일성 위조설'을 주장하였던 김창순조차도 1970년대에 들어와서는 현재 북한의 김일성이 만주의 항일연군에 속해 있던 그 김일성이라는 것을 인정하고 있다.

또한 구태여 초기에 북한에서 나온 전기를 예를 들지 않더라도 해방 직후에 남한에서 나온 기록들만 봐도 이 점은 분명한 것 같다. 1946년 김오성은 『지도자 군상』이라는 그의 저서에서 다음과 같이 김일성의 본명과 행적에 대해 적고 있다.

김일성 장군은 평안도 출신으로 본명은 김성주(金成柱)라 한다. 14, 15세 때부터 학생운동, 청년운동에 투신하여 항상 리더의 자격으로 전면에서 활약하였다. 접전 때마다 전리품으로 무장을 완비한 김일성 부대는 관동군 최대 공포의 적이었다. 그 뒤 김 장군은 중한반일유격대의 용사들과 협력하게 되었고, 1935년에는 김일성 장군은 제2동북인민혁명군 사령관이 되었다.[10]

또 1945년 12월에 있었던 조선청년총동맹 결성대회에서 채택된 메시지는 김일성에 대해 다음과 같이 기록하였다.

거츠른 만주벌판에서 천험의 국경을 돌파하고 북조선 일대에서 폭악무도한 일제 야만군대를 물리치고 전율케 하던 우리 민족의 영웅이오, 다만 조선민족의 해방과 행복만을 명두에 두고 악전고투하여온 청년 영웅 김일성장군, 장군은 위대한 민족해방투사요, 진실한 청년의 지도자입니다.[11]

또 해방 직후 일제 시기 민족해방운동사에 대한 여러 저작이 간행되었는데, 강흥수, 최형우 등이 김일성의 행적에 대해 언급하고 있다.

항일전에 있어 빼지 못할 거대한 존재는 백두산과 압록강 유역을 중심으로 한 김일성 장군의 활약이다. 만주국으로 하여금 일억 원의 경비를 쓰게 하고 총독부로 하여금 조선통치의 암이라 하여 국경 강안의 전부 보루화를 하여도 안심할 수 없이 두통한 것은 항일전상 특필대서할 일이다. 백두산의 녹림호걸 청년 장군 김일성 장군은 평안도 출생으로 금년 34세의 청년이다.……그 부하 역시 모두 용감하여 보천보를 습격한 때는 민중을 모아 놓고 일장의 애국연설을 하여 일반에게 큰 감격을 주었다.”[12]

위의 기록들을 통해 볼 때 김일성은 해방 직후부터 '청년 장군'으로 알려져 있었음을 알 수 있다.

2. 중국공산당 종속론

북한에서 1960년을 전후하여 이나영의 『조선민족해방투쟁사』(1958년), 『조선근대혁명운동사』(1961년) 등의 연구 성과가 간행되고 이것이 해외에 번역·출판되는 한편, 4·19혁명 이후 민족통일운동이 고양되자 '김일성 위조설'은 흔들리기 시작했다. 이에 대응하기 위해 미국의 한인 학자와 국내의 연구자들은 1960년 중반부터 만주에서의 항일무장투쟁과 김일성이 '소련의 괴뢰'임을 선전하는 한편 지식층에게는 이 새로운 견해를 제출했다.

이들이 항일무장투쟁을 바라보는 기본 시각에는 몇 가지 공통점이 보인다. ① 이들은 오늘날 북한의 지도자인 김일성은 1932~1941년 만주에서 소수의 유격대를 이끌었던 사람이며, 그가 전설적인 애국자로부터, 혹은 김일성이라는 혁명가들로부터 모든 것을 가로챈 엉터리가 아닌 것만은 확실하다고 인정하고 있다.

② 그러나 이들은 만주에서의 항일유격대의 독자적인 활동을 철저히 부정하고 이를 중국 공산주의운동의 일부분으로 취급한다. 즉 김일성의 항일무장투쟁의 실체는 그가 이른바 조선인민혁명군을 이끌고 활동한 것이 아니라, 중국공산당 산하의 한 소부대를 이끌고 투쟁한 것에 불과하며, 오

늘날 북한이 그의 업적으로 돌리고 있는 몇 가지 정책도 코민테른이나 중국공산주의자들의 정책지도를 접수한 것에 지나지 않는다고 주장한다.

③ 이들은 한국공산주의운동의 흐름이 시베리아지역에서 기원하여 조선공산당→조선공산당 재건운동→해방 후 재건파 공산당으로 이어진다고 파악한다. 김준엽, 김창순은 "1930년대 후반기에 만주 동변도 일대를 활동무대로 한 김일성 일당의 게릴라조직이 있었으나 이것은 중국공산당 만주성위의 산하이기 때문에 조선공산당의 계보에 넣어서 논할 것이 못 된다"라고 하여 만주에서의 무장투쟁을 아예 조선공산주의운동의 흐름에서 제외시키고 있다. ④ 따라서 해방 이후 김일성이 북한의 지도자로 등장하게 된 것은 그의 뛰어난 혁명업적 때문이 아니라 전적으로 소련의 지원에 의한 것이었다고 주장한다.[13]

이러한 견해는 현재 남한 학계에 상당히 널리 인정받고 있고, 이에 대한 비판이나 논쟁도 점차 활발해지고 있다. 서대숙은 자신의 견해를 보다 체계화하여 『북한의 지도자 김일성』이란 전기를 내놓았다.

> 비록 중국 공산주의자들의 연군 밑에서였던 것이기는 하더라도 그의 경력은 확고한 것이고 인정받을 만한 가치가 있다. 그가 중국 및 소련과 관련되었던 사실은 해방된 한국의 북반부에서의 그의 장래를 위해서 다행이었는데.……중국 사람들과 같이한 그의 빨치산활동이 늘 승리했던 것은 아니며, 실제로 그들은 끝내 패배했다. 그가 중국 및 소련과 관련되어 다른 한인 혁명가들보다 더욱 돋보였던 점은 그의 정치적 행운이었다."[14]

이러한 그의 주장은 1960년대의 견해 즉, 김일성이 빨치산활동을 한 것은 사실이지만 그것은 중국공산당운동의 일환이며, 해방 직후에 지도자로 등장한 것은 소련의 힘 때문이라는 주장과 전혀 차이가 없음을 보여주고 있다.

이러한 시각의 문제점과 오류는 1980년대 중반 이후 중국측 자료가 국내에 소개되면서 실증적, 이론적 측면에서 비판되었다.

논쟁의 핵심은 항일무장투쟁의 독자성과 의의, 김일성의 역할을 어떻게 볼 것인가 하는 문제로, 앞으로 더 활발히 논쟁이 진행될 것으로 보인다.

3. 실증적 연구경향

1980년대 중반까지만 해도 남한 학계에서는 김준엽, 김창순, 이정식, 서대숙 등의 공산주의사 연구가 정설로 자리 잡고 있었다. 그러나 1980년대 후반 항일무장투쟁사에 대한 새로운 시각이 등장하면서 새로운 각도에서 논쟁이 시작했다. 이재화, 이종석, 이준식, 신주백, 한홍구 등의 연구성과가 대표적이다. 최근 연구의 특징은 김일성을 중심으로 한 항일무장투쟁을 민족해방운동사의 범주에 포함시키고, 해방 직후에 김일성이 지도자로 등장한 요인을 이러한 혁명활동의 결과로 파악한다는 점이다. 이러한 시각은 최근 폭넓은 자료 섭렵을 통한 체계적인 주장으로 이어지면서 학계에 상당한 영향력을 미치고 있다.

이재화는 처음으로 남한 학계의 연구경향을 구체적으로 비판하였다.

우선 그는 '김일성 위조설'이나 '중국공산당 종속론'을 비판하였다. 그는 중국과 일제 관헌 자료를 비판적으로 검토한 후, 김일성을 필두로 한 조선 공산주의자들이 형식적으로는 중국공산당 산하 동북항일연군의 한 부분을 형성하고 있었지만 실제로는 '반만항일'을 위한 조·중 공동투쟁과 더불어 조선혁명을 위한 독자적인 투쟁을 동시에 수행하고 있었으며 항상 조국으로의 진공을 고민하고 계획하고 있었다고 주장했다.

또한 동북항일연군 제2군의 성격에 대해서는 "조·중 양국 민중의 국제적인 반일통일전선체로서의 성격을 지니고 있었다"고 보면서, 제2군 내의 조선인들은 조선독립을 위한 투쟁이라는 독자적 임무를 수행하면서 중국민족의 해방운동을 국제주의적 기치 아래 지원하였다고 주장했다.

그는 북한에서 김일성이 지도자로 등장할 수 있었던 가장 기본적인 요인도 달리 설명한다. 즉 "내세울 만한 투쟁경력도 없는 김일성이 단지 소련의 후광에 힘입어 권좌에 올랐다고 주장하는 것은 항일 시기 조선민족의 무장항쟁을 모독하는 것일 뿐만 아니라 북한민중을 바보요, 허수아비로 보는 지극히 천박한 견해에 지나지 않는다"라고 서대숙 등의 견해를 비판하였다. 그는 "김일성 유격대만이 소부대, 소조활동과 대규모 군정훈련 등의

▲ 동북항일연군 제1로군 경위여단 대원들의 모습(1939년 여름).

치밀한 준비를 토대로 소련군과 함께 조국해방전쟁 작전을 수행하였다"고 주장했다.[15]

바로 이러한 투쟁이 해방 이후 북한에서 무장투쟁세력이 자연스럽게 당, 군, 정부 등의 핵심을 차지하고 자주국가 건설을 주도할 수 있었던 요 인이라는 것이다.

둘째, 그는 의도적이든 아니든 항일무장투쟁과 대등한 수준으로 조선 공산당과 그 재건운동을 재평가해, 결과적으로 해방 이후의 남로당을 복권 시키려 하는 일부의 경향에 대해서도 비판하였다. 그는 3·1운동→노동· 농민운동→항일무장투쟁의 흐름을 민족해방운동의 주류로 부각시켰다.

그는 1930년대 우리나라 민족해방운동을 대표하는 흐름을 크게 당 재 건운동, 혁명적 노동조합과 농민조합 운동, 항일무장투쟁 그리고 임시정부 와 광복군, 독립동맹과 조선의용군 등으로 설정하고 각각의 운동이 차지했 던 역할과 한계를 평가하면서 1930년대에 들어서서 민족해방운동의 합법 칙적 발전을 근원적으로 추동한 것은 항일무장투쟁이라고 결론지었다. 즉, 항일무장투쟁은 식민지 민족해방운동의 최고 형태의 투쟁인 무장투쟁을 기본으로 공산주의운동과 민족통일전선운동, 각계각층의 대중투쟁을 유기 적으로 결합시켜 반일민족해방운동을 전면적으로 새로운 단계로 발전시켰 다는 것이다.

그의 연구는 남한 학계에서 처음으로 항일무장투쟁사를 전면적으로 체 계화하였다는 데 큰 의미가 있다. 그동안 불모지나 다름없던 항일무장투쟁 사 연구를 한 단계 진전시킨 성과인 것이다.

그러나 그의 연구는 항일무장투쟁사를 주류적 관점에서 체계화한다고 했으나 실제로 본문 서술에서 그것을 제대로 적용하지 못했다. 그가 주장 하듯이 주류적 운동이란 여타의 모든 운동을 고무·추동하는 주도적 운동으로서, 민족해방운동의 기본 줄기를 이루는 운동이다. 따라서 항일무장투쟁을 주류운동으로 설정했다면 다른 모든 운동을 이것과의 상호연관 속에서 즉, 항일 무장투쟁이 국내의 대중운동, 해외의 다른 운동을 어떻게 추동해 냈는가 하는 점이 구체적으로 밝혀져야 할 것이다. 그러나 그의 연구에서는 항일무장투쟁에 대한 서술이 다른 운동보다 양적으로 많을 뿐 상호병렬적으로 되어 유기적인 설명이 되지 못하고 있다.

이와 달리 이종석의 연구는 북한 지도집단의 항일무장투쟁의 역사적 경험이 해방 직후 북한의 인민정권의 수립과정에 깊은 영향을 주었다는 것을 해명하는 데 초점이 맞춰져 있다. 여기서 그는 항일무장투쟁의 전개 과정을 살펴보면서 유격근거지에서의 민주개혁과 민족통일전선운동(조국광복회)의 경험이 해방 직후 김일성이 지도적 위치를 차지하는 데 결정적 역할을 하였음을 밝혔다.

그는 "기존 북한 연구계의 일각에서 아직도 생명력을 유지하고 있는 허무맹랑한 이른바 '김일성 가짜설'의 허구성을 파헤치고 일부 '김일성 비판가'들의 정당하지 못한 비판들을 비판"하는 데에도 큰 비중을 두었다.

그의 연구는 상당히 개괄적이고 평면적임에도 불구하고 학계에 정식으로 제출된 최초의 문제제기라는 측면에서 중요한 의미를 갖는다.

한편, 이준식은 동만지역 항일무장투쟁세력과 연결돼 1937년의 '보천보 전투'를 수행한 조선민족해방동맹을 분석했다. 그는 ① 조선혁명이라는 목적을 위해 만주와 국내의 민족해방운동이 공간적 분리를 뛰어넘어 어떻게 결합했는가와, ② 일제가 '무장투쟁'의 지도 아래 조선민족해방동맹이 전개한 반일통일전선운동을 '중국공산당의 조선 내 항일인민전선 결성 사건'으로 부른 것은 부적합하다는 측면에서 항일무장투쟁과 조선민족해방동맹의 역동적 관계를 밝혔다.

앞으로 남한 학계는 항일무장투쟁사에 대한 역사적 사실의 확정뿐만이 아니라, 이를 어떠한 관점에 입각하여 서술할 것인가에 대해서도 진지하게 고민해야 할 것이다.

북한 학계의 연구현황

북한의 역사연구는 당 사상정책의 방향과 밀접한 연관을 가지고 있다. 이 점을 고려하면 북한의 항일무장투쟁사 연구는 당 사상정책의 변화에 따라 크게 세 시기로 나누어 살펴볼 수 있다.

제1기는, 1945년 해방 이후부터 1950년대 중반까지의 시기로, 최창익, 이청원 등의 활동이 두드러졌으나 체계적인 항일무장투쟁사 연구는 이루어지지 못한 시기이다.

제2기는, 1950년대 후반부터 1960년대 중반까지의 시기로, 최창익 중심의 연안파가 민족해방사운동사를 보는 시각이 비판받고 김일성 중심의 유일혁명전통이 수립되는 시기이다.

제3기는, 1960년대 후반부터 현재까지로, 김정일의 주도하에 주체사상이 전면적으로 체계화되고 주체사관에 입각한 항일무장투쟁사서술이 이루어지는 시기이다.

1. 제1기의 연구성과와 특징

해방 직후부터 민족해방운동사에 대해 많은 관심을 보인 북한은 6·25 전쟁 이전에 이미 여러 편의 전기와 글을 발표한다. 전기로는 한설야, 북조선예술연맹, 한재덕[16] 등의 글이 알려져 있고, 이청원, 최창무, 김두용, 윤

세평 등의 글이 『역사제문제』에 발표되었다.[17]

그러나 이 시기를 대표하는 책은 역시 조선역사편찬위원회에서 펴낸 『조선민족해방투쟁사』[18]이다.

1860년대부터 시작하여 모두 7장으로 되어 있는 이 책은 5, 6장이 1920년대부터 해방까지의 공산주의자들의 투쟁을 다루고 있는데, 특히 제6장 「일제의 대륙 침략하에서의 반일무장투쟁」이 1930년대부터 해방까지의 김일성을 중심으로 한 항일무장투쟁을 다루고 있다. 제6장의 집필자는 당시 조선노동당과 정부의 최고 관료 중의 한 사람이었던 최창익이다. 그는 1920년대 초 사회주의사상이 처음 수용되었던 시기부터 청년단체에서 활동했고, 1927년 제3차 조선공산당에서는 간부로 있다가 1941년부터는 연안에 가서 중국공산당의 지도하에서 발족된 조선독립동맹과 조선의용군의 최고간부의 한 사람으로 활동했던 사람이다.

최창익은 여기서 김일성의 활동을 항일유격대의 창건과 조국광복회의 조직을 중심으로 서술하면서, 그 의미에 대해 "김일성 장군의 영웅적인 항일무장투쟁은 조선인민의 반일민족해방운동에서 무장투쟁이 요구되는 역사적 단계에 있어서의 최초이며, 동시에 최후까지 계속된 항일무장투쟁으로서 조선민족해방운동의 정통적인 계승, 발전을 의미하는 것이다"라고 평가하였다.

그의 글이 이후의 다른 책과 구별되는 뚜렷한 차이점은 1920년대 사상단체에 대한 평가와 자신이 속해 있던 조선독립동맹에 관련된 부분이다. 조선독립동맹에 관해서는 제6장 3절의 「김일성 장군의 항일무장투쟁」 중 한 항목으로 서술되고 있다. 그는 김일성의 항일무장투쟁이 실질적으로 일제 대륙침략전쟁 전 기간을 통하여 조선 민족해방운동의 주류가 되었다는 것을 인정하면서도, "김일성의 무장투쟁은 조선민족해방운동의 정통을 계승, 발전시킨 의미를 갖는다. 동시에 화북지방 조선의용군과 공히 조선인 민이 낳은 유일한 항일무장대오로서 일제에 직접적인 타격을 주었고 해방 후 조선인민군대의 근간이 되었다"라고 하여 독립동맹의 역할을 높이 평가 하고 있다.[19]

이것은 김일성 중심의 항일무장투쟁과 독립동맹의 활동 모두에게 혁명 전통을 부여한 그의 인식을 잘 보여주는 것으로, 당시 북한 역사학계가 다 양한 세력을 포괄하고 있었다는 사정을 반영하고 있다. 이러한 그의 인식 은 6·25전쟁 이후 항일무장투쟁사 연구가 진행되고 혁명전통이 강조되면 서 전면적으로 비판을 받게 된다. 이와 관련한 김일성의 언급이다.

> 항일빨치산투쟁의 전통을 계승하는 것이 우리에게 유익했지 나쁜 것은 없습니 다. 반당종파분자들은 무엇 때문에 이것을 반대합니까? 그들의 목적은 지난날 우리나라 역사에서 아무런 투쟁업적도 없었다고 하며 또 만일 있다고 하면 고루 한몫씩 노나 먹자는 것입니다. 그들의 비방은 아무런 근거도 없습니다."[20]

이러한 논쟁은 '8월 종파사건'[21]이 나면서 최창익 등의 연안파가 숙청 됨으로써 정리된다.

이처럼 이 시기는 식민지 시기에 만주, 중국, 국내에서 민족해방을 위 해 투쟁했던 다양한 세력들이 자신들의 경험에 기초한 민족해방운동을 서 술했던 시기라고 볼 수 있다. 따라서 민족해방운동을 어떻게 체계화시킬 것인가 하는 논쟁이 불가피했다. 이 시기의 대표적인 저작이라고 할 수 있 는 『조선민족해방운동사』가 아직 관점이 통일되지 않고 병렬적으로 서술 되고 있는 것도 바로 이러한 논쟁이 끝나지 않았음을 보여 주는 것이다.

2. 제2기의 연구성과와 특징

이 시기는 북한에서 교조주의와 종파주의를 극복하고 사상정책에서 주체확립이 강조되던 시기라고 할 수 있다. 이것은 역사학 분야에서도 적용되어 역사학 전반에 걸쳐 교조주의와 종파주의를 극복하기 위한 투쟁이 전개된다. 특히 항일무장투쟁사 연구에서는 최창익 등 연안파의 역사인식이 전면적으로 비판되면서, 김일성 중심의 만주 항일무장투쟁이 민족해방운동의 주류로서 확고하게 정립되는 시기이다. 이 과정에서 항일운동에 참가했던 사람들의 회상기, 답사기 등의 자료들이 광범위하게 발간되어 항일무장투쟁사 연구가 본격화되었다.

1952년 12월에 있었던 당 중앙위원회 제5차 전원회의에서 김일성은 당 사상사업과 관련하여, ① 당성 강화와 당의 통일 단결, ② 종파주의의 극복, ③ 교조주의와 형식주의 사업작풍 퇴치, ④ 우리 역사, 특히 민족해방투쟁과 항일무장투쟁에 대한 깊이 있는 연구 등을 강조했다. 1955년에 김일성은 "우리 일꾼들을 우리나라의 혁명역사로써 교양하지 않는다면, 그들은 자기의 우수한 혁명전통을 발전시킬 수 없을 것이며, 투쟁방향도 모르게 되고 혁명사업에서 열성과 창발성도 발휘할 수 없을 것이다"[22]라고 하여 다시 한 번 항일무장투쟁사 연구의 중요성을 강조하였다.

이러한 경향은 1956년에 발생한 소위 '8월 종파사건' 이후 더욱 강조되어 광범위한 사상사업이 이루어지고, 이때 주요 대상이 된 이가 최창익, 이청원, 김상도 등이었다.

당시 역사학 분야에서 이들을 전면적으로 비판하고 나온 대표적인 사람이 김석형이다. 그는 박헌영과 최창익, 그를 추종하는 이청원 등 일련의 역사가와 이론가들이, 서로 표현은 조금씩 다르지만 1930년대와 그 이전에 중국의 만주땅 특히 조선, 소련, 중국의 국경지대가 조선민족해방운동과 혁명운동의 중심지로 또는 중심지의 하나가 되지 않을 수 없었던 역사적인 필연성을 묵살하는 수법으로 1930년대 운동, 특히 김일성에 의하여 조직, 지도된 항일무장투쟁에 대해서 과소평가하거나 비속화했다고 비판하였다.

또한 일제가 조선과 만주를 그 식민지체계로서 일괄하여 왔으며, 특히 1930년대 이후 이른바 '선만일여(鮮滿一如)'라는 구호가 나온 후부터는 국경으로서의 압록강과 두만강의 의미는 본질적으로 변화되었기 때문에, 1930년대에 견실한 공산주의자들에 의해 백두산 일대를 근거지로 하는 항일무장투쟁이 조직 · 전개되었을 때 조선인민은 누구나 이를 민족해방투쟁의 주류로 또 지도적 역량으로 인식하였다고 주장하였다.

> 조선혁명의 중심이 이곳에서 형성된 것은 그 투쟁형태가 새로운 무장투쟁의 형태를 취하게 된 것과 마찬가지로, 역사적으로 필연성을 띠고 있었기 때문에 전체 인민의 심금을 그렇게도 울릴 수 있었으며, 조선인민으로 하여금 정확한 인식을 갖도록 하였던 것이다.[23]

이러한 관점에서 그는 이청원 등이 항일무장투쟁을 서술함에 있어서 시간도 장소도 제시하지 않고 많은 인용문과 찬사 나열의 추상적 수법을 사용한 것은, 이들이 민족해방투쟁사 서술에 있어서 수정주의적 관점으로 전락한 것을 감추기 위해, 스탈린이나 모택동의 말을 교조주의적인 수법으로 이용한 것이라고 비판하였다.[24] 이후 항일무장투쟁사 연구에서 교조주의와 수정주의에 대한 투쟁은 전 역사학계 차원에서 진행되었다.

이러한 노력의 첫 소산으로 나온 것이 1958년에 출간된 이나영의 『조선민족해방투쟁사』이다. 이나영은 서문에서 "이 책이 조선노동당 제3차

대회가 채택한, 민족해방투쟁사에 대한 연구와 편찬사업을 강화하기로 한 결정에 따라 저술·출판된 것으로써 최창익 등 반당분파분자들이 분파적 목적으로, 김일성 동지를 선두로 한 견실한 공산주의자들이 조직·전개한 항일무장투쟁을 통해 형성된 참된 혁명적 전통을 왜곡·과소평가하고 말살하려한 것"을 지적하면서, 민족해방투쟁사 연구에 끼친 이들의 해독을 비판하기 위해서 썼다는 점을 분명히 밝혔다.

모두 10장으로 되어 있는 이 책은 최창익의 글과는 달리 김일성을 중심으로 한 항일무장투쟁 부분이 책 전체의 삼분의 일 정도를 차지할 정도로 보강됐고, 조선독립동맹과 조선의용군에 관한 서술은 모두 삭제되었다. 이것은 이 시기 김일성을 중심으로 한 항일무장투쟁이 유일·배타적인 혁명전통으로 확립되었다는 것을 의미한다.

사회주의국가에서 자신들의 뿌리를 어디에 두고 교양하느냐 하는 것은 굉장히 중요한 의미를 가진다. 소련이나 중국 등의 사회주의국가에서는 레닌, 모택동 등 자신들의 지도자의 혁명활동을 혁명전통으로 설정하여 그것의 유일성과 배타성을 주장하는 것은 당의 민주집중제의 관철과 혁명을 계속적으로 발전시켜 나가는 데 결정적인 역할을 수행한다고 주장한다. 이에 대해 김일성은 다음과 같이 지적하고 있다.

왜 우리는 혁명전통을 계승해야 하는가? 혁명전통을 계승해야만 선열들이 과거 혁명투쟁에서 승리한 것처럼 우리가 앞으로도 승리할 수 있다는 신심을 굳게 할 수 있으며, 매개 사람들에게 열렬한 애국심과 혁명적 투쟁을 북돋아 줄 수 있습니다.[25]

즉 모든 사물이 자기의 전통을 기초로 하여 발전하는 것처럼 혁명운동의 발전도 자기의 역사적인 뿌리, 혁명의 전통을 계승함으로써만이 성공할 수 있다는 것이다. 결국 혁명전통의 올바른 설정과 그에 대한 전면적인 교양은 그 나라 민중의 혁명의 밑천으로, 민중들에 대한 사상교양의 중요한 내용으로 되어야 한다는 목적에서 '민족해방운동사'가 새롭게 정리된 것이다.

이와 비슷한 시기에 북한의 사회과학원 역사연구소는 『조선통사』(1958)를 출간했는데 항일무장투쟁 부분은 이나영의 책과 거의 동일하다.[26]

한편 북한은 1958년 4월 당중앙위원회의 결정에 따라 당의 혁명전통에 관한 자료 수집사업과 그 편집, 출판사업을 진행했는데, 1952년 6·25전쟁 기간 중에 파견된 제1차 혁명 전적지 답사단에 이어 1959년에 파견된 제2차 답사단도 그 일환으로 이루어진 것이다.

항일무장투쟁에 관한 자료들 중에서 직접 운동에 참가한 투사들의 회상기는 당시의 사료들이 인멸된 조건하에서 특별히 귀중한 의의를 가지고 있다. 북한에서는 1956년 12월 당 중앙위원회 직속으로 당 역사연구소를 설치하여 빨치산투쟁 참가자들의 회상기를 집중적으로 수집하였다. 수집된 회상기 중에서 우선 일부가 1959년~1960년에 『항일빨치산 참가자의 회상기』 1~3 세 권으로 간행되었다.

이 회상기들은 이후 계속 발간되어 1970년까지 모두 12권이 나왔다. 당의 혁명전통 교양을 기본 목적으로 출판된 이 책은 여러 차례 재판되었으며, 근로자들이 일터에서 쉽게 학습할 수 있도록 분책으로 출판되기도 했다.

이 외에도 중요한 회상기로는 『항일빨치산 참가자들의 전투 회상기』와 『인민의 자유와 해방을 위하여』가 있다. 『항일빨치산 참가자들의 전투 회상기』는 항일무장투쟁에 참가한 혁명투사들이 그 시기의 주요 전투에 대하여 쓴 회상기를 묶은 책으로 당시 진행된 전투의 연대순에 따라 편찬되었고, 전투지들의 약도와 전적지의 사진, 그림들이 첨가되어 있다(1959년부터 1962년까지 5권으로 간행됨). 『인민의 자유와 해방을 위하여』는 항일무장투쟁에 참가했던 사람들의 회상기로 당 역사연구소에서 편찬하여 발행한 책이다. 1962년부터 1969년까지 4권이 나왔으며 여러 차례 재간행되었다.

개인의 회상기로는 임춘추의 『항일무장투쟁 시기를 회상하여』(1960년)와 박달의 『조국은 생명보다도 귀중하다』(1960년) 등이 유명하고, 답사기로는 『항일무장투쟁 전적지를 찾아서』(1960년)가 간행되었다.[27]

▲ 1937년 '혜산사건'으로 체포된 조선민족해방동맹의 책임자 박달(오른쪽). 그는 해방 후 서대문형무소에서 앉은뱅이로 출감한 후 월북해 1960년 4월 사망했다.

이와 같은 자료집, 회상기의 집중적인 발간 외에도 이 시기를 전후하여 항일무장투쟁에 관한 논문이 『력사과학』, 『근로자』에 많이 실렸고, 학사(남쪽의 석사)학위논문도 크게 증가했다. 『력사과학』의 경우 1955부터 1958년까지는 단 한 편의 글이 실렸을 뿐인데 1959년에는 5편이나 실렸다. 『근로자』에 실린 논문의 수도 뚜렷이 증가하는 현상이 나타났다.

이러한 자료의 수집, 발간과 연구에 기초하여 북한 역사학계는 1961년 조선노동당 제4차 당대회를 기념하여 『조선근대혁명운동사』를 발간하였다. 이 책은 당시의 연구 수준을 한 단계 높인 북한 역사학계의 '집체적 결정품' 이다. 전석담, 김희일, 오길보, 김을천, 송지영, 이종현, 이나영 등의 학자들이 중심이 되어 편찬한 이 책은 1860년대부터 1919년의 3·1운동까지의 다섯 장을 전편 '부르주아 민족운동의 발생·발전' 으로 묶고, 1920년 대부터 해방까지의 다섯 장을 후편 '마르크스레닌주의 기치하의 민족해방운동의 새로운 발전' 으로 편성한 것이 큰 특징이다.

항일무장투쟁 부분은 동만 혁명근거지를 중심으로 한 항일무장투쟁의 전개, 항일무장투쟁과 반일민족통일전선의 확대·발전, 조선인민혁명군의 소부대활동으로 전개 과정을 3단계로 시기를 구분하여 이후의 시기 구분에 한 원형을 제공하였다.

또한 견실한 공산주의자의 성장과 이들에 의한 반일무장투쟁의 개시를 설정하고, 1930년대 국내의 노동·농민운동을 항일무장투쟁과 병렬적으로 서술하는 것이 아니라 항일무장투쟁의 서술에서 한 절로 포함시켜 서술하고 있는 점이 눈에 띈다. 즉, 제8장 「민족해방운동의 보다 높은 단계로의 발전, 동만 혁명근거지를 중심으로 한 항일무장투쟁의 전개」 제2절 '대중 가운데서의 공산주의 활동의 강화, 노동운동과 농민운동의 발전' 이란 항목으로 항일무장투쟁과의 관련 속에서 1930년대의 대중운동이 서술되어 있다.

이러한 서술은 항일무장투쟁이 1930년대에 일제에 대항하여 싸운 조선 노동계급을 비롯한 모든 혁명역량의 움직임을 규제한 가장 기본적인 동인 이며 원동력이라고 파악하여, 노동운동의 발전과 노동계급의 지도사상의 발전을 당적인 영도의 측면에서 결합시킨 것으로 보인다.

이러한 서술방식에 대해서는 혁명전통의 설정과 연관되어 1950년대 말에 논쟁이 진행되었던 것이 확인된다.

1958년에 김정숙은 『력사과학』에 실은 논문에서 당 재건운동을 1920년대의 초기 공산주의운동의 폐해를 극복한 것으로 파악하여, "명천 방일 농민운동은 노동계급의 영도를 받는 조선 농민들의 반일운동의 혁명적 전통으로 수립하였는 바, 이는 오늘······농민대중을 반일운동의 혁명적 전통으로 고무하여 주고 있다"[28]라고 결론을 내렸다.

이에 대해 김영숙, 김희일은 "1930년대가 조선민족해방운동에서 새로운 적극적 단계로 된 것은 견실한 공산주의자들이 조선혁명 발전의 성숙한 객관적 요구를 정확하게 실현하여 조직적 무장투쟁을 전개하였기 때문"이라고 하면서 "1930년대 명천 농민운동의 연구를 통해서 당의 혁명전통의 역사적 내용을 더욱 풍부히 하는 대신에 민족해방투쟁사에서 독자적인 명천 전통을 날조하려고 하였다"[29]고 김정숙을 비판하였다.

결국 이 논쟁은 다음과 같이 정리됐다.

우리가 계승해야 할 유일한 전통은 마르크스레닌주의의 깃발 밑에 근로인민의 이익을 옹호하며 투쟁한 항일유격대의 혁명전통입니다.······우리가 전통을 계승한다고 해서 오가잡탕을 계승할 수는 없습니다."[30]

논쟁을 통해 북한 역사학계는 조선의 노동계급은 항일무장투쟁이 있음으로 해서 그를 통해 자기의 영도를 실현하였으며, 노농동맹을 실현하고 이를 심화·발전시켰다는 점을 명확히 하였다. 이러한 논쟁의 귀결로서 1930년대 대중운동이 항일무장투쟁과의 관련 속에서 서술되기 시작한 것이다.

내용상으로 보면 『조선근대혁명운동사』는 답사기와 회상기에 기초하여 조선인민혁명군의 활동을 항일무장투쟁 시기의 주요 회의(요녕구, 남호두, 소할바령회의 등)와 전투를 중심으로 구체적으로 서술하기 시작했다, 또 소할바령회의 이후의 정치군사학습을 통한 역량 보존, 간부 육성, 소부대에 의한 습격, 정찰, 정치소조의 활동 등에 대한 서술이 상당히 보강되었다.

이와 함께 조선인민혁명군이 소련군과 함께 진격한 사실이 서술되고 있다. 이는 "항일무장투쟁의 소부대활동에 대하여 언급하면서 일제 패망의 결정적 시기에 있어서 조선인민혁명군의 투쟁계획과 조선인민혁명군 부대가 소련군대와 같이 진격하여 일본군과 전쟁한 사실에 대해서는 언급이 없다"[31]라는 비판에 대한 보완인 것 같다.

『조선근대혁명운동사』가 나온 이후의 항일무장투쟁사 연구는 대체로 이 체제와 내용을 유지하면서 항일무장투쟁의 각 시기별 세부 활동을 보완하는 작업으로 진행되었는데, 송지영 · 장문선 · 한규훈[32] 등의 연구성과가 알려져 있다.

이렇게 볼 때 전체적으로 이 시기는 북한 학계에서 최창익, 이청원 등의 역사 인식이 교조주의, 형식주의, 수정주의로 비판되면서 주체를 확립해 나간 때였다. 이것은 곧 항일무장투쟁이 유일한 혁명전통으로 확고하게 자리잡아 나가는 과정과도 일치한다. 『조선근대혁명운동사』의 혁명전통에 관한 다음과 같은 평가는 이러한 상황을 잘 보여준다.

항일무장투쟁은……조선인민의 위대한 애국적 혁명적 전통이 집대성되고 조선 공산당의 혁명적 전통이 완성되었던 것이다. 김일성을 선두로 하는 공산주의자들이 항일무장투쟁의 시기에 쌓아 올렸던 혁명적 전통은 긴 세월에 걸친 고난에 찬 투쟁 속에서 획득된 조선인민의 가장 빛나는 혁명적 재산이고, 우리 인민의 자자손손 번영과 행복을 창조하기 위한 투쟁에 있어 가장 고귀한 원천이다."[33]

3. 제3기 연구성과와 특징

북한에서는 이 시기를 사회주의의 전면적 건설과 완전 승리를 위한 시기라고 부른다. 이 시기는 주체사상의 강화라는 일관된 특징을 가지고 있지만, 1974년을 전후하여 두 개의 시기로 구분할 필요가 있다. 이른바 미국의 한반도 공세전략과 사상·문화적 침투와 관련하여, 북한은 1967년 4기 15차 전원회의에서 반미정책을 약화시키자는 박금철 등의 '갑산파'를 숙청하면서 '온 당의 주체사상화' 강령을 내걸었다.

그 후 1974년 김정일의 주도하에 북한은 '온 당의 주체사상화'의 수준을 넘어서 '온 사회의 주체사상화'를 노동당의 최고강령으로 선포하고, 주체사상을 철학적 원칙까지 포괄하여 전면적으로 체계화했다. 이 과정에서 주체사상은 마르크스레닌주의 해석의 구체적 지침으로서가 아니라, 마르크스레닌주의를 포괄하는 독자적인 철학적, 사회·역사적 원리로 체계화되어 사회 전반의 유일사상으로 자리잡았다.

이에 따라 북한 학계는 1980년대에 들어오면서 주체사관에 입각하여 항일무장투쟁사 연구를 다시 정리했다. 『조선전사』로 대표되는 이 시기의 항일무장투쟁사 연구는 서술 원칙과 평가의 기준에서 이전의 연구와는 다른 모습을 보여주었다.

1960년대에 들어서면서 김일성은 출판물의 문화교양자, 사상교양자로서의 역할을 제고할 것을 강조하는 한편, 출판과 관련된 주요 연설을 통해서 신문, 잡지, 도서들이 정치·경제·시사에 치우치지 말고, 대중들이 관심을 갖는 다방면적인 문화교양을 많이 싣도록 하며, 정치선전과 경제선전의 올바른 결합을 꾀하라고 지시하였다. 역사학 분야에서는 계속 혁명전통과 민족문화에 대한 연구가 강조되었고, 역사서술의 원칙으로 당성의 원칙, 역사주의 원칙과 이것의 올바른 관철을 위한 주체 확립이 특히 강조되었다.

1960년대 후반에 접어들면서 북한의 사상사업, 선전사업과 문화·예술 전반에 큰 변화가 나타난다. 이것은 박금철, 이효순, 김창만 등의 실각과 관련된 것으로 특히, 김창만이 박창옥 등의 숙청 이후 오랜 동안 사상사업 분야의 당무를 관장해 왔기 때문인 것으로 보인다. 1967~1968년 초에 이르는 기간 동안 출판·보도기관에 대한 당 중앙위원회의 집중지도가 이루어졌다. 『력사과학』, 『경제연구』 등 북한의 대표적인 사회과학 학술지의 발간이 이 무렵 뜸해지거나, 『조선문학』의 경우처럼 계속 발간된다 해도 편집 방침에서 큰 변화가 생긴 것도 이 집중지도의 영향일 것이다. 집중지도의 목적은 당의 유일사상체계를 확립하기 위한 것이었으며, 그 방향은 김일성의 유일사상과 혁명역사 과정에 맞추어졌다.

이러한 분위기에서 나온 백봉의 『민족의 태양 김일성장군』(1968년)은 주목할 만한 책이다.[34] 이 책은 김일성의 풍모, 덕성이나 일화를 중심으로 서술되어 있지만 그동안 구체적으로 언급되지 않았던 항일무장투쟁 이전인 1920년대 후반의 김일성의 활동을 체계적으로 제시했다는 점에서 중요한 의미를 갖는다. 내용을 보면 이전의 책에서는 간략하게 다루었던 타도제국주의동맹(ㅌ·ㄷ)의 결성, 새날소년동맹, 반제청년동맹의 조직, 길림감옥 투옥, 카륜회의 등에 관한 기록이 처음으로 등장하거나 새롭게 서술되어 있다.

1974년에 북한은 '온 사회의 주체사상화'라는 새로운 강령을 제시했다. 이 강령은 북한사회에서 정치사상적 통일의 범위가 당 차원에 국한되지 않고, 전 사회와 전 인민으로 확대되었다는 것을 의미한다. 이는 당과 대중 간에 형성된 일체감에 근거하지 않고서는 제시될 수 없는 과제이기도 했다. 북한은 이를 위해 먼저 사상사업체계를 강화하여 유일사상 학습의

강도를 높였고, 문답식 학습방법 등의 새로운 학습형식과 '김일성 동지 혁명사상 연구실', '김일성 동지 혁명사상 학습반' 등의 새로운 학습공간과 학습체계를 등장시켰다. 또한 새로운 학습기풍 형성에 이바지할 수 있는 서적들을 대대적으로 출간하였다.

항일무장투쟁사와 관련된 서적으로는 『인민의 자유와 해방을 위하여』 1~6(1977년), 『불멸의 자욱을 따라』 1~4(1978년), 『붉은 햇발아래 항일혁명 20년』 1~2(1979년) 등의 항일빨치산 참가자들의 회상기가 계속 발간되었다. 특히 이 시기에 와서 김일성이 항일무장투쟁시기에 했다고 하는 연설이나 저작들이 발표 시기와 내용을 토대로 윤색되어 재간행되었다.[35] 이것이 1979년에 나온 『김일성 저작선집』에 재수록되었고, 이에 대한 해설문고도 간행되었다.

1970년대의 항일무장투쟁사 연구에 대해서 북한 학계는 "항일무장투쟁을 승리로 이끌어 나가는 과정에서 창조된 독창적인 군사전략과 전술들, 주체의 영군술과 전법들, 주요 작전들과 전투 자료들이 수집되어 새롭게 체계화되었으며, 항일혁명전쟁에서 전략적 의의를 가지는 카륜회의, 명월구회의, 왕재산회의, 요녕구회의, 남호두회의, 소할바령회의를 비롯한 주요 회의 자료들이 발굴되어 그 내용과 의의들이 응당한 지위에서 평가되었다. 특히 항일혁명투쟁 과정에서 창조된 우리 당의 빛나는 혁명전통에 대한 연구가 널리 진행되어 많은 성과들을 이룩하였다"고 평가하였다.[36]

이러한 연구성과들이 1979년에 『항일무장투쟁사』 1~10권으로 집약되고, 『조선전사』 현대편으로 종합, 체계화되었다. 『조선전사』에 수록된 항일무장투쟁사는 "김일성동지께서 시대의 지도사상과 조선혁명의 진로를 제시하시기 위하여 버리신 비범한 사상이론활동과 실천투쟁 내용을 전면적으로 체계화하였으며, 주체사상의 창시가 자주 시대의 개척에서 가지는 거대한 의의를 깊이 있게 밝혔다"[37]고 스스로 평가하는데, 이전에 나온 항일무장투쟁사 연구와는 서술 원칙과 평가의 기준에서 다른 면을 보여주었다.

『조선전사』현대편이 나온 이후 북한 학계는 이를 보다 대중화하기 위해 압축해서 발간하는 작업을 진행하는 한편, 그 동안의 연구성과를 기초로 전기를 발간했다. 1983년에 나온 『항일무장투쟁사』 1~2, 『현대조선력사』와 1982년에 발간된 『위대한 수령 김일성동지 전기』 1~3, 『위대한 수령 김일성 동지 혁명력사』 등이 대표적이다. 이 시기에 나온 전기들은 역사적 사실보다는 김일성의 비범한 예지, 탁월한 영도력, 공산주의적 덕성, 항일무장투쟁 이래의 불멸의 업적, 주체사상 창시, 인민에 대한 헌신성 등이 중심 내용을 이루고 있다.

한편 자료의 성격을 가지는 것으로는 항일무장투쟁시기의 김일성의 연설이나 저작이 1970년대 이후 계속 단행본으로 발간되었으며, 1986년에 『항일혁명투쟁 주요 로정』, 1987년에는 『위대한 수령 김일성 동지 혁명력사 자료집』이 5권으로 간행되었다.

최근의 북한 학계의 항일무장투쟁사 연구경향을 알 수 있게 해주는 책으로는 『조국광복회운동사』 1~2,[38] 『조선통사』를 들 수 있다. 『조국광복회운동사』는 항일무장투쟁사를 민족통일전선운동의 전개과정을 중심으로 서술하고 있는데 그동안 논란이 되었던 조국광복회의 지부 특히 국내 지부의 활동을 구체적으로 밝히고 있다. 또한 『조선통사』는 『조선전사』의 서술 원칙에 준해서 1980년대 중반에 나온 자료와 연구성과를 보강한 것으로 항일무장투쟁사를 가장 압축적으로 체계화시켜 놓고 있는 듯하다.

1960년대 말 이후의 항일무장투쟁사 연구는 주체사상의 전면적 체계화 과정에 따라 이전의 연구 성과들이 전면적으로 재검토되면서 주체사관에 입각한 저작들이 활발히 간행되었음을 알 수 있다.

4. 항일무장투쟁사 연구의 특징

북한의 항일무장투쟁사 연구는 시기에 따라 큰 변화를 겪었다. 그러나 1980년대 『조선전사』를 비롯한 일련의 연구성과가 나온 이후에는 큰 변화가 없다. 앞으로도 북한에서 주체사관에 입각한 연구가 이루어지는 한 뚜렷한 변화는 없을 것 같다. 물론 일부의 사실에 대해서는 앞으로도 변화될 수 있겠지만, 『조선전사』의 내용과 서술 원칙, 평가의 기준 등은 유지될 것으로 보인다. 따라서 1980년대 연구성과의 특징이 무엇이고 남한 학계와는 어떤 차이점들이 발견되는가를 살펴볼 필요가 있다.(북한에서 주장하는 김일성을 중심으로 한 항일무장투쟁의 구체적인 전개 과정과 활동에 대해서는 다음의 표를 참조).

| 북한의 항일무장투쟁 시기구분 |

준비기(1926~1931)	
1926. 6.	화성의숙 입학
1926. 10.	타도제국주의동맹(ㅌ·ㄷ) 결성
1926. 12.	새날소년동맹 결성
1927. 1.	육문중학 2학년 편입
1927. 봄.	조선인 길림소년회 조직
1927. 여름.	ㅌ·ㄷ를 반제청년동맹으로 개편
1927. 8.	조선공산주의청년동맹 결성
1928. 10.	길회선 철도부설 반대투쟁
1930. 6.	카륜회의 소집
1930. 7.	조선혁명군 결성

제1단계(1931~1935): 인민혁명정부 시기

1931. 12.	명월구회의에서 항일무장투쟁으로의 이행 결정
1932. 4.	최초의 반일인민유격대 안도에서 결성
1933~1935.	간도 일대에 유격근거지-해방지구 창설, 인민혁명정부 수립.
1934. 3.	동만 각 현의 반일인민유격대를 조선인민혁명군(동북인민혁명군)으로 개편
1934.	민생단사건 발생, 약 400여 명의 조선공산주의자 숙청
1935. 2~1936. 6.	대황위 회의, 요녕구회의 개최. '민생단 숙청투쟁' 상의 좌익모험주의적 오류 비판하고 주체노선 정착. 유격 근거지 해산 후 북만원정 돌입.

제2단계(1936~1940): 항일민족통일전선 시기

1936. 2.	남호두회의에서 민족통일전선과 당 창건 준비. 결성 후 남하하여 백두산일대에 반(半)유격구 형태의 비밀근거지 다수 설치.
1936. 봄.	동북항일연군 제2군 결성(2군 6사 사장 김일성)
1936. 5. 5	조국광복회 창립 (회장 김동명)
1937. 1.	국내에 조선민족해방동맹 결성
1937. 6.	국내진공전 수행(보천보 전투)
1937. 10~1938. 2.	혜산사건으로 조국광복회 장백현 조직과 국내 조직 파괴.
1938. 7.	동북항일연군 제1로군 3개 방면군으로 개편 결정.
1938. 12.	제1로군 제2방면군 편성(군장 김일성)
1938. 11.	남패자회의에서 국경지대 재진출 결정
1938. 12~1939. 3.	북만부터 백두산지구까지 고난의 행군
1939. 5.	제2차 조국진군, 무산전투 수행.
1939. 10~1940. 3.	대부대 선회작전 전개
1940. 3.	안도현 홍기하 전투(마에다 부대 전멸)

제3단계(1940~1945.8):소부대활동 시기

1940. 8.	소할바령회의에서 소부대활동으로 전술 전환 결정.
1940. 10. 23.	김일성부대, 소련영내로 철수
1940. 10~1941. 7.	북야영(브야츠크)과 남야영(보로실로프)에서 훈련하며 소부대활동 전개
1941. 4.	김일성부대 만주파견
1942. 8.	하바로프스크에 동북항일연군 교도려(국제연합군,소련극동군 88특별여단) 결성
1945. 7.	김일성 모스크바 방문해 쥬다노프 등 만남
1945. 7.	조선공작단 결성(단장 김일성)
1945. 8. 9.	소련군과 함께 대일선전포고 후 국내 진공작전 수행(오백룡 부대)
1945. 9. 19.	원산으로 입국

첫째, 현대사의 시점을 '주체적인 관점'에서 규정하였다. 북한은 현대사를 자주성의 시대이며 노동계급을 비롯한 근로인민대중이 위대한 수령의 영도 밑에 참다운 투쟁강령과 조직을 가지고 자주성을 위한 투쟁을 벌려나감으로써 창조된다고 본다. 따라서 노동계급의 위대한 수령의 출현과 혁명활동의 개시가 현대사의 서막을 여는 시초가 된다고 주장한다. 북한에서는 이 시초를 1926년 '타도제국주의동맹'의 결성에서 찾고 있다.[39]

북한이 해방 직후 인민정권의 수립이나 사회주의제도의 수립을 현대사의 기점으로 잡지 않고 있는 것은 주목할 만하다. 이러한 북한의 주장은 주체사관에서 현대사의 기준을 어떻게 설정하고 있는가를 살펴보면 조금은 해명된다. 북한 학계는 주체사관에 입각하여 인류사회의 발전 과정은 역사의 주체인 인민대중의 지위와 역할이 높아지는 과정이며, 인민대중의 지위와 역할이 어떻게, 얼마만큼 높아지고 변화·발전했는가에 의해 사회 발전 단계가 본질적으로 구별된다고 본다.[40]

현대사는 역사의 주체인 인민대중이 역사의 현실적 주인이 되기 위해서는 그냥 대중이 아니라 의식화되고 조직화된 대중으로서 주동적 작용과 목적의식적인 활동을 해야 하며, 그것을 위해서 인민대중은 대중적 지도와 결합되어야 한다는 것이다. 이러한 인식에 따라 북한은 식민지 시기 민족해방운동 과정에서 대중에 근거한 진정한 지도세력의 등장을 현대사의 기점을 잡고 있으며, 이것을 '타도제국주의동맹'의 결성에서 구하고 있다.

이러한 북한의 시기 구분에 대해 일부에서는 현대사의 기점 설정이 사회구성체의 자연사적인 발전을 주장하는 사적유물론의 체계에서 벗어났다는 비판을 제기하고 있기도 하다.

일반적으로 과거 사회주의국가에서는 인류가 자본주의에서 사회주의로 이행하는 것을 주요 내용으로 하는 시대를 현대로 규정하였다. 즉 현대는 대립하는 양대 사회체제 간의 투쟁의 시대, 사회주의와 민족해방혁명의 시대, 제국주의의 붕괴와 식민지체제의 폐지, 또 보다 많은 민족들의 사회주의로의 이행, 사회주의와 공산주의의 세계적 승리의 시대로 규정된다. 레닌은 "현대는 제국주의로부터 민족을 해방시키고, 민족들 간의 전쟁을 종식시키며, 자본을 뒤집어엎고 사회주의의 승리를 가져오는 투쟁의 시기"라고 규정하였다.[41]

세계사적인 차원에서의 이러한 규정을 개별국가, 특히 식민지 상태에서 인민민주주의혁명 단계를 거쳐 사회주의국가로 이행한 북한에 어떻게 적용할 것인가는 많은 논쟁점을 내포하고 있다. 북한은 민족해방과 사회주의혁명을 지향하는 진정한 혁명조직의 결성을 현대사의 시점으로 잡음으로써 해결하였다.

둘째, '삼위일체의 원칙'이란 독특한 서술 원칙과 방법에 입각하여 서술하고 있다. 수령·당·인민의 삼위일체의 원칙이란 항일무장투쟁을 혁명의 뇌수이며, 통일단결의 구심, 투쟁의 영도자인 민중의 지도자를 창출하는 과정으로 보는 것에 기초하고 있다.

북한은 혁명의 주체를 수령, 당, 인민의 통일체로 파악한다. 혁명의 주체가 수령·당·인민으로 이루어져 있는 만큼 거기에는 이 사회정치적 생명체를 통일적으로 지휘하는 중심이 있어야 한다. 북한은 이 중심을 수령이라고 본다.[42] 수령에 의하여 당이 창건되고 당의 영도 밑에 인민대중이 수령을 중심으로 하나의 사회정치적 생명체로 결합되어 수령의 사상과 노선을 구현하기 위한 실천투쟁을 벌리게 된다. 따라서 혁명주체의 활동은 본질에 있어서 수령의 활동이며 혁명적 전통은 수령의 결정적 역할에 의하여 창조되고 발전, 풍부화되는 것이라고 보는 것이다.

즉 민중의 지도자, 전위조직, 민중은 뗄 수 없이 하나로 연결되어 있는 사회정치적 생명체이며 지도자는 험난한 투쟁의 과정에서 민중의 힘과 지혜의 인격적 화신으로 만들어져 나간다는 것이다.

그러므로 항일무장투쟁의 과정에서 수령·당·인민은 뗄 수 없는 밀접한 관계를 이루고 있으며, 이 과정은 곧 당과 수령의 영도의 역사로, 영도자와 인민의 통일단결의 역사가 된다. 때문에 수령·당·인민의 삼위일체 원칙에 입각한 서술은 항일무장투쟁사를 정확히 연구하고 체계화할 수 있게 하는 혁명적이며, 과학적인 방도가 된다고 한다. 이러한 인식에 기초하여 북한 학계는 항일무장투쟁사를 김일성이 소집 혹은 참여한 회의와 여기서 발표된 문건, 연설을 중심으로 서술하고 있다.

셋째, '주체적인 관점'에서 항일무장투쟁의 모든 활동을 평가, 서술하고 있다. 북한에서는 역사적 사물과 현상의 평가를 가장 정확하게 할 수 있는 과학적인 원칙과 기준으로 주체성의 원칙, 당성의 원칙, 역사주의의 원칙을 들고 있다.[43] 특히 주체성의 원칙은 주체의 역사관이 밝힌 역사적 사물과 현상 평가에서 나오는 근본원칙으로 강조된다. 이것에 대해 북한은 다음과 같이 이야기하고 있다.

> 주체의 립장은 일반적으로 마르크스레닌주의 편사학에서 가장 중요시하는 당성의 원칙을 우리 역사 서술에서 고수하는 것이다. 그것은 로동계급을 선두로 하는 조선인민의 리익을 견결히 고수하는 립장이며 모든 것을 조선혁명의 리익에 복종시키는 립장이다."[44]

이러한 입장은 1970년대를 거치면서 보다 체계화되어 확고하게 북한 학계에 자리잡게 되었다.

이러한 원칙에 준해서 『조선전사』에서는 조·중 인민의 연합으로서의 동북인민혁명군의 활동을 조선인민혁명군의 활동이라고 보는 측면에서 서술하고 있다. 즉 중국의 입장에서 보면 중국공산당의 지도하에 동북항일연군이 활동한 것으로 서술할 수 있지만, 조선혁명이란 주체적 관점에서 보면 조선민중이 누구의 지도하에, 어떠한 사상을 가지고, 어떻게 투쟁하였는가를 밝히는 것이 주요한 측면으로 등장하는 것이다.

예를 들어 1935년에 있었던 동북인민혁명군의 북만원정에 대해 북한은 "김일성은 조선인민혁명군 부대들을 조선과 남북만의 광활한 지대로 진출시키는 조치들을 취하였으며, ……김일성 인솔 밑에 원정부대의 기본주력은……인민들 속에서 정치사업을 강화하는 한편 청구자전투에서 일제수비대들을 전멸시킨 다음 남천문 전투를 진행하였다"[45]고 하여 조선인민혁명군만의 독자적인 활동으로 기술하고 있다. 해방을 소련에 의한 것이 아니라 조선인민혁명군에 의한 것으로 서술하는 것도 같은 맥락이다.

이와 같이 북한에서의 1980년대 항일무장투쟁사 연구는 시점, 서술원칙, 평가의 기준 등에서 남한 학계와는 현저한 차이를 보이고 있다. 그러므로 이러한 북한 학계의 특징을 북한 내부의 혁명의 발전 과정과 사회주의 국가의 내적 구조에 입각하여 평가하려는 시각이 필요하다. 북한사회가 사회주의국가로서의 보편성과 북한만의 특수성 속에서 이러한 특징을 갖게 된 배경을 파악한 후, 이러한 이론들이 항일무장투쟁사를 체계화하는 데 타당한 방법론인가의 여부가 검토되어야 할 것이다.

쟁점과 과제

북한은 항일무장투쟁사를 연구하는 목적이 그 투쟁의 경험과 교훈으로 인민을 교양하는 데 있다고 주장한다. 따라서 역사학자에게는 항일무장투쟁에서 형성된 혁명전통에 대한 연구를 통하여 근로자들을 당의 사상, 당의 의지로 튼튼히 무장시키는 데 적극적으로 이바지할 것이 요구된다. 즉 북한의 항일무장투쟁사 연구는 철저히 당면한 '조선혁명'에 복무한다는 관점에서 이루어진다. 따라서 북한 학계에서 평가하고 해석한 것을 당면한 과제가 다른 남한의 입장에서 보면 받아들이기 어려운 점이 많다. 또한 주체사관에 의한 항일무장투쟁사 서술은 이러한 어려움을 더욱 가중시켜 항일무장투쟁의 과정을 축소·왜곡하거나, 아예 민족해방운동사에서 제외시키고 있다.

이러한 남북학계의 현격한 차이를 극복하기 위해서는 우선 첨예하게 대립되고 있는 사실에 대한 객관적 연구작업이 선행되어야 할 것이다. 즉 항일무장투쟁이 민족해방운동사에서 실질적으로는 어느 정도의 위치를 차지하고 있으며, 여기서 김일성이 행한 역할이 어느 정도인가 하는 점이 공통적으로 확인되어야 할 것이다. 여기서는 이러한 작업의 일환으로 우선 몇 가지의 쟁점에 대해 제기되고 있는 다양한 견해들을 검토해 보기로 한다.

1. 조선인민혁명군의 독자성 문제

북한의 항일무장투쟁사 서술은 일관되게 조선인민혁명군의 활동을 중심으로 서술되고 있다. 즉 북한은 1932년 안도에서 최초로 반일인민유격대를 결성한 김일성이 다른 한인 유격대를 규합하여 조선인민혁명군을 편성하였고, 이 부대를 중심으로 항일투쟁을 전개하였다고 주장한다.

이에 대해 서대숙, 이정숙 등은 김일성의 항일무장투쟁의 실체는 이른바 '조선인민혁명군'을 이끌고 활동한 것이 아니라 중국공산당 산하의 한 소부대를 이끌고 투쟁한 것에 불과하며, 오늘날 북한이 김일성의 업적으로 돌리고 있는 몇 가지 정책도 코민테른이나 중국 공산주의자들의 정책지도를 접수한 것에 지니지 않는다고 주장하였다.

> 김일성의 상당한 업적을 과소평가하기 위해서라기보다 사실을 허구와 구별해 내기 위해서 빨치산활동을 정확히 살펴볼 필요가 있다. 먼저 1933년부터 1945년까지의 일본의 괴뢰정권이던 만주국의 존속 기간 동안 일제에 저항하여 대규모의 조직적 노력을 전개한 것은 한인이 아니라 중국공산주의자였다는 점이 지적되어야 한다. 중국 공산주의자들은 전혀 승산이 없는 가운데서도 이 같은 노력을 전개했고, 만주의 한인들이 중국 집단에 개별적으로 가담하는 외에 한국 공산주의자 스스로의 조직적 노력은 없었다."[46]

서대숙의 주장은 이와 같은 견해를 대표한다. 그러나 그의 이러한 시각에 대한 반론도 제기된다. 그의 주장대로 당시의 빨치산투쟁이 중국 공산주의운동의 일환으로 진행되었다면, 국내에 조국광복회의 지부들이 결성된 사실이나, 조선인민혁명군의 국내 진공 전투—대표적인 것이 1937년의 보천보전투—가 수행된 사실을 설명해내는 데 상당한 어려움이 생긴다. 특히 국제공산당(코민테른)에서도 조선인의 독자적인 무장부대와 당의 결성에 대해 승인하는 입장이었다.

> 우리의 재만 당 단체는 간도에 조선민족 자치구 창설을 위해 진출해야 한다.……
> 그러므로 우리 공산주의자는 '재만 일본군 지배의 타도를 위해 중국·조선인의 단결 및 간도에 조선민족 자치구의 설립'이라는 구호를 제출하고 있는 것이다.
> 물론 이러한 정치적 구호에만 제약되어서는 안 된다. 따라서 공산주의 단체는 중·선 국민의 단일전선 실현에 따라 현재의 인민혁명군 제2군 및 기타의 반일

유격대를 조선의 독립획득을 임무로 하는 중선(中鮮)합동항일군으로 개조하려고 여러 방책을 강구하고 있는 것이다.

간도에서의 현재의 국면은 현행 중국공산당 조직을 확충할 뿐만 아니라, 또한 혁명적 중·선인 노동자·농민을 당내에 유입시켜서 조선항일혁명당을 수립할 것을 요구하고 있다. 이 새로운 당의 가장 중요한 임무야말로 일본제국주의에 반대하고 조선의 민족적 독립을 획득하기 위한 투쟁이다. 이 새로운 당의 창립자는 공산주의자가 될 수 있으며 또 되어야 한다. 이 당은 간도에서의 조선항일단일전선의 당이 될 것이다."[47]

이 문건에서 알 수 있듯이 동북인민혁명군 제2군의 주요 임무는 조선의 혁명이었다. 또 이 결정에 따라 1936년 만주와 한반도를 대상으로 조국광복회가 만들어질 수 있었다.[48]

한편 당시 공산주의자들이 중국공산당에 가입하여 활동한 것에 대해 북한은 "조선 공산주의자들이 중국공산당에 가입한 것은 국제공산당과의 연계하에 조선에서 마르크스레닌주의 당 창건의 기초를 축성하기 위한 것이었다"[49]고 주장한다. 다음과 같은 중국의 연구는 이러한 논쟁을 해결하는 데 중요한 시사를 준다.

여타 항일연군 부대와 마찬가지로 항련 제2군의 항일투쟁은 조선공산주의자와 혁명가의 국제주의적 지원을 받았다.……동만 각 현 항일유격대의 조직, 항일유격 근거지의 개척, 동북항일연군 제2군과 제1로군의 편성 및 후기의 소부대활동 등에서 조선 동지와 중국 동지는 하나가 되어……일본 침략자를 공동타격 하였다.……조선 동지는 김일성의 영술하에 수차에 걸쳐 압록강을 건너 조국땅에 들어가 적들을 습격하였다. 1937년 보천보의 거사는 조선인민해방운동의 위대한

역량을 과시하였으며, 일본 식민지 통치하에 있던 조선인민에게 희망과 광명을 가져다주었다.[50]

그러나 더욱 큰 문제는 민족해방운동사를 보는 서대숙의 패배적인 인식이다. 일제가 강대했기 때문에 승산 없는 싸움을 전개하는 것은 어리석다는 그의 인식은 사실상 민족해방운동에 참가했던 모든 사람의 활동을 부정하고 있는 것이다.

또한 서대숙 뿐만이 아니라 대부분의 연구자들이 조선인민혁명군의 실체에 대해서 부정하고 있는데 이 점 또한 주요한 쟁점이 된다. 예컨대 이종석 같은 경우 '조선인민혁명군'이란 명칭은 1970년대에 와서야 북한에서 정착된다고 주장하면서, "1934년 3월에 동만에서 창설된 것은 분명히 동북인민혁명군 제2군 독립사였고, 당시 김일성이 반일인민유격대를 조선인민혁명군으로 개편하였다는 주장은 명백히 사실의 왜곡이다"라고 주장하였다.[51] 그러나 그도 인정하고 있듯이 당시에 조선인민혁명군이란 명칭이 있었던 것만은 사실이다. 다음과 같은 문헌이 이를 뒷받침해 준다.

항일연군 제2군은 동시에 '조선인민혁명군'이었다.……항일유격전쟁 중 중조인민은 공동사업을 위하여 선혈로 맺어져 있었다.[52]

1934년 7, 8월경에 활약하고 있었던 간도 3,000명의 의용군은 조선인민혁명군이다.[53]

또한 소련에서도 조선인 유격대와 김일성의 존재에 대해 1930년대 중반에 이미 알고 있었다.

나는 1930년대 초부터 조선과 중국에 있어서 빨치산운동이 강하게 전개되었다는 사실을 알고 있었다. 1931년 만주령에 김일성의 지도 밑에 창설된 빨치산부대는 일본제국주의자들에 대한 조선인민의 전쟁의 기초를 마련하였다.[54]

만주에 있어서의 모든 조선 빨치산운동의 총수는 김일성이었다는 것이다.……당신은 김일성을 본 적이 있습니까? 아니요. 우리 부대에 온 적이 없습니다. 그러나 우리는 그를 알고 있었으며 그의 명령과 지시를 수행하였습니다.(빨치산대원의 대답: 인용자)[55]

이 부대의 전사는 아주 용감하다. 모든 위험한 작전은 바로 이 부대가 수행하고 있다. 이 부대는 항상 행동을 신중히, 신속히, 정확히 한다.……이미 1년 이상이나 일본군의 첸지첸(김일성)부대 사냥이 성과 없이 계속되고 있다."[56]

이상에서 보듯이 동북인민혁명군(후에 동북항일연군으로 개편) 제2군이 일반적으로 조선인민혁명군으로 불렸으며 이들의 활동에 대해서는 소련도 관심을 갖고 있었다. 다만 북한의 주장처럼 '조선인민혁명군'이 정규 편제를 갖는 부대 명칭은 아니었으며, 동북항일연군 내 조선인 부대를 지칭할 때 이 명칭이 쓰인 것으로 보인다.

또한 조선인민혁명군이라는 명칭이 1970년대에 와서 정착됐다는 그의 주장은 일본인 학자의 주장을 그대로 수용한 것으로 보이는데 북한의 문헌에는 일찍부터 김일성이 조선인민혁명군을 조직하였다는 주장이 제기되고 있었는데, 조선인민혁명군이라는 명칭과 인민혁명군이란 명칭이 혼용됨으로써 이러한 오해를 가져온 것 같다.

북한의 문헌 중에서 가장 먼저 조선인민혁명군에 대해서 언급하고 있는 것은 한재덕, 윤세평 등의 글이다. 한재덕은 "1937년에 있었던 보천보 전투 등을 재판한 결과 생긴 「혜산사건 판결서」에 나오는 동북항일연군은 정확하게는 조선인민혁명군이다"[57]라고 기록하고 있다.

　윤세평도 "김일성은 북만의 김책, 최용건 등과 연계를 갖고 동만의 양세봉부대를 통합하여 조선인민혁명군으로 무장통일을 완수하였다"[58]라고 주장하였다. 하지만 이 명칭은 1958년에 나온 『조선통사』에서 알 수 있듯이 1950~1960년대까지는 인민혁명군이란 명칭과 혼용되어 사용되었다.

> 1934년 3월에 동만 반일인민유격대를 핵심으로 동북 각지에서 활동하던 유격부대들을 통합하여 조선인민혁명군 부대는 북만지역에 이르렀다.……경박호에서의 승리의 소식은 중국인민들과 항일구국부대에 널리 전파되었다. 이로부터 이곳 중국인민들은 혁명군을 존경하는 의미에서 '조선홍군'이라고 불렀다.[59]

　이렇게 혼용된 명칭은 1970년대에 들어 조선인민혁명군이라는 명칭으로 통일돼 정착되었다.

　위에서 본 바와 같이 항일무장투쟁을 조선과 중국 공산주의자 간의 연합전선체로 보지 않고 한인 유격대의 독자성을 부인하려 하거나 '조선인민혁명군'의 존재를 완전히 부정하는 주장에 대해 사료를 근거로 한 반박이 가능하다. 따라서 앞으로의 항일무장투쟁사 연구에서는 동북항일연군 내 조선인 부대들을 통칭하는 '조선인민혁명군'이 어떠한 체계를 가지고 있었으며, 구체적인 활동이 어떠했는가 하는 객관적 사실규명이 더욱 분명히 이루어져야 한다.

2. 조국광복회의 결성과 활동

북한에서는 조국광복회의 창건에 대해서 "조국광복회는 유일한 강령과 규약, 조직체계를 가지고 민주주의 중앙집권제 원칙에 기초하여 활동한 우리나라에서의 첫 포괄적인 반일민족통일전선조직이었으며 각계각층 인민들에 대한 당적 영도를 실현하는 지하혁명조직이었다"라고 평가하고 있다.[60]

이에 대해 이명영은 북한의 이와 같은 주장이 역사적 사실에 대한 두 가지의 명백한 위증이라 주장한다. 하나는 조국광복회는 김일성에 의해 창설된 것이 아니라는 것이고, 둘째는 조국광복회운동은 해외의 여느 독립운동과 마찬가지로 끝내 성공할 수 없었던 항일투쟁의 한 지류였을 뿐 조국해방에 결정적 역할을 수행하지 못했다는 점이라는 것이다.[61] 이러한 주장은 남한 학계에서 아직까지 논쟁 중이다.

첫 번째 문제에 대해서 일부의 연구자들은 일제의 기록에 근거하여 조국광복회의 발기인으로 되어 있는 오성륜, 엄수명, 이상준 등이 조국광복회의 조직에 주요한 역할을 수행하였고 김일성이 조국광복회의 회장이었다는 주장은 날조라고 주장한다.[62]

이에 대해 이종석은 김일성이 발기인에는 들어가지 않았을 가능성이 높지만, 조국광복회 회장과 10대강령 작성자는 김일성일 가능성이 높다고 주장하였다. 그러나 아직 어느 견해가 옳은 것인가를 판별해 줄 결정적인 자료는 나타나지 않고 있다. 따라서 직접 항일무장투쟁에 참여했던 사람들과 민족해방운동에 참여했던 다양한 세력이 존재했던 해방직후의 기록을 자세히 검토할 필요가 있을 것이다.

해방 직후 남쪽에서 나온 『사회과학사전』의 '조국광복회' 항목에는 다음과 같은 기록이 보인다.

민족해방운동에 힘이 될 수 있는 일절의 민주역량을 한 곳에 집중시키기 위해서 1935년에 조국광복회를 조직하였다. 이 단체는 국내에는……지하조직을 갖게 하였다. 그리고 그 회장에는 김 장군(김일성: 인용자)이 뽑히게 되었다.……그리하여 8·15해방까지 만주에 있어서의 조국광복회는 최고 혁명단체로 활약하였던 것이다.[63]

이러한 초기의 기록은 동강회의 참석자들의 열렬한 지지에 의해 김일성이 조국광복회의 회장으로 추대되었고, 창립선언은 김동명이라는 가명으로 그가 직접 발표했다는 임춘추의 회고와 기본적으로 일치하고 있다.[64] 따라서 임춘추의 착각이라는 이정식, 이명영의 주장에 반박이 가능해진다.

또한 조국광복회 결성과 발표된 10대강령이 변조되었다는 주장도 설득력이 없는 것 같다. 일제 관헌 자료에 북한이 주장하는 강령과 이명영이 인용하고 있는 강령 모두가 실려 있으며, 이석태가 편집한 『사회과학대사전』에도 북한에서 주장하는 강령과 동일한 강령이 실려 있다.

이것은 북한의 주장이 날조되었다는 남한 학계의 주장 대부분이 일제 관헌의 자료조차도 객관적으로 검토하지 않은 것이라는 사실을 말해 준다. 조국광복회에 대한 일제 관련 자료들은 결성시기, 강령, 주도적인 역할을 수행한 사람에 대해 상반된 기록을 다수 보여주고 있음에도 불구하고 북한의 주장과 다른 일제의 기록만을 인용하여 북한의 주장이 잘못되었다고 비판하는 것은 설득력을 상실한 것이다.

이명영이 두 번째 문제로 제기한 조국광복회의 활동에 대한 인식 또한 문제점이 있는 것으로 비판될 수 있다.

조국광복회의 활동 중 가장 유명한 것은 역시 1937년에 있었던 보천보전투일 것이다. 그러나 이명영은 당시에 나온 신문기사를 인용하면서, "당시의 항일연군의 각 부대들은 물자 획득을 위해 무장 습격으로 약탈을 일삼는 길밖에는 없었던 때……그들 선전과는 딴판으로 보천보 습격에서 보여준 제6사의 소행은 오직 약탈이 목적이었을 뿐"[65]이었다고 주장하여 일제가 독립군을 마적, 공비라고 부르던 것을 그대로 따르고 있다.

해방 직후에도 이러한 주장이 있었는데, 이에 대해 김오성은 "일본제국주의자들은 김일성 장군의 부대를 강도단 혹은 비적단이라고 불렀다. 이제 일제의 후예들인 남부 조선의 친일파, 민족 반역배, 그리고 그들을 의식적으로 추종하는 일부 반동배들은 일제에게서 배운 관습으로써 우리의 민족적 영웅을 비적두목이라고 혹은 가짜(假者) 김일성이라고 모욕적인 언사를 함부로 사용"[66]하고 있다고 격렬하게 비판하였다.

김오성의 이러한 말을 빌리지 않더라도 이명영의 주장은 그 자체로 모순이 있다. 즉 그는 앞에서 조국광복회운동이 항일투쟁의 한 지류임을 인정하고 있음에도 불구하고 뒤에 가서는 이를 비적단의 약탈행동이었다고 주장하고 있다. 그의 주장대로라면 일제시대의 모든 민족해방운동이 비적 또는 마적단의 약탈행위가 되고 마는 것이다.

한편 조국광복회의 조직에 대해 일본의 와다 하루끼는 실제로 재만한인조국광복회라는 중앙조직이 구성된 것이 아니라 김일성의 제6사가 만주 쪽 장백현의 조선인과 함경남도 갑산군 주민 사이에서 공작을 벌여 만든 것이 유일한 조직 실체였다고 주장한다.[67] 남한 학계의 연구자들은 이 부분에 대해서는 거의 언급하지 않는다.

그러나 불완전한 일제의 기록에 의하더라도 함경도와 평안도를 중심으로 한 광범한 지역에 조국광복회의 국내 지부가 결성된 사실이 확인된다. 보다 주목해야 할 사실은 1937~1938년에 걸쳐 조선민족해방동맹에 대한 일제의 검거에서 총 739명이나 검거되었다는 점이다.

▲ 1973년 이른바 '혜산사건'으로 체포된 동북항일연군 2군 6사 조직부장 권영벽과 조선민족해방동맹원들.

이는 단일조직사건으로는 3 · 1운동 이래 최대 규모의 사건인 것이다. 이 정도의 대규모 사건에 조직적인 실체가 없다고 하는 것은 비합리적인 억지에 불과하다. 오히려 다음과 같은 평가가 더 사실에 가까운 것으로 보인다.

조국광복회의 결성은 만주지역에서 조선해방을 제일의 목표로 하는 조선인의 정치조직이 만주총국 해체 이후 최초로 등장한 것이다.……동북항일연군 제2군 6사 부대는 끊임없이 국내로 정치공작원을 파견하여 조국광복회의 기층 조직인 분회를 중심으로 각급조직을 확산시켰다. 특히 유격대를 중심으로 마련된 유연한 통일전선전략은 지도부가 중국 관내로 이동해 버린 민족주의계열의 잔류부대와 함남북 일대의 천도교도들을 비롯한 각계각층의 반일역량을 하나의 대오로 묶어내는 데 결정적인 역할을 하였다.[69]

중국 학계의 경우 조국광복회가 김일성을 회장으로 조직된 광범한 '민족민주혁명통일전선조직' 이었고, 조국광복회 강령이 "조선민족해방운동

사상 제일 완벽한 민족민주혁명강령"이라고 평가하였다.[70]

앞으로 조국광복회 연구는 민족통일전선운동사에서 가장 선구적이었던 조국광복회가 어떤 성격의 조직이었으며, 1920년대 조직됐던 신간회와는 어떠한 차별성이 있는지를 구체적으로 밝혀야 할 것이다. 또한 국제반제반파쇼운동에서의 위치와 역할까지 시야를 확대할 필요가 있으며, 조국광복회에 참여했던 세력들이 해방 이후 북한정권 형성에 기여한 역할 등이 연구되어야 한다.

3. 소할바령회의 이후 항일유격대의 활동과 해방

지금까지 1940년을 전후한 시기부터 8·15해방까지 항일유격대의 활동에 대해서는 많은 논란이 있어 왔다. 북한에서도 이 시기 항일유격대 활동에 대한 본격적인 연구는 1960년대에 들어와서야 성과를 내기 시작하여 『조선전사』에서 체계적으로 정리되었다. 물론 대부분의 남한 연구자들은 이러한 주장에 대해 북한 학계가 변조 내지 왜곡한 것으로 파악한다.

북한 학계의 주장에 따르면 국내외적인 정세 변화와 일제의 탄압에 효과적으로 대처하기 위해 1940년 8월 11~12일 이틀간 김일성의 주재로 돈화현 소할바령에서 회의를 가졌으며, 이 소할바령회의에서 김일성은 '조국광복의 대사변을 준비 있게 맞이할 데 대하여'라는 연설을 했다고 주장한다. 이 연설에서 김일성은 새로운 투쟁방침으로 혁명역량을 보존·축적하며, 항일유격대를 유능한 정치·군사간부로 육성할 것, 이를 위해 대부대작전을 소부대작전으로 전환시킬 것을 제기했다고 한다.[71]

북한의 이러한 주장에 대해 서대숙, 김준엽 등은 소할바령회의에 대해 언급하지 않음으로써 이 회의가 열린 사실 자체를 부정하고 있으며, 김일성은 1941~45년 사이에 소련에 체류하면서 소련의 야전학교에서 훈련을 받았다고 주장하였다.[72] 이것은 소할바령회의 이후 항일유격대가 소부대로 전환하여 만주와 국내에 침투하여 활동했다는 북한의 주장을 전면 부정하는 견해이다.

이에 반해 이정식은 소할바령회의에 대한 북한의 주장을 인용하면서 이후 벌어진 소부대활동에 대해서도 부분적으로 인정하고 있다.[73]

반면 이재화, 이종석 등의 소할바령회의 이후 항일유격대의 소부대활동에 대해 비교적 자세히 서술하였다. 즉 1942년 동북항일연군 교도려의 편성과 함께 항일유격대는 소련에서 정치학습과 군사훈련을 받는 한편, 중국 동북지역과 국내에 정찰·기습 공작을 위한 소규모 부대를 파견했다고 한다.

특히 이재화는 이명영이나 임은 등의 주장, 즉 소부대 및 소조활동은 소련 극동군 작전의 일부분이었기 때문에 주로 첩보·정찰활동에 국한돼 있었다는 주장을 비판하고, 그것이 일제와의 최후 결전을 위해 전국적 범위에서 반일애국역량을 결속시켜 조국광복의 대사변을 주동적으로 맞아들이기 위한 대중적 토대를 건설하는 대중정치사업이었다는 점을 강조했다.

이러한 1940년대 전반기의 항일유격대의 활동과 해방 직전 소련군과의 대일전 참전에 대한 연구가 진행되면서 8·15해방은 연합군에 의해 주어진 시혜라는 '타율적 해방론'이 비판을 받기 시작하였다. 이것은 해방 후 김일성이 정권을 잡을 수 있었던 기반이 무엇이었는가 하는 문제와도 밀접히 연관돼 있다.

이재화는 기존 남한 학계의 주장, 즉 내세울 만한 투쟁경력도 없는 김일성이 단지 소련의 후광에 힘입어 권좌에 올랐다는 주장에 대해, "항일 시기 조선민중의 빛나는 무장항쟁을 모독하는 것일 뿐만 아니라 북한민중을 바보요, 허수아비로 보는 지극히 천박한 견해"라고 비판하였다. 그는 "김

▲ 1940년 2월 일본군에게 사살된 양정우 총지휘의 모습.(왼쪽) 그는 김일성부대가 소속되어 있던 동북항일연군 제로군 총지
휘로 활동했다. 1939년 나무에 「조선독립」을 요구하는 구호를 쓰고 기념촬영하고 있는 동북항일연군 대원들.

▲ 해방되기 전 동북항일연군에서 함께 간부로 활동한 최현(후에 인민무력부장), 안길(1947년 사망)과 함께 기념촬영을 하고
있는 김일성(맨 왼쪽)

일성부대는 소련군과 함께 일제의 최후 보루인 관동군을 격파하고 그들의 마지막 저항을 무력화시킴으로써 일제의 패망에 결정적 타격을 가하였고, 조국으로의 최후 진공 시에도 마지막까지 저항하는 일본군과 경찰을 국내 민중과 함께 전투행위로써 제압하면서 1945년 8월 말경에 38도선 이북을 완전히 해방하였다"는 점을 강조하였다.

이러한 그의 주장은 일제 시기 민족해방이 기본적으로 실패했으며, 따라서 민족해방이 연합군에 의해 주어진 것이라는 남한 학계의 통설을 전면적으로 비판한 것이다. 이 주장은 사실적 측면에서는 항일유격대의 활동에 대한 과대평가라는 문제점을 갖고 있지만 '8·15해방'의 주체적 성격을 부각시켰다는 점에서 의의를 갖는다.

그동안 남한 학계에 '타율적 해방론'이 보편화되는 데는 크게 두 가지 이유가 있었다. 하나는 일제 시기에 많은 세력이 민족해방운동에 참가하였으나 주체적인 역량을 축적하여 해방에 실제적으로 기여한 것은 동만주지역의 항일유격대뿐이었다는 점이다. 중국 연안의 조선의용군이나 중경의 광복군 등은 비록 마음은 있다 하더라도 지리적 조건, 준비 정도 등의 이유로 조국해방작전에 직접 기여를 하지 못했으며, 1920년대와 1930년대에 민족해방운동에 참여했던 많은 사회주의자와 민족주의자들은 변절의 길을 걸었다.

그러나 타율적 해방론이 단순히 이 요인에 의해서만 형성된 것은 아니었다. 해방 직후 여운형의 다음과 같은 말은 남한의 모든 정치세력들이 해방을 타율적인 것으로 인식했던 것은 아니었다는 사실을 보여 준다.

대체 조선독립이 연합국의 선물이 아니다. 우리 동포는 과거 36년간 유혈의 투쟁을 계속하여 온 혁명으로 오늘날 자주독립을 획득한 것이다.[74]

따라서 남한에서 타율적 해방론이 정착된 결정적인 요인은 '미국적 필요'에 의해 산출되고 도입된 신식민주의적 운동사상과 이것을 비판하면서도 일제 관헌 자료가 가지고 있는 식민주의적 운동사상을 그대로 답습한 결과인 것이다.

　　일제 식민통치의 견고함에 대한 신비화와 패배주의, 당연한 귀결로서 타율적 해방론은 장구한 세월 동안 하루도 쉬지 않고 시위 · 파업 · 폭동 · 테러 · 무장항쟁 등 강고한 투쟁을 계속해 온 민족해방운동이 아무런 의미도 없고, 민족의 해방에 우리 민중이 수행한 역할은 아무것도 없다는 것으로 귀결된다. 이러한 논리는 필연적으로 '연합군＝해방군'이라는 인식에 도달할 수밖에 없다.

| 일제시대 민족해방운동의 흐름 |

〈국내〉

	민족주의	사회주의	일반민중
1910~1919	의병운동(일부지역) 비밀결사 －복벽주의: 대한독립의군부(1912), 민단조합(1919) －공화주의: 대한광복회(1915), **조선국민회**(1915)		
1919~1931	부르주아민족주의운동 (선 실력 양성 문화)	서울청년회 · 화요회 · 북풍회 → 고려국(1923)→ 조선공산 당 · 고려공산청년회(1925)	노동 · 소작쟁의
	신간회(1927~1931 민족협동전선운동)		
1931~1937	민족개량주의운동 비타협민족주의운동	공산당 재건운동 민중운동	혁명적 노동 · 농민조합운동 (노동 · 소작쟁의)
1937~1945		경성콤그룹(1940) 공산주의자협회(1944) **조선건국동맹**(1944)	소극 · 적극적 반일 · 반전투쟁

〈국외〉

	만주(연해주)	중국 관내
1910~1919	· 대한광복군정부(1914) → 대한국민의회(1919) · 신흥무관학교(1919)	기타지역 : 하와이대한인국민회, LA흥사단 · 신한혁명당(1917) · 상해 신한청년당(1919) · 상해 임시의정원
1919~1931	· 북로군정서 · 대한독립군 서로군정서 · 대한독립단 참의부　　정의부　　신민부 (1923)　　(1924)　　(1925) 협의회파　　　　촉성회파 ↓　　　　　　↓ 국민부　　　　　혁신의회 (1929)　　　　(1928) ↓　　　　　　↓ 조선혁명당 · 군　　한국독립당 · 군 (1929)　　　　(1930)	· 대한민국임시정부(1919) → 　분열(1923) ┌ 창조파 → ┤ 개조파 └ 임정고수파
1931~1937	· 조선혁명군 · 한국독립군(1933 이후 약화) · 인민혁명정부 · 동북인민혁명군 → **동북항일연군**(1935) · 조국광복회(1936)	· 창조파→ 조선의열단 · 한국독립당 · 신한 독립당 · 조선혁명당 · 대한독립당(5당 합 당)→ 한국대일전선통일동맹(1932)→ 민족 혁명당(1935 사회주의계) · 개조파→ 한국독립당 임정 고수파→ 한국국 민당(민족주의계)
1937~1945	· 조선민족해방동맹(1937, 조국광복회, 국내 갑산파와 연계)→ 동북항일연군 교도려 (1942)→ **조선공작단**(1945. 7)	┌ 민족혁명당→ 조선민족전선연맹(1937)→ │ 조선의용대(1938) └ 한국국민당→ 한국광복운동단체연합(1937) └→ 임시정부(전선연맹과 광복운동단체연합) → **광복군**(조선 의용대 일부 참여 1940) · 임정고수파→ 화북조선청년연합회(1941)→ 화북조선독립동맹(1942) → **조선의용군**(조 선의용대 이동 참여)

4. 항일무장투쟁의 의의

항일무장투쟁이 전체 민족해방운동사에서 어떠한 위치와 의의를 가지는가 하는 것은 항일무장투쟁 연구에 있어서 가장 주요한 쟁점이 될 수 있는 부분이다. 아직은 항일무장투쟁에 대한 체계적인 연구에 입각한 논쟁이 진행되지 못하고 많은 선입견이 작용하고 있지만, 앞으로 민족해방운동사를 어떻게 체계화할 것인가 하는 문제와 관련하여 학계의 논쟁이 본격화할 전망이다.

우선 항일무장투쟁사에 대한 북한의 주장을 살펴보면, 대체로 1960년대 이후 김일성을 중심으로 한 항일투쟁이 유일한 혁명전통으로 설정된 후에는 이를 중심으로 서술이 이루어지고 있는데, 그 의의에 대해서 다음과 같이 설정한다.

> 항일무장투쟁은 그 지도사상으로 보나 투쟁형태로 보나 가장 높은 단계의 민족해방투쟁이었다.……항일무장투쟁을 통하여 마련된 주체적 혁명역량은 조국광복의 위업을 성취할 수 있게 하였을 뿐 아니라, 조선혁명을 더욱 힘있게 발전시켜 나갈 수 있는 밑천으로 되었다.……이 투쟁을 통하여 주체형의 혁명적 당 건설사업을 힘있게 밀고 나가기 위한 조직·사상적 기초가 튼튼히 닦아지고 우리 인민의 가장 영광스러운 혁명전통이 이룩되었다.[75]

이러한 북한의 견해에 대해서 현재 남한 학계에서는 다양한 평가를 내리고 있다.

그 하나는 서대숙, 이정식 등의 전통적인 평가로서 김일성의 항일투쟁은 소규모의 유격대활동으로 진행되었고, 대중적 영향력은 거의 없었다는 것이다. 이러한 평가는 김일성의 항일투쟁이 다른 공산주의자들의 활동과 비교해서 특별히 뛰어난 점은 없었으며, 오히려 다른 뛰어난 인물들이 체포되거나 죽음으로써 그가 성공할 수 있었다는 인식에 기초하고 있다.

또 하나는 북한이 주장하는 항일무장투쟁의 의의를 거의 받아들여, 북한과 유사한 평가를 내리는 견해가 있다.[76] 이러한 견해는 북한이 주장하는 항일무장투쟁의 내용을 상당 부분 수용하며, 서술원칙에도 동의한다. 일제시기 소설가였던 김사량의 다음과 같은 기록은 이러한 견해의 주요한 논거로 이용된다.

> 이러니만치 국외에 있어서 무기를 들고 적에게 육박하는 반일혁명군의 존재는 국내 동포에게 커다란 희망과 용기와 자신감을 북돋아주는 것이다.
> "국경의 한복판이지……"
> "후방기지도 없지……"
> 그 역사의 오래기로, 환경과 조건의 가열하기로 세계 제일의 빨치산이 아닐 수 없을 것이다. 말하자면 동북은 반파쇼전쟁의 일대 활화산이요, 동변도의 밀림은 그 위대한 분화구이다. 더구나 이 불같은 만주 빨치산전투에 있어서 조선사람이 민족연합통일전선을 영도하고 있는 것이다. 이 사실이 중국인민에게도 커다란 감명을 주고 있는 모양이다.[77]

이와는 달리 만주에서의 항일무장투쟁을 높이 평가하지만 북한의 김일성을 중심으로 하는 서술에 반대하는 견해도 있다. 이러한 견해는 아직 구체적인 논거를 가지고 제기되고 있지는 않지만, 만주에서의 항일무장투쟁보다는 국내의 '조선공산당 재건운동'과 혁명적 노동·농민조합운동을 더 높이 평가하는 경향이다.[78] 여기서 더 나아가 만주에서의 항일무장투쟁이 1920년대에는 상대적으로 조선공산당보다 사대주의, 교조주의에서 더 벗

어났으나, 여전히 사대주의, 교조주의, 모험주의적 요소가 남아 있었다는 주장도 있다.[79]

항일무장투쟁사에 대한 이러한 다양한 평가들 속에서 일치점을 찾기 위해서는 몇 가지 작업이 선행되어야 할 것이다.

우선 가장 중요한 것은 역시 역사적 사실의 해명일 것이다. 편협한 이데올로기와 선입견에서 벗어나 자료에 입각한 객관적인 연구가 선행되어야 한다는 것이다. 여기서 간과해서는 안 되는 것이 일제 관헌자료와 중국의 연구성과를 이용할 때에는 주의해야 한다는 것이다. 잘 알려진 바와 같이 일제의 관헌 자료들은 만주지방과 조선을 효과적으로 통치하기 위해 기록되거나 출판된 것이다.

따라서 어떤 사건에 대한 기록이든 대개의 경우 피검자들이 죄를 덜기 위해 사실을 위장하거나, 축소 진술한 경우가 많고, 당시 항일유격대 토벌에 나섰던 일본인들과 유격대가 흘린 거짓 정보가 걸러지지 않고 사실과 혼재되어 있는 등 자료로서의 기본적인 한계를 가지고 있다.[80]

특히 1939년에 가서야 일제가 김일성에 대한 정확한 신상을 파악 한 것에서 알 수 있듯이, 김일성의 활동에 관한 기록은 부정확하고 알려지지 않은 부분이 많으므로 이용하는 데 신중을 기해야 한다. 그렇지 않을 경우 이명영처럼 일제의 기록에 의존하여 '4인의 김일성' 설을 주장하여, 사실상 동일한 김일성이 네 번이나 죽었다고 서술하는 웃지 못할 결과를 초래할 수도 있다.

반면에 중국의 자료나 연구성과는 주로 1980년대에 본격적으로 이루어진 연구라는 점뿐만 아니라, 중국공산당사의 일환으로 서술되고 있다는 점에 유의해야 한다. 허동찬, 이명영 같은 논자는 최근 중국에서 출판된 문헌(『東北抗日烈士傳』이 대표적)들에 김일성의 이름이 전혀 등장하지 않는 것을 근거로 들면서, 이 문헌들이 '김일성 위조설'을 뒷받침하고 있다고 주장한다.

그러나 중국 문헌들이 김일성의 이름을 거명하지 않은 것은 김일성이 중국공산당의 지휘 계통에서 항일무장투쟁을 전개했다는 사실을 부정하기 때문이다. 즉 중국의 만주에 있는 조선족사 연구 자료들이 김일성이나 최현 등의 이름을 전혀 거명하지 않거나, 이들의 투쟁을 동북항일연군의 투쟁사 속에 포함시키지 않고, 별도의 항목을 설정하여 서술하는 것은 이들의 투쟁을 중국공산당투쟁사의 일환으로 보지 않기 때문인 것이다.

따라서 중국공산당의 영도를 강조하는 중국의 만주항일무장투쟁사 서술과 김일성의 유일지도를 강조하는 북한의 항일무장투쟁사 서술의 차이를 무조건 북한의 역사왜곡이라고 주장하는 것은 재검토돼야 할 지적이다.

▲ 1945년 7월 동북항일연군 교도려에 소속되어 있던 조선인부대는 별도로 분리돼 조선공작단(단장 김일성)을 결성했다. 조선공작단 결성 후 주요 지휘관들이 기념촬영을 하고 있다. 2번째 줄 왼쪽에서 3번째가 북한 정부 수립 후 부수상에 임명된 김책이다.

두 번째로 민족해방운동사를 체계화할 수 있는 타당한 이론 틀이 세워져야 한다. 북한의 경우 삼위일체의 원칙이라는 서술방법과 주체사관에 입각하여 항일무장투쟁사가 일관되게 체계화되어 있다. 반면에 남한 학계의 항일무장투쟁사 연구는 아직 본격적이지 못할 뿐만 아니라 그나마 체계적이지도 못하고 논리적인 연결고리, 인과관계를 찾지 못한 방만한 서술체계가 대부분이다.

　다음과 같은 문제제기는 주목할 만하다.

　한국공산주의운동사 연구에서 반드시 밝혀져야 할 문제는 파벌 그 자체가 아니라 파벌투쟁을 통한 정통성의 문제라고 생각된다. 해방 후 합법당 활동시기에 나타난 세력 중 어느 세력에 정통성을 부여해야 하는가라는 점에 대한 구명도 필요하다.[81]

　이러한 문제제기는 전위당의 정통성의 맥을 중심으로 공산주의운동이 서술되어야 한다는 것으로, 민족해방운동사를 서술하는 데도 동일하게 적용될 수 있다. 민족해방운동은 식민지 특유의 모순구조에 기인하여 광범위한 계급·계층이 참여하며, 다양한 주의·주장이 제기된다. 더구나 혁명세력 내에도 각종 좌우익적 편향과 제반 분파의 난립 등이 존재할 수 있다. 이러한 복잡한 현상을 일관된 맥을 가지고 정리해 내지 못하면, 민족해방운동사는 그야말로 파벌투쟁의 역사가 되고 말 것이다.

　따라서 민족해방운동사의 올바른 서술은, 민족해방운동세력의 여러 조류 중 민족해방운동에서 지도적 위치를 차지하고 중핵적 역할을 수행한 운동세력을 바로 판별 설정한 후, 그 세력의 형성, 발전을 중심으로 이루어져야 할 것이다.

1) 강만길, 「민족해방운동의 발전」, 『한국학 연구 입문』, 지식산업사, 1981 ; 조동걸, 「독립운동사 연구의 회고와 과제」, 『정신문화 연구』 1985년 여름호 참조.

2) 이명영, 『김일성 열전』, 신문화사, 1974 ; 이명영, 『재만 한인 공산주의운동사』, 성균관대 출판부, 1975 ; 이명영, 『권력의 역사』, 성균관대학교 출판부, 1983 ; 허동찬, 『김일성 평전』, 북한연구소, 1987 ; 허동찬, 『속 김일성 평전』, 북한연구소, 1988.

3) 김준엽 · 김창순(공저), 『한국 공산주의운동사』 5, 청계연구소, 1976 ; 서대숙, 『한국공산주의운동 연구』, 화다, 1985 ; 서대숙, 『북한의 지도자 김일성』, 청계연구소, 1989 ; 이정식, 『한국 공산주의 운동사』 1, 돌베개, 1983.

4) 이재화, 『한국근현대민족해방운동사』, 백산서당, 1988 ; 이종석, 「북한 지도집단의 항일무장투쟁의 역사적 경험에 대한 연구」, 성균관대학교 대학원 정치외교학과 석사학위 논문, 1988 ; 이준식, 「항일무장투쟁과 당건설 운동－조선민족해방동맹을 중심으로」, 『일제하 사회주의운동사』, 한길사, 1991 ; 신주백, 「김일성의 만주 항일유격운동에 대한 연구」, 『역사와 현실』 제12호 역사비평사, 1994 ; 신주백, 『만주지역 한인의 민족운동사(1920~1945)』, 아세아문화사, 1999 ; 기광서, 「1940년대 전반 소련군 88독립보병여단 내 김일성 그룹의 동향」, 『역사와 현실』 제28호, 역사비평사, 1998 ; 김성호, 「민생단사건과 만주 조선인 빨치산들」, 『역사비평』 2000년 여름호, 역사비평사.

5) "실상 김일성 장군이라면 어떻든 그 이름이 떨친바 무용담보다도 오래된 역사성이 늘상 우리의 인식 속에 없었던 것은 아니지만 그것은 물론 소련의 일개 도졸(도졸)인 동시에 먼저 나이에 있어서 삼십을 갓 넘은 애송이 김일성 당신일 수는 없었던 것입니다." 최태응, 1949 「김일성 씨에게」, 『대조』 1949년 1월호, 37~38쪽.

6) 이북, 『김일성 위조사』, 중앙일보사, 1950, 39~52쪽.

7) 김창순, 『북한 15년사』, 지문각, 1961, 55~56쪽. 그는 『역사의 증언』(한국 아시아반공연맹, 1956)에서는 "김일성은 전설의 김양녕이라는 한국인인데 1937년 일본군 전투에서 전사했다"라고 주장했다.

8) 이명영, 『김일성 열전』 참조. 이종석은 이 책을 평가하면서 이명영 교수가 가짜 김일성론을 합리화시키기 위해서 『김일성 열전』을 썼으나, 그가 활동상황을 자세히 규명해놓은 항일유격대의 제1대, 2대의 김일성과 동일 인물임이 증명됨으로 해서 역설적으로 오늘의 북한의 『김일성 열전』(비록 악평의 입장이기는 하지만)을 완성한 꼴이 되었다고 지적했다.

9) 허동찬, 『김일성 열전』(1987), 『속 김일성 평전』(1988), 북한연구소.

10) 김오성, 『지도자 군상』, 대성출판사, 1946, 32~33쪽. 당시 김오성은 여운형이 당수로 있었던 조선인민당의 간부로 있었으며, 이 책에 18인의 대표적인 인물의 인물평을 싣고 있다.

11) 『해방일보』 1945년 12월 18일자.

12) 강홍수, 『조선독립혈투사』, 고려문화사, 1946, 142~143쪽.

13) 김준엽 · 김창순, 앞의 책, 421쪽.

14) 서대숙, 『북한의 지도자 김일성』, 49~50쪽. 이 책에 대한 서평에서 이종석은 "지금까지 '김일성 알레르기 반응'을 재생산해 내기 위한 이른바 '김일성 헐뜯기' 식의 정치적 오염물과는 일정하게 거리를 둔 비교적 객관적인 연구성과물이라고 할 수 있지만, 기본적으로 냉정체제의 산물인 전체주의적 관점을 불식하지 못함으로써 학문연구의 필수적 전제가 되는 '과학성'을 확보하지 못했다는 한계를 가지고 있다"고 평가했다.

15) 이재화, 「김일성론 연구」, 『숭실』 29호, 숭실대학교, 1988, 68~73쪽 참조. 이 글은 『애국의 길』(녹두, 1989)에 재수록 됨.

16) 한설야, 『김일성 장군』, 평양, 1946. 이 책은 다음 해에 서울에서 『영웅 김일성 장군』으로 출간되었다. 북조선예술연맹, 『우리의 태양─해방 1주년 기념 김일성 장군 찬양 특집』, 평양, 1946 ; 한재덕, 1948, 『김일성 장군 개선기』, 민주조선사, 1948. 이외에도 석단, 『김일성 장군 투쟁사』(서울, 전진사, 1946)가 목록으로 확인된다.

17) 이청원, 「김일성 장군 빨치산투쟁의 역사적 의의」, 『력사제문제』 제2집, 1948 ; 최창무, 「조선민족해방운동에 대한 사적 고찰」, 『력사제문제』 제6집. 1949 ; 김두용, 「8 · 15해방과 조선민족제문발일투쟁」, 『력사제문제』 제11집, 1949 ; 윤세평, 「8 · 15해방과 김일성 장군의 항일무장투쟁」, 『력사제문제』 제11집, 1949.

18) 이 책은 백남운, 박시형, 김두용, 최창익 등이 공동집필한 것으로 김일성종합대학 발족(1946. 9) 이래 이 대학 과외 특수강의용 교재로 쓰여지던 것을 1949년 10월에 이르러 출판한 것으로 당시로서는 가장 권위 있는 책이었다. 조선력사편찬위원회는 북한역사학 분야에서 최초의 조직체였고, 초대위원장은 이청원이었다.

19) 독립동맹계열의 민족해방운동을 보는 시각과 해방 직후의 정세인식에 대해서는 심지연, 『조선신민당연구』, 동녘, 1988 참조.

20) 『김일성 저작선집』 2, 조선노동당출판사, 여기서는 허동찬, 『김일성 평전』, 150쪽 재인용.

21) 1956년 8월에 발생한 '8월 종파사건'은 1950년대 초부터 북한 내부에서 벌어졌던 사회주의건설의 방향에 대한 노선투쟁에서 패배한 최창익, 박창옥 등이 소련의 수정주의적 경향의 영향을 받아 김일성의 노선에 반기를 든 사건을 말한다.

22) 김일성, 「사상사업에서 교조주의와 형식주의를 퇴치하고 주체를 확립할 데 대하여」(1955), 『주체사상의 형성 과정』 1, 백두, 1988, 47쪽.

23) 김석형, 「위대한 강령적 문헌들을 깊이 연구하자」, 『력사과학』, 1958년 1호, 이 글과 거의 동일한 비판으로 「우리 역사학계의 통일과 단결을 위하여」, 『력사과학』, 1958년, 2호가 있다.

24) 김창만 같은 경우 다음과 같이 비판하고 있다. "최창익은 1930년대 투쟁을 어떻게 썼는가? 이런 소리 저런 소리 다 한끝에 만주에서도 김일성동지가 무장투쟁을 하였다고 한다. 게다가 관내에서는 독립동맹, 의용군 등이 활동하였다고 하면서 딱 동격에 놓고자 한다. 이것이 모두 무슨 목적에서 나온 것인지 하는 것은 짐작하기 어렵지 않다. 여기에는 아직도 최창익과 그 졸도들이 국내 투쟁, 국외 투쟁하면서 우리의 혁명투쟁을 인공적으로 분리시키고 서로 대립시키며 그리하여 종파군들의 업적을 더 내세울 목적으로 항일무장투쟁은 국외의 것이고 국내에서는 딴 사람들, 말하자면 자기들이 투쟁했다는 식으로 써 온 그 여독이 아직 영향을 미치고 있다고 생각한다." 김창만, 「조선로동당역사 연구에서 제기되는 몇 가지 문제」, 『력사과학』, 1960년 1호. 김창만은 연안과 숙청 이후 당 사상사업 분야에서 핵심적인 역할을 수행하였으며, 그의 이 논문은 북한 학계의 항일무장투쟁사 연구에서 한 획을 긋는 중요한 의의를 가지고 있다.

25) 『김일성 저작선집』 5, 503쪽. 여기서는 허인혁, 「우리나라의 사회주의 건설에서의 대고조의 사상적 요인」, 『력사과학』, 1960년 1호, 17쪽에서 재인용.

26) 사회과학원 역사연구소, 『조선통사』 하, 1958(오월, 1988) 이 책에 대한 서평으로는 김영숙, 「『조선통사』 하에 관하여」, 『력사과학』, 1959년 2호가 있는데 1958년 당시 북한학계의 항일무장투쟁사 연구의 성과와 한계가 잘 지적되어 있다.

27) 이외에도 당 력사연구소에서 편집한 『혁명선열들의 생애와 활동』이 1969년까지 3권으로 간행된 것이 확인된다.

28) 김정숙, 「1934~37년 명천 농민들의 혁명적 진출」, 『력사과학』, 1958년 3호, 30쪽.

29) 김영숙·김희일,「1934~37년 명천 농민들의 혁명적 진출에 대한 몇 가지 비판적 의견」,『역사과학』, 1959년 3호, 74쪽. 이들은 또한 김정숙이 범한 오류가 혁명전통의 과학적 개념에 대한 몰이해로부터 초래된 것이 아니라, 사상체계와는 양립할 수 없는 종파주의, 지방주의적 사상으로부터 출발하고 있기 때문이라고 비판하고 있다.

30)『김일성 저작선집』 2, 72쪽.

31) 김영숙, 앞의 글, 65쪽.

32) 송지영,『동만 유격지근거지의 창설과 반일민족해방투쟁의 발전 (1932~35)』, 1963 ; 장문선·김성래, 1964,『항일 무장투쟁 시기의 반일민족통일전선운동』, 1964 ; 한규훈,「조국해방을 위한 조선인민혁명군의 일제에 대한 최후공격」,『역사과학』, 1963년 5호.

33) 사회과학원 역사연구소 편, 1961,『조선근대혁명운동사』, 한마당, 1988, 344쪽.

34) 이 책이 나온 이후 이를 토대로 약간의 수정을 거쳐『김일성 동지의 혁명 략력』(1969. 8)이 간행되었고,『민족의 영웅 인민의 수령 김일성 원수』(1970),『인류 해방의 구성 김일성 원수』(1970),『김일성동지 략전』(1972) 등의 전기가 연속적으로 간행되었다.

35) 70년대에『조선혁명의 진로』,『조국땅에 혁명의 횃불을 높이 올리자』 등 약 10종, 1980년대에『조국광복회 조직을 급속히 확대해 나가자』,『조성된 정세의 요구에 맞게 분산활동을 과감히 전개하자』 등 10여 종이 재간행된 것으로 확인된다.

36) 전영률,「위대한 수령 김일성 동지와 친애하는 지도자 김정일 동지의 현명한 영도 밑에 력사과학이 걸어 온 자랑찬 40년」,『력사과학』 1988년 3호. 이 논문은 이병천 편,『북한 학계의 한국근대사논쟁』(창작과 비평사, 1988)에 실려 있다.

37)「주체사상의 기치 밑에 승리해 온 우리 인민의 자랑찬 투쟁과 창조의 역사총서」-『조선전사』 16~33권「출판에 즈음하여」,『력사과학』 1982년 4호, 22쪽.

38) 당 역사연구소,『조국광복회운동사』, 지양사, 1989.

39) "타도제국주의동맹은 우리나라에서 처음으로 되는 참다운 공산주의적 혁명조직이었다. 타도제국주의동맹의 결성은 새 시대의 탄생을 알리는 역사적 선언이었으며, 타도제국주의동맹이 결성됨으로써 조선인민의 혁명투쟁은 주체사상의 기치 밑에 자주성의 원칙에서 진행되는 새로운 출발을 하게 되었다. 이것은 ㅌ·ㄷ 결성이 조선 현대 력사의 시발점으로 되는 기본 근거이다." 전영률, 앞의 글, 306쪽. '타도제국주의동맹' 의 결성에 대해서는 해방 직후 남한에서 나온 최형우,『해외 조선혁명운동소사』 제1집(1945)에「ㅌ·ㄷ와 김일성」이란 항목으로 서술되고 있다.

40) 사회과학출판사 편,『주체사상의 사회역사원리』, 178쪽.

41) 소련과학아카데미,『현대 마르크스레닌주의 사전』, 백산서당, 1989, 372~374쪽 참조.

42) 북한에서 수령이라는 범주는 역사의 주체인 민중의 최고 뇌수, 민중단결의 구심점, 민중의 조직적 의사의 체현자, 민중의 대표자를 표현하는 주체철학의 범주이다.

43) 역사연구에서 당성의 원칙을 고수한다는 것은 모든 역사적 사건들과 현상들, 민족적 전통과 문화유산들을 대함에 있어서 인류역사상 가장 선진적 계급인 노동계급의 입장을 견지하며 반동적 계급에 의한 역사의 왜곡을 반대하면서 역사적 유물론의 과학적인 방법론에 튼튼히 의거한다는 것을 의미한다. 또한 역사주의 원칙이란 모든 역사적 사건들과 현상을 그것을 낳은 구체적인 역사적 조건과의 연관 속에서, 그리고 그것들을 발생·발전의 견지에서 고찰하는 변증법적 연구태도를 말한다. 즉, 역사적 사실에서부터 출발하여, 역사적 과정 자체가 제공하는 법칙에 의거하여 역사적 과정을 반영하는 것, 이것이 역사주의적 태도이며 역사주의적 방법이다. 북한은 이러한 당성과 역사주의원칙을 통일시키며 그것을 다같이 철저히 관철하는 것이 역사연구에서 주체를

확립하기 위한 필수적 전제가 된다고 주장한다. 김석형, 「력사연구에서 당성의 원칙과 력사주의
원칙을 관철할 데 대하여」, 『역사과학』 1966년 6월호, 1~2쪽 참조.

44) 「1964년을 맞으면서」, 『력사과학』 1964년 1호.

45) 김한길, 『현대조선역사』(1983), 일송정, 1988, 94~95쪽.

46) 서대숙, 앞의 책, 11쪽.

47) 양송(楊松), 「만주에 있어서 반제통일전선에 대하여」, 『공산주의 인터네셔널』 1935년 12월 1일
자. 여기서는 한국정치연구회, 『북한정치론』, 백산서당, 1990, 116쪽에서 재인용.

48) 동북인민혁명군 내의 조선인민혁명군 단독 편성에 대해 김일성은 다음과 같은 이유로 반대했다
고 한다. "만일 우리가 조선인민혁명군을 따로 편성하여 조선혁명 임무만 수행하고 중국혁명 임
무수행에 대하여 무관심할 수 있겠는가? 또 이와 반대로 조선인민혁명군을 따로 편성하지 않는
다 하여 중국혁명에 대하여서만 생각하고 조선혁명 임무의 수행을 망각할 수 있겠는가? 이렇게
는 도저히 생각할 수 없으며 또 그렇게 생각하여서도 안 된다. 그렇기 때문에 중국인민들 앞에
가서는 항일연군이라고 하고 조선인민들 앞에 가서는 (특히 조선 내지에 가서는) 조선인민혁명
군이라고 하는 것이 좋으며, 따라서 혁명군을 개편할 필요를 새삼스럽게 이제 와서 그리 느끼지
않게 된다." 임춘추, 『항일무장투쟁시기를 회상하며』, 조선로동당출판), 1960, 131쪽.

49) 또한 북한은 조선공산주의자들이 국제공산당의 일국 일당 원칙에 따라 만주 일대에서 중국공산
당에 참가하여 당생활을 진행한 것은, 조선에서 통일적인 당을 즉시로 창건할 수 없었던 조건하
에서 당 창건을 위한 준비로서 주요한 의의를 가지고 있다고 주장한다. 즉 공산주의자들이 당생
활과 혁명투쟁에서 국제공산주의운동의 풍부한 경험을 직접적으로 체득할 수 있게 되었고, 종파
분자들과 좌우경 기회주의 분자를 극복·청산하면서 당사업 방법을 확립하는 등 당생활과 당
건설에서 기본을 이루는 원칙을 확립할 수 있었다는 것이다. 최용철, 「항일무장투쟁시기 김일성
동지를 선두로 한 공산주의자들의 마르크스레닌주의 당 창건을 위한 투쟁」, 『근로자』 1960년 10
호, 10쪽.

50) 여영화 외, 『동북항일운동 제2군』, 흑룡강인민출판사, 1987, 215~216쪽.

51) 이종석, 앞의 글, 15쪽.

52) 『주보중 문선』, 40쪽. 여기서는 허동찬, 『속 김일성 평전』, 26쪽에서 재인용.

53) 『동북의용군』 전편, 465쪽. 여기서는 허동찬, 앞의 책, 265~266쪽에서 재인용.

54) 소련과학아카데미 동양학연구소, 『조선의 해방』(1987), 1987, 65쪽. 이 책은 『레닌그라드로부터
평양까지』(함성, 1989)라는 제목으로 출간되었다.

55) 소련과학아카데미 동양학연구소, 위의 책, 217쪽.

56) 라파포트, 「북조선 구역의 빨치산운동」, 『태평양』 1937년 2호. 여기서는 와다 하루끼, 「김일성과
만주의 항일무장투쟁」, 『思想』 1985년 7월호, 78쪽에서 재인용. 『태평양』이란 잡지에 실린 이 기
사는 1945년 일본이 패망하기 이전에 미 국무부 일본과 소속인 맥퀸의 요구에 따라 번역됐다. 김
일성과 그의 부대에 대한 정보를 얻기 위해서였을 것이다. 부르스 커밍스, 『한국전쟁의 기원』,
일월서각, 1986, 70쪽 참조.

57) 한재덕, 앞의 책 참조.

58) 윤세평, 앞의 글. 여기서는 허동찬, 『속 김일성 평전』, 265쪽에서 재인용.

59) 사회과학원 역사연구소, 『조선통사』 하(1958), 오월, 1988, 212~217쪽.

60) 사회과학원 역사연구소, 앞의 책, 220쪽.

61) 이명영, 『권력의 역사』, 20쪽.

62) 서대숙은 조국광복회 결성에서 가장 중요한 역할을 수행한 사람은 오성륜이라고 주장한다(서대숙, 앞의 책 32쪽). 이에 대한 비판은 이재화, 앞의 책, 270~271쪽 참조.

63) 이석태 편, 『사회과학대사전』(1948), 한울림, 1987, 595쪽.

64) 임춘추, 앞의 책, 138~139쪽.

65) 이명영, 앞의 책, 58쪽. 이러한 서술은 김준엽·김창순, 앞의 책, 68~70쪽 ; 이정식, 앞의 책, 292쪽에도 보인다.

66) 김오성, 앞의 책, 34쪽.

67) 와다 하루키, 「김일성과 만주의 항일무장투쟁」, 『사회와 사상』 1988년 11월호, 185쪽. 이러한 견해와는 달리 북한은 조국광복회의 회원이 20만 명이었다고 주장한다. 북한의 이 주장에 대해서는 『조국광복운동사』, 지양사, 1989, 참조.

68) 이재화, 앞의 책, 350~359쪽 참조.

69) 한홍구, 『대학신문』 1988년 10월 10일자, 서울대학교.

70) 梁守德·王朴安 외, 『민족해방운동사(1775~1945)』, 북경대학출판사, 1985, 448~449쪽.

71) 김한길, 앞의 책, 141~142쪽.

72) 서대숙, 『한국공산주의운동연구』(1967), 화다, 1985, 263~266쪽.

73) 이정식, 앞의 책, 296~300쪽.

74) 이만규, 『여운형 투쟁사』, 민주문화사, 1946, 265~266쪽.

75) 김한길, 앞의 책, 165~168쪽.

76) 이재화의 책이 이러한 경향을 보이는 것 같다.

77) 김사량, 「駑馬萬里」, 1945 (『노마만리』, 동광출판사, 1989, 293~294쪽).

78) 한국역사연구회 1930년대연구반, 『일제하 사회주의운동사』, 한길사, 1991.

79) 허성혁, 『민중민주운동론』, 참한, 1988.

80) 김남식, 「한국공산주의운동사 연구를 위한 전제」, 『역사비평』 제1집, 1987, 308쪽.

81) 김남식, 앞의 글, 307쪽.

02

김일성(2)

북한의
'수령제 정치체제'는
어떻게
형성됐나

북한의 '수령제 정치체제'는 어떻게 형성됐나

1994년 7월 8일, 북한의 김일성 주석이 사망함으로써 북한사회를 주도했던 이른바 '혁명1세대'의 시대가 막을 내렸다. 한동안 김정일을 중심으로 하는 후계체제가 어떻게 이루어질 것인가에 세상의 이목이 집중됐으나 권력승계가 원만하게 이뤄지면서 이제는 체제 존속 여부가 관심거리로 등장하고 있다.

이에 대한 정확한 결론은 시간이 지나면 자연히 드러나겠지만, 북한의 수령제 정치체제가 어떠한 과정을 거쳐서 형성되었는가를 역사적으로 살펴보면, 그 속에서 북한사회의 전망을 예측하는 데 유효한 사실을 발견할 수 있을 것이다.

'수령제 정치체제' 확립

북한의 수령제 정치체제의 특징은 오랜 기간에 걸쳐 단계적으로, 점진적으로 형성되었다는 점이다. 김일성은 유일체제를 확립하기 위해 상당한 기간 동안 사상과 조직분야를 장악하고, 유일사상체계와 유일적 영도체제를 완성했다.

　　1945년 9월 19일 북한에 들어온 김일성은, 일제 시기 항일빨치산활동과 조국광복회 조직 경험을 바탕으로 우선 당 조직과 군계통을 장악했다. 물론 여기에는 북한에 주둔해 있던 소련군의 후원이 크게 작용했다. 그 후 1948년 조선민주주의인민공화국이 수립되자 김일성은 당·정·군을 실질적으로 장악하며 최고권력자로 등장했다.

　　그러나 김일성이 당·정·군을 장악했다고 해도 초기 권력구조는 다분히 집단지도체제적인 성격이 강했다. 김일성을 중심으로 하는 만주 항일빨

▼ 첫 대중 연설하는 김일성. 1945년 9월 19일 김일성 조선공작단 단장은 원산에 도착했고, 이틀 후 스탈린이 선물한 기차를 타고 평양에 도착했다. 이때 탄 기차는 현재 묘향산 국제친선전람관에 전시돼 있다. 10월 10~13일 서북5도당대회를 마친 김일성은 10월 14일 평양공설운동장(현재 김일성경기장)에서 처음으로 대중 앞에 모습을 드러내며 공식 환영대회를 가졌다.

치산세력 외에도 국내에서 공산주의운동에 참가했던 국내파 세력, 중국 연안에서 민족해방운동에 참가했던 연안파, 그리고 소련에서 들어온 조선인 2·3세 그룹(소련파)이 독자적인 세력을 형성하고 있었기 때문이다. 정권 수립 이후 김일성은 '당의 통일과 단결'을 내세워 이들 세력들을 하나씩 포섭하거나 제거해 나갔다.

1952년 12월에 열린 조선노동당 제5차 전원회의는 그 신호탄이었다. 이 회의에서 박헌영·이승엽을 중심으로 하는 과거 남조선노동당 출신 지도부가 종파주의·지방주의적 경향으로 비판을 받았고, 김열 등 소련파도 관료주의적 경향으로 비판을 받았다. 결국 다음해 3월 박헌영, 이승엽 등은 '반혁명음모와 미제의 간첩활동 혐의'로 체포되었으며, 1954년에는 김열 등 일부 소련파 간부들이 처벌을 받았다.

6·25전쟁이 끝난 후 김일성은 '형태는 조선사람인데 머리는 소련이나 중국에 가 있는 사람'들을 비판하면서 주체를 강조하고 나섰다. 그러나 이것은 당 내부의 반발을 없앤 이후 본격적으로 추진되었다.

1956년 8월 말 노동당 중앙위 전원회의는 1956년 6~7월에 있었던 김일성의 소련과 동구권 방문결과를 보고 받고 인민보건사업개선 강화에 관한 문제를 토의하기로 되어 있었다. 이 8월 전원회의에서 연안파인 최창익(당 중앙위원 겸 당 중앙위 상무위원회 상무위원, 내각 부수상)과 윤공흠(당 중앙위원, 상업상), 소련파인 박창옥(당 중앙위원, 부수상) 등이 연합하여 김일성의 정치노선과 경제정책을 비난하면서 김일성의 리더십에 도전했다. 이른바 '8월 종파사건'이 발생한 것이다. 그러나 이들은 당내의 절대 열세를 극복하지 못하고 주모자였던 최창익 등 일부는 체포되어 처벌을 받았고, 서휘, 윤공흠 등은 중국으로 망명했다.

▲ 1948년 9월 9일 조선민주주의인민공화국이 성립된 후 내각의 주요 간부들이 기념촬영을 했다. 왼쪽부터 정준택 국가계획위원장, 김책 부수상, 홍명희 부수상, 김일성 수상, 박헌영 부수상, 최용건 민족보위상, 허정숙 문화선전상 등 북한의 초대내각 성원의 모습이 보인다.

　　이 사건은 표면적으로 보면 경제정책을 두고 벌어진 논쟁이지만, 본질적으로는 ① 유일지도체제냐 집단지도체제냐 하는 국가 영도체제문제와 ② 당의 뿌리문제, 즉 혁명전통을 어디에 둘 것인가 하는 문제였다.

　　이 사건을 계기로 김일성은 당 정비작업에 들어갔다. 1956년 말부터 이루어진 '중앙당 집중지도사업'이 그것이다. 이 사업은 지방당 조직에 대한 사상 강화의 형태로 진행되었으며, 당 조직을 강화하려는 '아래로부터의 반종파투쟁'이 병행되었다. 이 과정에서 김일성을 중심으로 하는 항일빨치산투쟁이 당의 뿌리이자 혁명전통임이 확인되었고 유일지도체계를 강화해 나갈 것이 결정되었다.

　　또한 국내파, 소련파, 연안파들에 대한 개별적인 숙청이 진행되었는데, 이들은 '8월 종파사건'과는 직접적인 관련은 없었지만 김일성 중심의 유일지도체계 확립에 위배되어 물러난 것이었다.

1958년 3월 제1차 노동당 대표자회의에서 김일성은 '종파주의'의 완전 종식을 선언했다. 이로써 김일성은 유일지도체계의 기반을 확고하게 마련했다.

당의 유일사상체계 확립

1950년대가 김일성을 중심으로 하는 유일지도체계가 뿌리를 내린 시기라면, 1960년대는 유일사상체계와 수령의 유일적 영도체제가 완성된 시기라고 볼 수 있다. 먼저 유일사상체계의 확립 과정을 보면, 북한에서 유일사상체계의 형성 과정에서 한 획을 그은 것은, 1955년 12월 김일성이 '사상사업에서 교조주의와 형식주의를 퇴치하고 주체를 확립할 데 대하여'라는 제목의 연설을 통해 '주체'를 강조한 일이다. 이 연설에서 김일성은 "당의 사상사업에서 주체는 무엇입니까?"라는 과제를 제시하면서 '조선이라는 구체적 현실 속에서 혁명을 이끌어가는 마르크스레닌주의'를 주장하였다.

이것은 당시 '소련식', '중국식'을 주장했던 세력들을 사대주의와 교조주의로 비판하면서 '조선식 사회주의 건설'을 강조한 것이다. 즉, 자기 나라의 역사, 지리, 인민, 당, 국가를 먼저 생각하고 사랑하자는 내용이었다. 또 이것은 해방 이후 '건국사상총동원운동' 등을 통해 전개된 민주주의 및 애국주의 사상교양과 반제교양에 기초해서 사대주의와 교조주의를 반대하고 주체의 확립을 강조한 것이었다.

'8월 종파사건'을 거치면서 김일성은 당적 사상체계, 즉 "노동당의 사상체계는 무엇인가"라는 문제에 대해 정리해 나갔다. 1950년대 중반부터 제기된 주체교양과 함께 당적 지도체제에 대한 문제가 제기된 것이다. 이 것은 노동당의 당적 체계는 곧 김일성의 사상이고, 노동당의 유일한 혁명 전통은 항일빨치산투쟁이라는 것으로 귀결되었다. 이 과정에서 김일성 중심의 유일사상체계와 영도체계에 반대하거나 적극적이지 않았던 '조선민족해방동맹' 계의 박금철·이효순 등이 제거되었다.

김일성은 1967년 조선노동당 중앙위원회 제4기 제15차 전원회의를 계기로 하여 당의 '유일사상체계'를 세우는 문제를 제기하였다. 당내에 다른 어떤 사상도 인정하지 않고 '김일성의 혁명사상'만을 유일사상으로 강조한 것이다. 이 시기는 국내적으로 보면 김일성에게 반대할 수 있는 세력이 사실상 모두 제거된 상황이었으며, 국제적으로 보면 소련과 중국에 대해 자주노선을 표방한 시점이었다.

김일성은 1968년의 6차 6기 최고인민회의 보고를 통해 주체사상을 혁명이론으로 체계화하고 당의 지도사상으로 확립했다. 이것은 그 후 1970년의 제5차 노동당대회를 통해서 다시 확인된다. 5차 당대회에서 김일성은 직접 작성한 보고문건을 통해 당의 유일사상의 진수를 이루는 것은 마르크스레닌주의적 주체사상이고 당의 유일사상체계는 주체의 사상체계임을 선언하였다. 또한 김일성은 보고를 통해 "당을 강화하는 데서 무엇보다 중요한 것은 전당에 유일사상체계를 세우며, 그에 기초하여 당대열의 통일과 단결을 계속 확고히 보장하는 것"이라고 주장했다. 이때에 이르면 이미 북한사회는 김일성을 중심으로 하는 유일적 영도체제가 확고히 수립된 시기였다고 볼 수 있다.

이후 당 내부 '선전일꾼대회', '사회과학자대회' 등을 통해서 주체사상이 사상적, 이론적으로 체계화됐다. 그 결과 1972년에 제정된 사회주의헌법에는 "조선민주주의인민공화국은 마르크스레닌주의를 우리 나라의 현실에 창조적으로 적용한 조선노동당의 주체사상을 자기활동의 지도적 지침으로 삼는다"고 규정되었다.

▲ 체포된 박금철(가운데). 1937년 '혜산사건'으로 체포된 조선민족해방동맹 출판·경제부 책임자였던 박금철은 1960년대 중반 노동당 중앙위원회 조직부위원장까지 올랐으나 1967년 '반당분자'로 숙청됐다.

유일적 영도체제 완성

1967년 당의 유일사상체계가 본격적으로 제기되는 것과 동시에 수령의 유일영도체제 형성이 시작됐다. 북한에서 본격적으로 김일성을 수령으로 지칭하기 시작한 것도 이때이다. 이것은 당 총비서인 김일성을 중심으로 당·정·군의 유일적 영도체제가 확립되기 시작한 것을 의미했다. 이때 이미 '유일사상체계확립 10대 원칙'이 1967년 말에 작성되어 1968년 초부터 당 간부생활의 기준으로 사용되기 시작했다. 김일성에 대한 호칭도 변했다. 이전에는 '수상 동지', '총비서 동지' 등 여러 가지로 불리던 것이 이때부터 '위대한 수령 김일성 동지'로 통일되기 시작했다.

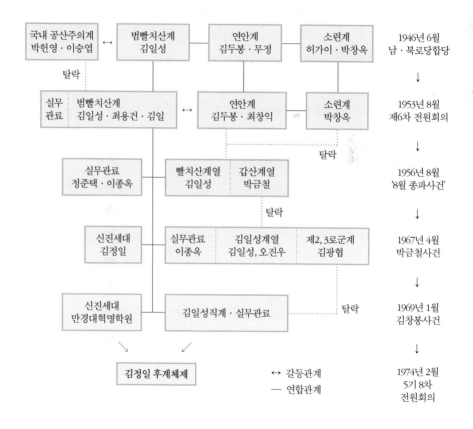

북한은 수령을 "인민들 속에서 그 무엇으로도 허물 수 없는 높은 권위를 가지고 절대적인 신임을 받는 정치적 지도자", "혁명과 건설에서 절대적 지위를 차지하고 결정적 역할을 수행하는 당과 혁명의 탁월한 영도자"라고 정의한다.

다시 말하면 ① 혁명사상과 혁명이론을 창시하고 혁명 승리의 전망을 제시하며, ② 인민대중을 혁명사상으로 무장시키고 이들을 조직화하여 혁명 승리의 조건을 마련하며, ③ 혁명전통을 계승 · 발전시키며, ④ 당을 비롯한 혁명조직을 창건하여 혁명무기를 마련하며, ⑤ 노동계급과 당을 영도하며 혁명과 건설을 승리로 이끌어 나가는 등의 역할을 수행하기 때문에, 노동계급의 혁명위업을 완성하는 데 있어서 수령의 역할이 결정적이라는 것이다.

따라서 수령의 이러한 결정적인 역할을 수행하기 위해서는 당 · 정 · 군의 역할을 수령에게 집중하고 유일적 영도를 보장 · 집행하는 것이 필요하다는 것이다. 이러한 이론적 근거에 의해 이것을 제도화하는 방안으로 나온 것이 1972년의 국가주석제였다.

사회주의 헌법 제정

북한은 1970년 제5차 노동당대회를 계기로 주체사상이 당의 지도원리로 완전히 확립되었다. 당 규약에서 주체사상을 당의 지도이념으로 규정하였고, 당원의 의무와 권한을 강화했다. 이것은 김일성 중심의 유일영도체제가 보다 확고하게 확립된 것을 의미했다.

이제는 이것을 제도화하는 것이 필요했다. 당시 북한은 내각의 수상인 김일성이 실권을 잡고 있었지만, 형식상 국가 수반은 최고인민회의 상임위원회 위원장(처음에는 김두봉, 후에 최용건으로 바뀜)이 맡고 있었다. 따라서 수령론이 제기됨에 따라 수령이 당·정·군의 삼권을 모두 장악하는 것으로 헌법을 수정할 필요가 대두되었다. 다른 한편으로는 제5차 당대회에서 주체사상을 당의 지도원리로 결정했기 때문에 이에 따라 역시 헌법을 개정할 필요가 있었다.

이를 위해 김일성은 헌법초안위원회를 만들지 않고 직접 소련·중국·동구사회주의국가의 여러 헌법을 기초로 초안을 작성했다고 한다. 이 초안은 토론을 거쳐 노동당 정치위원회에 회부되어 승인을 받고 최고인민회의에서 최종적으로 확정되었다.

헌법 개정의 가장 중요한 특색은 주석제를 신설한 것이다. 내각의 수상 중심에서 주석을 실질적인 국가의 최고통치권자로 하는 기구형태로 바뀐 것이다. 단순화시키면 '내각책임제' 형태가 '대통령책임제' 형태로 바뀐 것을 의미한다.

구체적으로 살펴보면 헌법개정 이전에는 중요 법령 선포 권한이 최고인민회의 상임위원장에게 있었는데, 주석제가 신설되면서 상임위원회가 해체되고 모든 권한이 주석에게 이양되었다. 또 주석제가 되면서 중앙인민위원회가 최고 주권기관이 되었다.

새로 신설된 주석직에는 김일성이 추대되어 김일성은 명실공히 북한의 당·정·군의 모든 권한을 한 손에 쥔 최고권력자가 되었다.

유일체제 형성에 대한 반발

1970년대 초반에 김일성을 중심으로 한 유일적 영도체계가 수립될 때까지 북한사회에서는 여러 차례 '권력투쟁'과 그에 수반된 '숙청'이 진행되었다. 그러나 일반적으로 이야기되는 '숙청'이라는 것을 면밀히 검토해 보면 그 성격이 조금씩 다름을 알 수 있다.

우선 권력투쟁적 성격이 강한 것으로는 '김두봉 · 최창익 사건'(연안파 사건)을 들 수 있다. 이 사건은 1956년 8월 전원회의에서 당과 정부 · 군의 고위직에 있던 일부 연안파들이 김일성 중심의 유일지도체제에 반대하고 집단지도체제를 요구하면서 표출되었다. 그러나 이들 '연안파'는 연안파 중에서도 일부에 지나지 않았고, 김일성 반대세력을 체계적으로 조직화하지도 못했다. 결국 이들은 회의가 끝난 후 체포되거나 일부는 중국으로 망명했다.

이 사건을 계기로 '중앙당 집중지도사업'이 진행되어 전당적인 사상검열이 진행되었다. 이 과정에서 유일지도체계에 반대하지는 않았지만, 이 정책에 적극적이지 않았던 인물들은 당과 정부에서 물러나거나 지방의 한직으로 좌천되었다.

특히 1957년 북한과 소련 사이에 '이중 국적 및 당적 정리 협정'이 맺어지면서 북한정권에 참여했던 소련파들은 소련 당적과 노동당적 중에서 선택을 해야만 했다. 이때 정치권의 많은 소련파들이 소련으로 돌아갔고, 방학세, 남일 등 일부 소련파들은 계속 남아 유일적 영도체계를 수립하는 데 적극적인 역할을 수행했다.

'김두봉 · 최창익 사건'과 비슷한 성격의 사건이 1967년의 '박금철 · 이효순사건'이다. 이 사건은 김일성 중심의 유일사상체계와 유일적 영도체제 형성에 반발해서 일어난 것이었다. 그러나 이 사건은 조직적으로 일어난 사건이 아니었고, 당 조직위원장이라는 2인자적 위치에 있던 박금철을 중심으로 한 일부인사들이 제2차 노동당 대표자회의에서 비판을 받고 지방 공장으로 쫓겨가는 것으로 일단락됐다.

　이와는 다른 성격을 가진 것이 1969년 1월에 있은 '김창봉 · 허봉학 사건'이다. 이 사건은 김일성 중심의 유일적 영도체제에 반대해 일어난 것이 아니라, '항일빨치산' 출신과 '항일빨치산 2세' 중 일부 군대 간부의 군벌주의적 경향과 대남정책에서 빚어진 좌경적 오류(1968년의 1 · 21사태, 울진 · 삼척 사건 등)에 대한 비판을 받고 처벌 받은 것이었다. 즉 개별적 '간부들의 사업작풍과 사상적 결함'이 이들 숙청의 주요 요인이었던 것이다.

　이렇게 몇 가지 주요한 '숙청사건'을 보면 김일성 중심의 유일사상체계 및 유일적 영도체제가 수립되는 과정에서 의외로 조직적 · 집단적 반발이 없었음을 알 수 있다. 이것은 유일체제 형성이 단계적이고 점진적으로 이루어지면서 내부의 반발을 최소화했기 때문으로 추측된다. 또한 그만큼 당 · 정 · 군에 대한 김일성의 기반과 장악력이 확고했다는 것을 의미한다고도 볼 수 있다.

김정일의 등장

　북한사회는 제5차 노동당대회와 국가 주석제의 신설로 '수령 중심의 유일적 영도체계'가 완성되자, 곧바로 수령의 뒤를 이을 후계자문제를 거론하기 시작했다. 북한이 후계자문제를 거론하고 나선 것은 국제적으로 소련이나 중국에서 일어난 스탈린이나 모택동 사후의 혼란에서 얻은 교훈과, 내부적으로 후계체제를 둘러싼 갈등과 혼란을 막기 위한 것이었다.

　북한에서 후계문제는 1971년 6월 24일 개최된 사회주의로동청년동맹 제6차 대회에서 김일성의 개막연설을 통해 처음 공개적으로 표명되었다.

김일성은 이 연설에서 혁명의 계속성을 강조하며 혁명위업을 달성하기 위해서는 새로운 세대들이 대를 이어 혁명을 계속해 나가야 한다고 주장했다.

후계문제가 제기되자 김영주를 비롯한 '혁명1세대' 들이 김정일을 적극적으로 옹립하고 나섰다. 1964년 김일성종합대학을 졸업하고 당조직지도부 지도원으로 당생활을 시작한 김정일은 급속하게 승진해서 1970년 9월에는 당 선전선동부 부부장으로 있었다. 이때를 전후해서 김정일은 당내의 실력자로 등장하기 시작했다.

김정일은 1973년 9월의 노동당 제5기 7차 전원회의에서는 당의 조직 및 선전선동담당 비서로, 1974년 2월의 노동당 제5기 8차 전원회의에서는 당 정치위원으로 선출되었다. 이때부터 김정일은 '당중앙' 이라는 이름으로 불리면서 북한의 모든 권력을 당중앙으로 집중시키고 그 속에서 권력을 행사하기 시작했다.

김정일은 당 조직 및 선전선동담당 비서로 등장한 직후부터 우선 약 1년 동안 주로 중앙부터 지방에 이르기까지 당의 후계체제(유일지도체제)를 수립하는 데 힘을 기울였다. 노동당 내의 지도체계는 1976년 2월까지 기본적으로 완성되어 당사업에서 선전 · 조직 · 대남 · 대외 · 경제 등 전 부분에서 유일지도체제가 확립되었다.

김정일은 1974년 중반 노동당 내부사업이 일정 정도 정비되었다고 판단하자, 이와 병행해서 군대에 대한 유일지도체제 사업을 진행시켰다고 한다. 1974년 후반부터 시작해서 1975년 말까지 검열을 통해 군대 내의 유일지도체제 확립에 돌입했다. 이를 위해 김정일은 노동당 조직지도부 검열성원들을 조선인민군 당위원회, 총정치국, 각 군종 · 병종 사령부 당위원회, 군단 · 사단 · 연대 · 대대 당 위원회와 중대 세포까지 파견했다고 한다.

당시의 검열기준은 '유일사상체계와 유일지도체제를 군에서 제대로 따르는가, 김정일이 제시한 방침, 구호가 제대로 접수되고 있는가'였다. 김정일은 2개월가량의 검열총화로 군사 정치간부 대열을 재정비했다고 한다. 이 무렵부터 군의 명령과 군수물자 이동을 포함한 군사문제에 대한 결정권이 김정일에게로 모아지기 시작했다.

김정일은 당과 군의 유일체제 확립이 끝난 후 정권기관에 대한 유일지도체제 확립을 시작했다. 이것은 1975년 중반부터 1976년 초까지 수행되었다고 한다.

이렇게 해서 김정일은 1976년 초까지 당·정·군에 유일지도체제를 단계적으로 완성했다. 이러한 과정은 구호만으로 되는 것이 아니라, 조직체제(내부구조)를 만들고, 자신의 추종세력을 핵심위치에 배치하며, 동시에 당의 유일사상체계를 더욱 확고히 하는 것이 필요했기 때문에 많은 시간을 들여 단계적으로 시행되었던 것이다.

김정일은 조직사업과 함께 사상사업에도 힘을 기울였다. 1974년 2월 김정일은 '유일사상체계 확립 10대원칙'을 공개적으로 제시하면서 노동당의 유일사상체계 확립과 후계문제를 밀접하게 연계해 추진했다. 유일사상체계 확립 10대 원칙 제10원칙은, 제1항에서 "전당과 온 사회에 유일사상체계를 철저히 세우며 수령이 개척한 혁명위업을 대를 이어 완수하기 위해 수령의 영도 밑에 당중앙의 유일적 지도체제를 확고히 세워야 한다"고 명시되어 있다.

그런데 여기서 주목할 점은 '유일사상체계 확립 10대 원칙' 제9항과 제10항에 모든 일을 김일성의 '유일적 영도체제'에 의거해 조직하고 추진하되 이의 진행 과정은 철저하게 후계자의 '유일적 지도체제'에 따라야 한다고 규정되어 있는 것이다. 즉 김일성의 유일적 영도체제를 상위개념으로 두고 그 밑에 후계자의 유일적 지도체제를 설정해 유일사상체계를 확립하는 데 후계자가 주도적 역할을 하도록 한 것이다.

이것은 당 · 정 · 군의 모든 사업을 후계자에게 집중하는 것을 의미한다. 수령의 영도체제, 즉 수령의 권한을 집중시키는 것이 아니라 지도를 집중시키는 것이다.

후계자로 등장하면서 김정일은 우선 김일성이 마련한 '당의 지도사상'을 '계승 · 발전' 시키는 데 주력했다. 1974년 2월 19일 김정일은 전국 당 사상사업 부문 일꾼강습회에서 행한 '온 사회를 김일성주의화하기 위한 당 사상사업이 당면한 몇 가지 문제에 대하여' 라는 연설을 통해 김일성주의를 공식으로 제기했다.

이보다 앞선 김정일은 당의 이념인 주체사상을 보다 완성시켜 김일성주의의 사상 · 이론 · 방법을 전일적으로 체계화했다고 한다.

이어서 김정일은 1960년대에 들어서면서 제기되었던 '온 사회의 혁명화 · 노동계급화' 라는 구호를 폐기하고 '온 사회의 주체사상화' 를 당의 전략적 구호로 새롭게 제기했다. 이것은 1980년 제6차 노동당대회에서 공식화됐다.

제6차 노동당대회를 거치면서 김정일은 공식적으로 김일성을 잇는 후계자로 확고하게 자리를 잡게 된다. 이것은 제6차 노동당대회 보고문건 초안 작성을 김정일이 했다고 하는 점에서 드러난다. 1970년대의 지도 집중에서 더 나아가 모든 권한이 김정일에게 실질적으로 넘어가기 시작한 것이다. 1993년 4월 9일 개최된 최고인민회의 제9기 제5차 회의에서 김정일이 국방위원장으로 선출된 것은 이러한 사실을 반영하는 하나의 실례일 것이다.

물론 김정일 중심의 후계체제 형성 과정에서도 북한 내부에 반대하는 세력이 없었던 것은 아니었다. 특이한 것은 김정일의 유일지도체제와 유일사상 강화 과정에서 조직적 반대는 거의 일어나지 않았고, 김정일의 당정책에 대해 개별적인 저항이 일부 일어났다는 점이다.

1970년대 중반에 김정일이 제안한 '당·군 간부의 청년화' 정책에 대해 김동규(당시 부주석)·김광협 등 원로층에서 이의를 제기한 것 외에는 특별한 사례를 찾기 어렵다. 이것은 이미 김일성 중심의 유일영도체제가 완성된 시점에서 그의 결정인 후계체제에 대해 반대하기가 쉽지 않았던 점, 국가보위부가 설치되어 유일사상체계확립 10대 원칙에서 벗어나는 발언이나 행동을 하는 사람들을 감쪽같이 연행하여 수용소에 감금한 점, 대부분의 '혁명1세대'와 '혁명2세대'가 김정일 후계체제를 지지했던 점 등이 이유였던 것으로 보인다.

▲ 1980년 10월에 열린 조선노동당 제6차당대회 석상에서 김일성 주석과 김정일 비서가 협의하고 있다. 이 대회를 통해 김정일 비서는 처음으로 공개석상에 모습을 드러냈다.

이렇게 보면 김일성 유일체제는 1950년대 중반 이후부터 조직적·사상적으로 단계적인 강화 과정을 거쳐 1960년대 후반에 확고하게 자리를 잡았고, 1970년대에 들어서는 수령의 유일적 영도체제를 기본으로 해서 후계자 김정일의 유일적 당 지도체제가 구축되었다고 볼 수 있다.

이 과정에서 김정일은 1970년대에 이미 정치적 반대자를 포섭·제거하는 데 성공했으며, 그 후 당·정·군의 인사권을 쥐고 자기 사람을 요직에 앉혔다. 특히 그는 1973년부터 시작한 3대혁명소조운동을 지도하면서 자신과 같은 세대 인물들을 물색해 권력의 핵심에 배치했으며 이를 통해 간부의 세대교체를 진행시켜 왔다.

김정일은 김일성 사망 이전부터 실질적으로 북한의 실권자였다. 김정일은 1970년대의 준비 과정을 거쳐 1980년대에 들어서는 북한의 당·정·군을 실질적으로 장악하고 있었으며, 사상 방면에서도 이미 최고지도자로 부각되어 있었던 것이다. 이를 기반으로 김정일은 김일성이 가지고 있던 수령의 위치를 순조롭게 이어받을 수 있었던 것이다.

03

김일성(3)

최대의
정치적 위기

—

'8월 종파사건'의
전모

.

.

.

.

.

.

.

.

.

최대의 정치적 위기 - '8월 종파사건'의 전모

1956년 8월 30일에 열린 조선노동당 8월 전원회의를 기점으로 북한 정권은 치열한 권력투쟁의 회오리에 휩싸였다. 사건은 8월 전원회의에서 연안파의 윤공흠이 "소련공산당 제20차 당대회에서 제기된 개인 숭배사상 배격이 조선노동당에 반영되지 않고 개인독재가 계속 유지되고 있다"고 비판하면서 시작됐다. 윤은 김일성의 영도작풍이 독재적이며 그 정책이 반인민적이라고 노골적으로 비판했다. 그러나 김일성 수상은 반대파 간부들을 대거 출당시키고 소련에도 대표단을 파견했다.

1956년 9월 18일 모스크바를 방문한 대표단의 일원인 최고인민회의 위원 고희만은 소련 외교부 극동국 1등서기관 라자레프를 만나 8월 전원회의에서 일어난 사태에 대해 설명했다. 다음은 「라자레프 비망록」에 기록된 사건의 전말이다.

김일성의 소련 및 동유럽 순방 시 조선일꾼그룹-내각 부수상 최창익 · 상업상

윤공흠·직업총동맹 위원장 서휘·문화선전선 부상 김강·내무성 부상 이필규·황해남도당위원장 고봉기·내각 부수상 박창옥-이 조선노동당 중앙위 지도부와 정부에 대한 반대발언을 준비했다. 그들은 회합을 갖고 공동발언을 하기로 합의했다. 주동자는 최창익이며 박창옥이 위의 사람들을 끌어들였다.

그들은 지도부에 대한 불만을 터뜨리며 소련대사관을 찾아갔으나 대사관측이 처음에는 받아 주지 않다가 나중에야 얘기를 들어주었다. 이 그룹에 소련파를 합류시키려는 시도가 있었으나 박창옥을 제외하고는 아무도 거기에 가담하지 않았다. 몇몇 소련파에 대한 부당한 박해가 소련파를 끌어들이려 한 동기였던 것 같다.

그러나 반김일성 세력의 움직임에 대해 김일성은 사전에 소상히 알고 있었다. 계속된 고희만의 발언 내용이다.

조선노동당 중앙위원회는 이 그룹의 활동에 대한 제반 정보를 갖고 있었다. 중앙위는 이 그룹의 불만들이 전원회의(중앙위원회 중앙위원과 후보위원이 참석하는 회의)에서 불거지리라는 것을 알고 이 그룹을 와해시키기 위해 전원회의 소집을 지연시켰다.

그리고 전원회의 소집일자를 하루 전에야 공표, 그들의 거사계획을 무산시켰다. 전원회의에서는 윤공흠 혼자서만 발언했으나 집행부는 당 규율을 내세우며 발언을 끝마치지 못하게 했다. 다른 사람들은

▼ 1956년 8월전원회의에 참석한 김일성 수상과 김두봉 최고인민회의 상임위원장.

발언을 해보지도 못했고 밤에 4명이 중국으로 도주했다.

고희만이 지칭한 네 사람은 연안파의 중심인물인 윤공흠·이필규·서휘·김강이다. 이들은 신변의 위협을 느끼고 중국으로 망명했던 것이다.

일부 연안파, 1956년 8월 전원회의에서 김일성 개인숭배 비판

고희만의 설명은 사건의 윤곽을 파악하는 데는 도움이 되지만 반김일성 세력이 8월 전원회의에서 제기하고자 했던 것이 무엇이었는지는 여전히 불확실하다. 그 내용은 소련 외교부 극동국 1등서기관 이바넨코의 1956년 5월 17일자 박길룡(朴吉龍)과의 대화록에 잘 나타나 있다. 당시 동독 주재 북한대사였던 박길룡은 조선노동당 3차당대회에 참석한 후 베를린으로 돌아가는 도중에 모스크바에서 이바넨코를 만났다. 박길룡은 우선 북한 경제가 심각한 사정이라고 강조했다.

조선의 경제사정은 현재 각별히 어려우며, 사실상 조선의 주민의 절반이 먹지도 입지도 신지도 못하고 있다. 조선인민이 매우 참을성 있고 가혹한 궁핍에도 익숙하나 그렇다고 그게 무한정 갈 수는 없다. 결국 주민들의 생활개선 문제에 진지하게 매달리지 않으면 안 된다.

박길룡은 조선의 광범위한 주민 계층, 특히 농민 사이에서 김일성 중심의 지도부가 주도하는 경제복구노선과 주민생활의 저하를 담보로 한 중공업 발전노선에 대한 불만이 고조되고 있다고 지적했다. 그는 또 개인숭배

▲ 1950년대 중반 동독 방문길에 오른 김일성 수상. 그 뒤에 서 있는 사람이 박길룡 동독주재 북한대사이다.

를 비판했다.

김일성을 포함한 몇몇 조선노동당 지도일꾼들이 제20차 소련공산당 당대회 결정을 교훈삼아 자신들의 오류를 비판적으로 재검토하기는커녕 후퇴하고 있다. 북조선에서 횡행했던 개인숭배는 지금도 마찬가지 상태다. 김일성은 종전대로 누구도 존중하지 않고 모든 것을 자기 손아귀에 틀어쥔 채 사실상 혼자서 결정하고 있다. 상무위원 중 누구도 김일성의 견해에 반하는 견해를 발언하지 못하고 있다. 조선노동당의 집단적 지도원칙이란 것은 단지 말에 불과할 뿐이다.

그는 또 김일성 중심의 지도부에 대해서도 노골적으로 비판했다.

현재 김일성의 측근들은 내각 제1부수상 최용건과 그와 비슷한 무능하고 무원칙한 사람들로 구성돼 있다. 현명한 원로이자 만인의 존경을 받는 최고인민회의 상무위원장 김두봉(金枓奉)은 잔뜩 움츠린 나머지 국가적 · 정치적 사업보다 화훼 재배를 선호하고 있다.

내각 부수상 홍명희도 마찬가지다. 외무상 남일(南日)은 자신의 견해를 밝히지 않고 요리조리 피해가느라 안간힘을 쓰고 있다. 당 중앙위 부위원장 박정애(朴貞愛)는 현재 고립돼 있으며 주요문제 결정에 참여하지 못하고 있다. 현재 김일성 주위에는 최용건 · 임해(林海) · 정준택(鄭準澤) · 박금철 등과 같은 고분고분한 인물들이 포진돼 있다.

마지막으로 박길룡은 김일성 세력이 해방 후 소련에서 나온 소련파들에 대한 "반김일성 종파활동에 가담했다"는 근거 없는 비난들로 뒤집어씌우고 있다고 말했다.

그의 마지막 말은 자신을 포함한 소련파들이 대단히 어려운 상황에 처해 있다는 것을 호소한 것이었다. 실제로 김일성은 1955년 12월 「사상사업에서 교조주의와 형식주의를 퇴치하고 주체를 확립할 데 대하여」라는 제목의 연설을 한 이후로 소련파 간부들에 대한 공격을 시작했다.

당시 소련파들에 가해진 비판의 내용은, 1955년 12월 22일 이바노프 대사와 같은 소련파인 남일 외무상이 나눈 대화에 잘 나타나 있다. 다음은 그 대화에서 한 남일의 발언 요지이다.

현재 평양에는 몇몇 소련파가 책임 있는 지위에 있으면서도 대표일꾼이 되지 못하고 고립돼 따로 노는 바람에 부하들과도 유리되고 배척 받은 상황이 조성됐다. 이들 소련파가 조선체재 10년 동안 한 일은 지역일꾼들과의 친화는커녕 고립이었으며 심지어 적대감까지 생겼다.

박창옥은 정치위원 겸 부수상이 되자 다른 각료들을 해충이라 부르고 잘라 버리 겠다고 위협하는 등 '이래라 저래라' 하며 욕지거리를 했다. 그는 권위와 자신에 대한 존경심을 잃었으며 많은 일꾼들이 그를 증오하게 됐다.

▲ 1950년대 중반 북 외무성의 주요간부와 각국 파견 대사들. 가운데가 남일 외무상.

남일은 "소련파 주위에 형성되고 있는 분위기로 말미암아 몇몇은 겁을 집어먹고 소련으로 떠나려 하고 있다"고 했다. 그는 이러한 분위기를 극복 하는 방안으로 "소련파가 행실을 교정해야 하고, 대중을 사로잡아야 하며, 혁명적 과업에 대한 자신의 헌신성을 증명해야 한다"고 주장했다.

이바노프는 남일의 이러한 결론에 대해 동의했다고 비망록에 기록했다. 소련파에 대한 비판은 1956년 1월 13일 이바노프와 만난 김일성도 제기했 다. 당시 김일성은 소련파들의 조선 국적 전환 작업을 추진 중이었다. 그때 까지 소련파들은 소련 국적을 가지고 있었고, 소련공산당과 조선공산당의 이중 당적을 유지하고 있었다.

이바노프는 김일성에게 소련파 전체에 대한 비판을 자제해 줄 것을 요구했다.

소련대사관을 찾는 많은 조선계 소련인(소련파)들은 몇 사람이 범한 실책 때문에 전체 소련파가 의심을 받는가 하면 업무상 무시당하고 당 집회에서 싸잡아 비판당하고 있다고 말한다. 그들은 이 같은 일이 캠페인 형태를 띠고 있다고 생각하고 있다. 몇 사람의 실책을 전체 소련파의 실책으로 결부시키는 것은 문제가 아닌가?

이에 대한 김일성의 대답 요지.

우리 당은 북조선에서 조선계 소련인들이 수행한 커다란 혁명사업을 평가하지 않을 수 없다. 그러나 소련에서 온 많은 동지들이 대중 속으로 파고들지 않고 신뢰를 확보하지 못한 채 지나치게 거만하게 굴고 자만하면서 일은 별로 하지 않았다는 점을 지적하지 않을 수 없다. 그 때문에 존경과 권위를 잃었다.
우리는 조선계 소련인들의 개별적 오류를 조사하면서 정치·교양사업이 부실했다고 확신하게 됐다. 그들이 몸담았던 소련대사관 산하 당조직을 철폐한 뒤 그들은 북조선 당 조직에서 열성적인 당생활을 하지 않았으며 회의에도 잘 나가지 않아 오류에 대한 비판을 한 번도 받지 않았다. 이를 시정해야 한다. 하부에서 전체 소련파를 음해하는 기도가 있을 수 있고 있기도 했다. 각 도에 이를 시정하라는 지시가 내려져 있다. 오류를 범한 사람만 심사하도록 하고 있다.

이에 대해 이바노프는 "잘못을 저지른 조선계 소련인에 대해서 조선인들과 차별을 두지 말고 사안별로 상응하는 조치를 취하는 것이 합당할 것"이라는 견해를 피력했다.

박헌영 사형 집행 만류한 소련, 강행 의지 밝힌 김일성

1956년 4월 19일 이바노프는 김일성을 다시 만났다. 이날 뜻밖에도 이바노프는 1955년 12월 말에 비밀재판에서 '정권 전복 음모와 미제간첩' 혐의로 사형선고를 받은 박헌영 문제를 거론했다. 이 시점까지 박의 사형이 집행되지 않았다는 사실이 처음 문서로 확인된 것이다. 다음은 이바노프의 비망록에 기록된 두 사람의 대화내용이다.

이바노프 : 조선 동지들이 대사관의 수석참사(KGB요원)를 두 차례 만나 박헌영 사형선고에 대한 소련 최고재판소의 견해를 물었다. 나는 박헌영에 대한 극단적 조치를 자제하는 것이 합당할 것이라는 소련 최고재판소의 견해를 말해 주었다. 사형선고 이후 많은 시간이 흘렀고, 박헌영이 정치적으로 망가지고 고립돼 있으며, 현재 사형 집행이 조선 내에서는 물론 해외에서도 바람직하지 않은 반향을 불러일으킬 수도 있다는 점을 염두에 둬야 한다.

김일성 : 수즈달로프 전임대사가 있을 때 박헌영의 신병문제에 대해 문의했으나 당시 소련의 회신이 없어 우리는 소련 최고재판소가 이에 관심이 없는 것으로 간주했다.

이바노프 : 소련 최고재판소가 지금도 박헌영 건에 개입하지 않고 있다. 다만 조선 동지들이 수석참사에게 문의한 것과 관련 견해를 피력하고 있을 뿐이다. 소련 최고재판소가 피력하고 있는 현시점의 상황을 고려하여 처리하는 것이 타당하다고 본다.

김일성 : 우리 동지들이 수석참사에게 박헌영의 향후 신병에 대해 의견을 물어 본 것은 개별적 행동이다. 당에서는 이미 박헌영에 대한 사형선고를 집행

하라는 결정이 내려져 있다. 박헌영으로부터 몇 가지 보충진술을 받아내는 대로 그 결정을 받들어 형을 집행하라는 내무성의 지시가 이미 달포 전에 내려졌다. 왜 지금까지 집행되지 않고 있는지 조사해 보겠다. 박헌영에 대해서는 공개재판이 실시됐으며 사건 처리가 잘못됐다는 아무런 근거도 징후도 없다. 그는 예비심문에서는 물론 정식재판에서도 자신의 혐의사실을 모두 시인했다. 그는 간첩이다. 조선인민은 한결같이 형 집행을 찬성하고 있다. 해외에서 아무런 부정적 반응이 없을 것이다. 그러나 소련 최고재판소의 이견이 있는 만큼 정치위원회에서 그런 사정을 논의해 보겠다.

이바노프는 박헌영의 사형 집행만은 막으려 했으나 김일성은 그가 모든 혐의사실을 시인했음을 들어 이를 거부했음을 알 수 있다.

이바노프는 5월 10일 불가리아대사를 만났다. 이 자리에서 불가리아대사는 동구사회주의국가에서는 개인숭배의 해악을 극복하기 위한 사업이 활발하게 진행되고 있다고 전하면서 북한의 정치적 상황에 대해 우려를 표명했다. 다음은 이바노프 비망록 전하는 불가리아대사의 발언 요지이다.

조선노동당 제3차 대회에 참석했던 알바니아 · 헝가리 · 루마니아 대표들은 지금까지 조선노동당 내의 개인숭배와 관련된 심각한 결함들을 알고 있었으나 당대회에서 전혀 반영되지 않았다고 말했다. 당대회 발언자들이 들춰 낸 것은 북조선이 아니라 남조선에서의 박헌영 개인숭배였다.

조선의 당 간부들이 김일성에게 '수령님' 말고는 다른 호칭을 붙이지 않는다는 것을 누구나 알고 있다. 어떤 문제에 대해 얘기를 꺼내려면 정치위원들까지도 "그건 수령님께서 아직 검토하지 않으시었습니다", "그 문제에 관하여 수령님께서는 이렇게 말씀하시었습니다", "수령님께 보고드리겠습니다" 등의 대답을 늘 어놓는다. 수령님이 조선노동당이 아니라 김일성이라는 것은 너무나 명백하다.

김일성 중심의 조선노동당 지도부가 '개인숭배' 경향에서 벗어나지 못했다는 판단이 서자 연안파는 소련과 중국공산당의 직접 개입해 줄 줄것을 요청하기 시작했다.

당시 소련 주재 북한대사였던 이상조(李尚朝·연안파)가 대표적인 인물이었다. 그는 6월 16일 소련 외교부 극동과장 쿠르듀코프를 찾아가 소련이 영향력을 행사해 줄 것을 요청했다.

노동당과 그 지도부에게는 소련공산당 중앙위원회의 진지한 이데올로기적 도움이 필요하다. 혁명투쟁역사 문제를 규명함에 있어 일각에서 개인숭배에 의한 명백한 왜곡이 이뤄지고 있다. 조선혁명투쟁역사 박물관은 김일성 혁명투쟁역사 박물관으로 전환됐다. 조선혁명운동 참가자들로서는 모든 공적이 김일성 일개인에게 바쳐지고 있는 것을 보면 기가 막힐 노릇이다.

우리는 제20차 소련공산당 당대회의 자료연구가 조선노동당 당내 상황의 개선과 지도부의 오류교정에 기여할 것으로 기대했다. 그러나 유감스럽게도 자료연구는 깊이도 없이 서둘러 지나치고 말았다. 조선노동당 당내 결함들은 당대회 때나 대회 이후에도 비판받지 않았다. 많은 당원들은 결함들을 보고 알고 있다. 속으로는 당내 상황에 불만이지만 탄압을 두려워한 나머지 공개적으로 비판할 엄두를 못 내고 있다.

따라서 외부로부터의 도움이 필요하며, 흐루시초프 동지나 모택동 동지가 조선노동당 지도부와 대화를 갖는 것이 최상일 것이다. 이와 함께 흐루시초프 동지나 모택동 동지의 비판적 지적이 김일성과 그의 측근들뿐만 아니라 조선노동당의 광범한 일꾼들에게까지 알려질 수 있도록 하는 게 바람직하다.

이상조는 "조선노동당 지도부와 김일성이 범한 오류들의 주요 원인이 김일성의 이론적 준비결여 때문"이라며 "김일성은 괜찮은 혁명적 과거를 지닌 젊은 지도자이긴 하나 배움이 부족한 나머지 충분한 사상적 준비가 안 돼 있기 때문에 오류를 저지르고 있다"고 말했다.

8월 9일 쿠르듀코프는 이상조를 다시 만났다. 이날 이상조는 조선노동당 8월 전원회의 앞으로 보내는 '조선노동당 당내 문제에 관한 성명서 초안'을 전달했다. 그는 중앙상무위원 박금철이 당일꾼들 앞에서 "조선노동당에는 개인숭배가 없다고 선언했다"는 정보를 입수했다며 심사숙고한 끝에 조선노동당 중앙위원회 후보위원으로 침묵해서는 안 된다는 결론을 내렸다고 말했다.

그래서 8월 말에 열릴 전원회의에 개인숭배를 비판하는 성명서를 보내기로 했다는 것이다. 그는 성명전문을 부수상인 박의완(朴義玩)이 전원회의에서 발표하기로 합의했다고 말했다. 다음은 「쿠르듀코프 비망록」이 전하는 내용이다.

이상조는 성명에서 김일성 개인숭배에 반대한다고 밝혔다. 그는 조선노동당 지도부가 소련공산당 중앙위와 가졌던 대담의 핵심내용을 은폐하여 개인숭배와의 투쟁을 호도하고, 조선인민의 복지향상과 민주주의 구현 및 합법칙성의 정착이라는 과업 해결을 저해하는 결함들에 대한 결정적 비판과 자아비판을 전개하는 것을 꺼려하고 있다고 비난하고 있다.

이상조는 전원회의에서 김일성측이 공개석상에서 양심적인 자아비판을 할 가능성은 거의 없다고 판단했다. 그는 또한 "김일성 제거를 주장하는 것은 아니지만 집단지도 여건 조성을 위해 그가 차지하고 있는 직책들을 여러 동지들에게 재분배해야 한다"고 주장했다. 그는 김일성을 수상직에 남겨 두고 직책의 분배와 조선노동당 중앙상무위원회 성원의 재분배를 주장하며 최창익이 중앙상무위원장으로 적당하다고 지적했다.

그러나 다음날 오전 이상조는 쿠르듀코프에게 성명서 발송을 보류키로 했다고 알리고, "임박해 있는 조선노동당 전체회의 결과를 기다리기로 했다"며 11일 초안을 돌려받았다. 그는 "성명서 발송이 조선노동당의 일부 지도일꾼들에게 모스크바에서 김일성의 당 지도부 존속을 바람직하지 않게 여기고 있다는 인상을 심어줄 수 있는 데다 자신에게도 그 같은 제안을 할 만한 근거가 없다"고 덧붙였다.

8월 30일 이상조가 기대했던 조선노동당 8월 전원회의가 열렸다. 윤공흠이 의제에 없던 개인숭배문제를 거론했으나 큰 호응을 받지 못했다. 김일성파의 거센 비판에 최창익 · 박창옥 등은 지지발언조차 하지 못했다. 사전에 반대파의 움직임을 파악한 김이 대응준비를 철저히 했던 것이다. 반대파 간부들은 대부분 출당됐다.

사태가 이렇게 되자 이상조는 9월 3일 소련 수상인 흐루시초프에게 긴급서한을 보냈다.

이 서한은 외교부 차관 「페도렌코의 비망록」에 첨부돼 있다. 서한의 요지는 다음과 같다.

"조선에 소련공산당의 책임 있는 지도원을 파견해 달라"

존경하는 흐루시초프 동지!

조선노동당에서 발생한 심각한 사태들에 대해 귀하께 알려 드린 평양발 통신문을 받으셨을 줄로 기대합니다. 귀하께서는 분명 우리 당이 활동에서 심각한 오류와 결함을 노출했다는 것을 잘 알고 계실 것입니다. 이 때문에 몇몇 동지들이 오류와 결함을 퇴치하기 위해 도의적 비판 차원에서 김일성 동지에게 그의 결함을 지적했습니다. 그러나 그는 동지들의 견해를 존중하지 않았습니다. 이 문제는 금년 8월 30일 열렸던 전체회의에 상정됐습니다.

이 회의에서 김일성 개인숭배가 비판의 대상이 됐습니다. 전원회의에서 비판발언을 한 동지들은 오직 한 가지 목표, 즉 당내 개인숭배의 심각한 병폐를 일소하고 우리 당의 강령에 부응하여 당내 민주주의와 집단지도를 보장토록 하자는 것이었습니다.

그러나 권력 편에 선 동지들은 이 같은 비판발언에 제재를 가했습니다. 이처럼 당내 민주주의가 보장되지 않는 상황에서 당내 결함을 당원의 힘으로 바로잡는 일은 불가능하게 됐습니다. 당원을 포함한 중앙위원 전원이 출석하는 조선노동당 중앙위원회 전원회의를 소집하도록 소련공산당의 책임 있는 지도원을 조선에 파견해 주시기 바랍니다.

이상조는 9월 5일 이 서한을 페도렌코에게 전달하면서 "소련공산당과 중국공산당 중앙위원회가 조선노동당을 도와주기 바란다"고 요청했다. 그는 소련과 중국공산당이 직접 조선노동당의 당내 상황에 개입해 줄 것을 요청한 것이다.

그는 김일성에게도 직접 사신(私信)을 보냈다. 다음은 소련 외교부 참사관「베레시차긴의 비망록」에 첨부돼 있는 서신의 요지다.

김일성 동지에게!

제가 다른 동지들과 더불어 25년 동안 조국해방과 인민정권을 위한 투쟁을 전개하였음에도 불구하고 당내 민주주의에 대한 난폭한 유린과 선량한 공산주의자들에 대한 박해로 말미암아 국내에 저의 귀국을 불가능하게 만드는 상황이 조성되었음을 귀하께 상기시켜 드리고자 합니다.

권력이 소수의 사람들 손에 집중되어 있고 또 그것이 국가적 · 당적 생활의 여러 분야에서 드러나고 있는 상황에서, 당사업의 심각한 결함들을 일소하기 위한 당내 투쟁이란 사실상 불가능합니다. 귀하께서 이러한 사실을 부정하지 않으시리라 생각합니다.

귀하께서 당 중앙위 9월 전원회의 전야에 있었던 소련공산당 및 중국공산당의 책임 있는 대표들의 동지적 충고들을 다시 한번 그리고 전면적으로 검토하여 주시기를 바랍니다.

김일성 동지와 아첨배들의 손에 집중된 권력에 힘입어 나라 곳곳에는 공포와 맹목적인 복종의 분위기가 조성되고 있습니다.

김일성 동지! 탄압수법에 의하여 전횡과 탈법성을 유지하려고 획책하는 것은 지극히 부당하다는 것을 유념해야 합니다.

김일성 동지! 우리가 혁명의 길로 들어섰던 것은 귀하 주위에 몰려든 아첨배들에게 박해를 당하고 우롱이나 당하자고 그런 것이 아닙니다.

저는 귀하가 어떠한 목적을 가지고서 저를 모스크바로부터 소환하려는지 잘 알고 있습니다. 귀하는 저에게 제 자신과 저의 동지들을 귀하가 고안해 낸 종파에 소속돼 있다고 비난하는 '자기 폭로적' 편지를 쓰도록 강요하려고 하고 있습니다. 따라서 지금 조국으로 되돌아갈 생각이 없습니다.

저는 개인적으로 8월 전체회의 이후 개인숭배 반대발언을 했다는 이유로 당에서 제명된 모든 동지들의 복권을 요구하는 바입니다. 아울러 그들은 제명 이전에 맡았던 직위로 복권되어야 한다고 요구하는 바입니다. 저의 서한에 대하여 조속한 회신을 기대합니다.

이 서한은 소련 지도부에도 전달됐고 곧 효과를 발휘했다. 소련과 중국 공산당은 북한노동당의 당내 정세에 대해 토의한 후 당시 중국공산당 제8차 대회에 참석해 있던 미코얀(부수상)과 팽덕회를 북한에 긴급 파견했다. 두 사람은 이상조가 제안한 대로 9월 23일 다시 당 중앙위원회 전체회의(9월 전원회의)를 소집하고 윤공흠 등에 대한 출당·철직 처분을 철회하도록 요구했다.

김일성은 소련과 중국의 압력에 굴복해 반대파들을 복권시켰다. 그러나 그는 9월 전원회의에서 "밑으로부터의 비판을 더욱 강화하며 당원 대중의 적극성과 창발성을 백방으로 제고함으로써 당의 통일과 전투력을 더욱 강화하기 위하여 계속 투쟁할 것"을 강조해 후일을 기약했다. 실제로 이후 그는 '밑으로부터의 비판'이란 명목으로 소련파와 연안파에 대한 공격을 강화했다. 이상조에 대해서는 '반역자'라는 비판이 제기됐다.

김일성은 1957년에 들어 반대파들을 '종파분자'로 낙인찍고, 김두봉·박창옥 등을 직위 해제했다. 반대파들이 김일성을 제거하고 당중앙위원회 위원장으로 추대하려 했던 최창익은 체포됐다.

김일성, 한때 집단지도체제 고려

한편 이바노프 대사의 후임으로 북한 주재 소련대사로 부임한 푸자노프의 비망록에 따르면 김일성이 소련의 요구를 받아들여 국가 운영을 집단지도체제로 바꾸려는 움직임을 보였다는 사실이 처음 확인됐다. 『푸자노프 비망록』의 1957년 6월 3일자 기록에 따르면 초기에는 김일성 자신은 당위원장만 맡고 수상에 최용건이나 김일(金一)을 임명하는 방안을 고려했던 것으로 보인다.

이에 대해 남일 외무상은 7월 5일 푸자노프를 만나 김일성이 수상과 당위원장직을 계속 맡아야 한다고 주장했다. 그는 대신 당 중앙위원회에 제1비서직을 두어 김일을 제1비서로 선출한 후 2~3년 뒤에 김일을 수상으로 선출하는 방안을 제시했다.

7월 29일 박정애는 새로운 방안을 내놓았다. 다음은 『푸자노프 비망록』에 나와 있는 이 날의 박의 제안 내용이다.

> 내각 지도부를 구성하는 데 두 가지 방안이 있다. 첫째는 얼마 동안 김일성이 내각의 대표와 당 위원장직을 계속 겸임하는 것이다. 둘째는, 최고인민회의 상임위원장으로 최용건을 임명하고, 내각 수상에 김일, 김일성은 당 위원장으로서 당사업에 집중한다는 것이다.

그러나 이러한 방안은 전혀 실행되지 않았다. 김일성은 1956년 12월부터 약 5개월 동안 당증 교환사업을 진행해 반대파 300여 명을 출당시켰다. 반대파를 제거하고 당내 기반이 확고해진 그가 더 이상 소련의 눈치를 보지 않아도 되는 상황이 되었던 것이다.

결국 1956년 8월 전원회의를 전후해서 최창익·박창옥 등이 중심이 된 반김일성 운동은 아무런 성과도 얻지 못한 채 오히려 김일성의 유일체제를 강화시켜 주는 결과만을 가져왔다.

김일성(4)

친소

·

친중파 배제

독자노선

본격 추진

·

·

·

·

·

·

·

·

·

친소 · 친중파 배제 독자노선 본격 추진

1960년 6월 17일 김일성은 모스크바를 방문해 흐루시초프 소련공산당 제1서기와 다섯 시간 반 동안 회담했다. 다음 날 평양으로 귀환 도중 김일성은 흥분된 목소리로 "어떻게 중국공산당 지도부는 내가 임레나지(1956년 헝가리사태 때 반소노선을 걸었던 헝가리의 수상)의 길로 들어설 수 있다고 생각할 수 있는가"라며 모택동을 비난했다.

"평양 귀환 후 김일성은 당 간부"라며 모아 방문결과를 설명하면서 "중국이 조선을 식민지로 전변시키려 하고 있다"며 중국을 다시 한번 격렬하게 비판했다.

김일성이 이렇게 흥분해 중국 지도부를 비판한 이유는 흐루시초프의 지시로 북한주재 소련대사 푸자노프가 6월 16일 김일성을 만나 1957년 11월 30일 모택동이 중국주재 소련대사에게 한 발언에 대해 알려 주었기 때문이었다. 『푸자노프 비망록』 6월 16일자에는 당시 김일성의 반응이 자세히 기록돼 있다.

김일성에게 중국 주재 소련대사가 작성한 김일성 문제에 대한 모택동과의 대담록을 읽어 주었다. 김일성은 문건을 읽어주는 과정에서 당시 모택동의 발언 내용에 극도로 흥분했다. 그는 "그건 사실이 아니다", "그런 것은 없었다", "어떻게 모택동이 나에 대해 그렇게 말하고 또 그런 생각할 수 있었는가"라는 말을 여러 차례 반복했다.

김일성은 매우 기분이 상했으며 처음에는 어쩔 줄을 모르더니, 얼마간 침묵했다. 평소와 달리 많은 담배를 피웠다. 김일성이 이러한 상태에 있는 것을 나는 처음 보았다. 평소 그가 안정을 잃은 모습을 보기란 쉽지 않다.

외견상 그는 항상 평온한 상태에 있다. 얼마 후 김일성은 나에게 1956년 여름 조선노동당 내 최창익과 기타 반당 종파그룹 조직의 역사, 1956년 7월 모스크바 체류 당시 대표단의 동지적인 충고, 반당 종파그룹에 대한 소련공산당 중앙위원회의 전문(김일성은 이 소련공산당 중앙위원회의 전문이 그를 지지했던 것이라고 말했다), 1956년 9월 평양에 팽덕회와 미코얀의 평양 체류, 1957년 가을 모스크바에서 만났을 때 모택동의 사과와 갖가지 발언들, 그 당시 팽덕회가 김일성을 방문했던 일 등에 대해 상세히 말해 주었다.

김일성은 그가 항상 확고하게 마르크스레닌주의적 입장에 서 왔으며 또 설 것이라고 말했다. 김은 '모택동이 어떻게 내가 배신자일 수 있고, 이승만과 공모할 수 있다고 말할 수 있는가. 아니 어떻게 그런 생각할 수 있는가. 이건 완전한 날조이며 중상이다. 중국 지도자들은 위선적으로 처신하고 있다' 며 언성을 높였다.

모택동이 중국 주재 소련대사를 만나 김일성을 '배신자' 라고 말한 시점은 모스크바에서 모택동과 김일성의 회담이 열린 지 얼마 지나지 않은 때였다. 모스크바에서 열린 공산당 및 노동당 대표자 회의에 참석했다가 김일성과 만난 모택동은 북한 당내문제에 개입한 것을 사과했었다.

팽덕회도 김을 찾아가 장시간 대화를 나눴다. 모택동과 김일성의 회담 내용은 푸자노프가 11월 13일에 작성한 「김일성 동지와의 대담록」에 요약돼 있다. 다음은 김일성이 전한 모택동의 발언내용이다.

최창익 등의 활동에 대해 알게 된 몇 가지 보충 사실들을 연구하고 나서 우리는 작년에 중국으로 떠나온 이 그룹의 조선 일꾼들이 중국공산당 중앙위원회에 보낸 편지에서 조선노동당 내부의 상황을 일면적으로 해명하고 있었으며, 조선 지도부의 활동에서 단 한 가지의 결함과 오류만을 중시하고 있었다는 결론에 도달했다.

작년(1956년) 9월 중국공산당 정치국원인 팽덕회 동지가 갔던 것은 조선노동당 내부문제에 대한 간섭으로 평가할 수 있다. 따라서 우리는 더 이상 그런 식의 행위에 의거하지 않기로 결정했다. 각국의 당은 사업에서 오류와 결함이 있을 수 있다. 그것은 자신이 바로잡아야 한다. 당신들이 처리하고 당신들이 그것을 바로잡기를 바란 우리 중국공산당에 결함이 있었다. 우리는 모든 것을 자아비판했다. 우리는 또한 결함들을 바로잡았다. 중요한 것은 우리들 당 사이에 훌륭한 친선관계와 완전한 상호이해가 있도록 해야 한다는 것이다.

김일성, 배신자로 몰아간 데 흥분

모택동은 심지어 8월 전원회의 이후 중국으로 도주한 일부 연안파간부들을 체포해 송환하는 문제를 제기했다. 이에 대해 김일성은 "우리는 그들이 송환되는 것을 원치 않는다"고 대답했다.

김일성과 모택동, 김일성·팽덕회의 대담에 대해서는 1957년 11월 28

일 북한 주재 소련대사관의 1등서기관 피메노프가 작성한 박길룡(외무성 부상)과의 대담록에 더 자세히 기록돼 있다. 다음은 박의 발언 요지다.

김창만 동지의 말에 따르면 모택동 동지는 김일성과의 대담에서 작년(1956년) 9월 조선노동당의 당내문제에 중국공산당이 부당하게 간섭한 것에 대해 몇 번이나 사과했다. 팽덕회도 모택동이 자기를 보냈다고 하며 김일성을 방문해 사과했다. 그는 6·25전쟁 때 중국 인민지원군 사령관 직위에 있었을 때와 작년 9월에 있었던 자신의 몇 가지 잘못된 행동을 인정했다.

특히 그는 중국 인민지원군들 사이에서 조선돈을 찍어내고, 여러 종류의 정보를 수집하려는 시도가 있었다고 말했다. 또 작년 9월에는 조선노동당 내부문제에 간섭이 있었다는 점을 인정했다.

김일성은 모스크바에서 만났을 때 모택동과 팽덕회가 1956년 9월 조선노동당 내부문제에 개입한 행동을 사과한 것에 만족했을 것이다. 그런데 모스크바에서 만나 상호친선을 강조한 지 얼마 지나지 않아 모택동이 자신을 '배신자'라고 몰아붙였다는 사실을 뒤늦게 알고 김일성은 대단히 흥분했던 것이다.

그러면 소련이 4년이 지난 시점에서 김일성에게 모택동의 발언 내용을 흘린 것은 무엇 때문일까. 당시 급속히 밀착되던 북한과 중국 사이를 이간시키려는 소련의 의도였을 가능성이 크다. 1957년 11월 김일성과 모택동이 모스크바에서 회담한 이후 북한과 중국 관계는 급속히 밀착되고 있었다. 1959년과 1960년에 김일성을 단장으로 하는 북한대표단이 연속해서 북경을 방문했다.

1960년 6월 12일 북한주재 소련대사관은 "중국이 북한에 대한 영향력을 강화하기 위한 사업에 적극성을 보이고 있다"고 보고했다. 당시는 중·소 간의 이념분쟁이 발생해 중국은 소련을 "교조주의"로, 소련은 중국을 "수정주의"로 비판하기 시작한 시점이었다.

소련은 "김일성이 반소 수정주의 노선을 걷고 있다"는 모택동의 발언을 김에게 알려줌으로써 북한과 중국이 가까워지는 것을 견제하려고 했던 것이다. 상황은 소련의 의도대로 진행됐다. 『푸자노프 비망록』 6월 21일자에 기록돼 있는 방학세(내무상)의 발언이 이를 잘 보여준다.

조선노동당 중앙위원회 내부에서 또 한 차례 투쟁이 있을 수 있다. 일부 상무위원들도 그렇다. 특히 임해(무역상), 김창만(당부위원장)을 비롯해 일부 당 중앙위원과 내각의 상(相)들이 친중국 성향이다. 김일성은 현재 중국인들을 신뢰하고 있지 않으며, 다시는 중국에 가지 않을 거라고 말하고 있다.

실제로 임해는 두 달 후 무역상에서 해임돼 1961년 9월 숙청됐고 김창만도 1966년 5월 공직에서 물러났다. 이로써 북한의 노동당 내 친중파는 완전히 몰락했다.

▼ 1957년 11월경 모스크바를 방문해 불가닌 소련 수상과 만난 김일성 수상. 왼쪽부터 김창만 노동당 부위원장, 김일성, 박길용 외무성 부상, 불가닌, 남일 외무상, 훼루빈 소련 외교부 부부장, 푸자노프 북한 주재 소련대사.

'반당종파분자' 차례로 숙청

연안파의 몰락 과정은 1956년 반김일성운동이 실패하면서 예고된 것이
기도 했다. 1957년 4월 북한 주재 다섯 번째 대사로 부임한 푸자노프의 비
망록에는 그 과정이 상세하게 기록돼 있다. 1957년 4월 9일 푸자노프는 김
일성과 첫 대면을 가졌다. 이 자리에서 김은 1956년 8월과 9월에 나타났던
노동당 내 상황에 대해 설명했다.

조선노동당 중앙위원회는 현재 최창익을 중심으로 한 그룹의 중앙위원회 지도일
꾼과 중앙위원들이, 작년에 노동당과 정부 지도부를 교체하고 자신들이 당과 정부
의 수뇌부가 되려고 준비했다는 것을 증명해 주는 충분한 자료들을 가지고 있다.
1956년 8월 전원회의에서 종파분자들 중 하나(윤공흠을 지칭)가 발언했다.
그는 이승만이 우리를 비난하는 내용과 똑같은 말로 당 지도부를 맹렬하게 공격했
다. 전원회의에 참가한 당원들은 그와 같은 발언에 흥분했다. 상무위원들 역시 그
의 발언을 계획했던 대로 참을성 있게 듣지 못하고 당과 중앙위원에서 종파분자들
을 제명하는 결정을 채택했다.
물론 우리가 너무 성급했다. 그래서 소련공산당과 중국공산당 중앙위원회의 위임
에 따라 미코얀과 펑더회 동지들이 이를 바로잡기 위해 방문했다. 중앙위원회 9월
전원회의에서 우리는 8월 전원회의의 결정을 바로 잡았다.

김일성은 이 자리에서 8월 전원회의에서 반대파들을 제명한 결정을 뒤엎
은 9월 전원회의에 대해 수긍한다고 말했지만 우회적으로 불만을 표시했다.

조선노동당 중앙위원회는 당원들로부터 이 '반당 종파'에 참가한 모든 자들을

당에서 제명시킬 것을 요구하는 수많은 서한을 받고 있다. 우리는 '반당 종파'와 투쟁하지만 당에서 그들을 제명하지는 않고 있다. 우리에게는 반당적인 종파에 참가자들 가운데 누가 조국의 원수들과 연계되어 있는지를 말해 주는 자료들은 없다.

김일성은 "반소적이거나 반사회주의적인 인물들을 배제하고 있을 뿐 반소적인 분위기는 없다"며 "우리 당이 현재 단결돼 있으며 당원들이 중앙위원회를 지지하고 있다"고 강조했다.

김일성은 1956년 반김일성 세력들이 제기했던 개인숭배 문제에 대해서는 이미 청산됐다는 입장을 취했다.

조선노동당은 경험이 없는 연소한 당으로 과거 개인숭배가 있었다. 그러나 현재 우리는 이 모든 것에 대해 바로잡을 것을 결정해 바로잡았으며 또 바로잡고 있다. 우리는 이러한 사업을 국내 정세를 고려하여 광범한 투쟁 없이 성급하지 않게 실시했다. 현재 우리는 개인숭배 문제를 거론할 단계가 지나간 것으로 생각하고 있다.

이 시기에 푸자노프의 가장 큰 관심은 김일성이 소련에 대해 어떤 태도를 취할 것인가 하는 문제였다. 7월 12일 푸자노프는 소련파로 부수상인 박의완과 대담할 때 "김일성이 소련에 대해 우호적 태도를 취하고 있다는 나의 판단이 옳은가"라고 질문했다. 이에 대해 박의완은 긍적적 취지로 답변했다.

연안파, 소련파와 김일성 이간책동

이 시기 노동당 내 동향에 대한 푸자노프의 주요 정보원은 박의완이었다. 8월 5일 박은 "4일 전에 조선노동당 중앙위원회에서 당 부위원장들과 남일 등이 참가한 가운데 최창익 등 반당그룹과 연루돼 체포된 자들에 대한 심문과정에서 얻어진 결과자료들이 검토됐다"며, "200여 명이 체포됐다"고 말했다.

그는 "최창익이 오랜 기간에 걸쳐 종파활동을 해 왔으며 수상이 되려고 준비해 왔다는 점이 분명해지고 있다"며 반소련파 움직임을 주도한 인물이 최창익이라는 것에 분개했다.

> 과거 소련파에 반대하는 조직적인 캠페인의 주도 인물은 최용건이 아니라 최창익이라는 사실이 밝혀졌다. 그는 분명히 오랫동안 준비해 왔고 결국 소련파들을 다수의 지도적 지위에서 제거하려 했다. 그리고 나서 소련파의 불만을 이용하여 몇몇을 노동당 중앙위원회와 정부 지도부에 반대하는 투쟁에서 자신의 편으로 끌어들이려 음모했을 것이다.

박의완의 발언은 소련파들이 연안파에 대해 등을 돌렸다는 것을 의미하며, 연안파에 대한 숙청을 예고하는 것이었다.

소련파들은 1955년부터 진행된 소련파에 대한 노동당 내의 반대움직임이 김일성의 측근들에 의해 주도되고 있다고 판단해 불만이 높았다. 그런데 이것이 연안파의 음모였음이 밝혀진 것이다. 이러한 사실은 5월 12일 푸자노프와 박정애의 대화록에 보다 구체적으로 드러나 있다. 다음은 박정애의 발언 요지다.

우리는 조선노동당 중앙위원회가 마치 소련파에 반대하는 캠페인을 벌이고 있다는 데 대해 동의하지 않는다. 그래서 김일성은 만일 소련파들이 잘못을 했거나 하고 있다면 스스로 바로잡아야 하며 필요하다면 처벌해야 한다고 발언했던 것이다. 당 중앙위원회는 소련파인들을 반대한 어떠한 캠페인도 조직하지 않았다. 김일성은 이 문제에 대해 매우 조심스러운 태도를 취했다. 또 항상 상무위원들에게 이 문제를 잘못 과장해 일종의 캠페인식으로 변화시키려는 경향에 대해 주의를 주었다.

그러나 이 문제에 대해 일부 상무위원들이 김일성에게 상당한 압력을 가했다. 최근 우리가 알게 된 사실로 보아 소련파들에 대한 캠페인은 무엇보다 후에 당 중앙위원회 8월 전원회의에서 반당적 종파분자로 판명된 자들에 의해 조직됐던 것이라고 말할 수 있다. 그들은 소련파들의 불만을 불러일으켜 우리가 소련과 불화하게 만들고 싶어했던 것이다. 실제로 이 캠페인의 실질적인 지도자는 최창익과 평양시 인민위원장 고봉기였다.

이에 대해 푸자노프는 "어디 출신인가에 관계없이 어떤 일꾼이든지 사업에서 잘못을 범했다면 시정해야 하며 규율에 따라 소환해야 한다"고 말했다. 그러나 푸자노프는 소련파들의 잘못을 다루면서 조선노동당이 엄중한 결점과 오류가 있었다고 비판했다.

그는 "출판물과 많은 회의에서 소련파들을 포함한 여러 일군들의 과오가 개별적인 차원에서 논의된 것이 아니라, 소련파 전체의 잘못된 행동으로 바뀌었다"고 지적했다. 박정애는 그런 경우가 적지 않았다는 점에 동의했지만 조선노동당 상무위원회와 당 지도부의 노선은 아니었다고 변명했다.

▲ 1946년 초에 평양에 입국한 조선독립동맹의 주요 간부들. 이들은 귀국 후 조선신민당을 결성해 활동하다 1946년 8월 북조선공산당과 합당해 북조선노동당을 결성한다. 그러나 1956년 '8월종파사건'을 계기로 대부분 정치의 중심에서 제거됐다. 앞줄 왼쪽부터 박효삼, 최창익, 한무, 김두봉, 무정.

이러한 일련의 대화와 연안파들 조사 과정에서 소련파들에 대한 조직적 반대 움직임이 연안파의 음모였다는 사실이 밝혀지면서 소련파들은 흥분할 수밖에 없는 상황이 돼 버렸다.

8월 19일 푸자노프는 김일성을 만났다. 이 자리에서 푸자노프는 최창익 사건의 전말을 들었다. 다음은 『푸자노프 비망록』에 기록된 이 날의 김일성의 발언내용이다.

심리 과정과 당 회의에서 최창익 · 박창옥 등의 그룹이 당과 지도부를 교체하려고 했던 활동이 폭로됐다. 내각 사무국의 당 집회에서 전 사무국장 양계(楊界 · 연안파)가 자진해서 최창익 · 박창옥 등의 비밀회합에 대해 폭로했다. 그들은 이 회의에서 당과 정부에 누가 어떤 자리를 맡을 것인지에 대해 약속했으며, 지도부

교체를 위해 마련돼야 할 대책을 계획했다.

양계에 따르면 내각 수상은 최창익, 당 위원장은 김두봉, 외무상 이상조, 내무상 이필규로 예정됐다. 조선노동당 중앙상무위원회의 새 성원들도 지명됐다. 이 그룹은 8월 15일 해방일 시위에 참가하는 노동자그룹을 준비해 연단 근처로 접근해 그 앞에 멈춰서 지도부의 교체를 요구하고 서휘(직업총동맹위원장)가 연단에서 지도부를 체포하려고 계획했다. 또 나와 내무상 방학세에 대한 테러행위 계획서가 있었으며, 최창익의 지시에 따라 내각에 자유로이 출입할 수 있는 무기명 통행증이 세 장 발행됐다.

반당적 그룹 참가지도자들이 있었던 성(省)들에서는 사업들을 고의적으로 방치했다. 이 모든 것이 노동자들의 격분을 일으키도록 하기 위해 이뤄졌다. 예를 들어 상업성은 상품의 질이 나쁘다는 핑계로 물건을 압수해 땅에 묻어 버렸고, 소련으로부터 받은 직물의 많은 부분을 투기꾼에게 넘겨 버렸다. 우리 기관들은 투기꾼들에게서 많은 은닉한 상품들을 찾아냈다. 상품을 은닉하고 그것으로 투기를 한 자들은 매우 엄하게 처벌할 것이며 재판을 받고 총살될 것이다.

양계의 폭로내용을 보면 새로운 지도부의 중요한 자리는 모두 연안파들로 예정돼 있었음을 알 수 있다. 반김일성 운동의 중심은 연안파였던 것이다. 소련파의 참가는 의외로 적었다.

8월 22일 푸자노프를 만난 박의완은 소련파인 김승화(金承化·건설상)가 최창익 등이 작성한 음모에 가담한 것과 자신도 최창익 등이 작성한 새 지도부 명단에 올라가 있다는 사실에 대해 놀라움을 표시할 정도였다. 그는 김일성을 만나 이 문제를 해명했다고 말했다. 다음은 『푸자노프 비망록』에 있는 박의완이 김일성에게 한 발언내용이다.

나는 김일성을 만나 미코얀과 팽덕회 동지들이 참가한 노동당 9월 전원회의에서 중앙위원회 조직부사업에 대해 격렬하게 비판하는 발언을 한 것에 사과했다. 또 나의 이름이 최창익·박창옥 및 기타 반당적 그룹이 계획한 정부 각료명단에 올라 있지만, 그 반당적 그룹과는 아무런 관계도 없다고 해명했다.

몇몇 소련파들이 노동당과 정부에 왜 반대하게 됐는지 모르겠다. 조선 정부의 사업을 위해 소련에서 파견된 우리 모두는 집요하게 늘 당신(김일성)을 개인적으로 모든 방법으로 도와주어야 한다고 암시받아온 만큼 참으로 충격을 받았다고 말했다.

이 같은 박의완의 발언은 연안파 중심의 반김일성 움직임에 소련파들의 다수가 동조하지 않았음을 의미한다.

10월 1일 푸자노프는 김일성을 만나 대외적인 정세를 고려해서 최창익·박창옥 사건을 빠른 시일 내에 매듭짓는 것이 좋겠다는 의견을 제기했다. 김일성은 "더이상의 체포는 없을 것이다"라고 말했다.

10월 25일 중앙상무위원회가 열렸다. 이 회의에서는 김두봉(당시 최고인민회의 상임위원장)이 나와 자아비판을 했다. 이 날짜『푸자노프 비망록』에는 회의내용이 실려 있는데, 그 중 다음과 같은 김두봉의 진술이 주목된다.

작년에 소련공산당으로부터 평가와 지지를 받고 있다고 김승화와 최창익이 나에게 말했다. 지금 와서 보니 그들이 나를 기만하고 사실을 날조했다는 것을 알게 됐다.

최창익 등이 1956년 중반에 반김일성 운동을 추진하면서 김두봉 등을 끌어들이기 위해 자신들이 소련공산당의 지지를 받고 있다고 선전했음을 알 수 있다.

김두봉이 이날 자아비판을 했음에도 불구하고 연안파의 상징적 인물인 그를 어떻게 처리할 것인가를 두고 노동당 내부에서는 상당 기간 논란이 됐다. 10월 25일 회의에서 김두봉은 "최창익·김승화가 한 이야기를 왜 곧바로 당에 알리지 않았는가?", "당부위원장인 박정애·김창만 등을 지도부에서 해임할 것을 요구한 이유가 무엇인가?"를 집중적으로 추궁당했다. 김두봉은 "자신이 오해를 했던 것이며 문제의 본질을 파악하지 못하고 실수했다"고 대답했다. 다음은 『푸자노프 비망록』 10월 25일자에 실린 남일의 전언 내용이다.

오늘 상무위원회에서는 김두봉 문제를 4시간에 걸쳐 토의했다. 상무위원들은 따뜻하고 편안한 분위기에서 김두봉이 반당적 그룹과의 관계와 역할을 옳게 이해하고 평가하는 데 도움을 주려고 노력했다. 우리가 갖고 있는 하나의 대안은 김두봉을 중앙상무위원으로 남겨두는 것이다. 김두봉은 다시 한번 숙고할 기회를 달라고 요청했으며 재차 상세하게 해명하려고 애썼다. 상무위원회는 다시 한번 김의 말을 들어 보기로 결정했다.

사흘 후 다시 상무위원회가 열렸다. 푸자노프는 김일성에게 당시 회의 내용을 듣고 28일자 비망록에 기록해 놓았다. 다음은 김일성이 푸자노프에게 전해 준 내용이다.

김두봉은 스스로 자아비판하는 서한을 낭독했다. 상무위원들은 김이 취한 1956년의 잘못된 행동과 반당그룹과 관련된 것에 대해 비판했다. 상무위원회는 그에게 경고와 함께 엄한 징계를 내렸다. 우리는 책벌을 참아낼 수 있을지에 대해 질문했다. 그는 당의 징계를 받겠다고 대답했다.

김두봉은 최고인민위원회 상임위원장직에서 물러나 학술사업으로 이동하는 것으로 결정됐다. 그러나 김두봉은 1957년 1월 5~6일에 열린 노동당 중앙위원회 전원회의에서 다시 한 번 격렬한 비판을 받았다. 1,500여 명이 참가한 가운데 열린 이 회의에서 김두봉은 1956년 9월 전원회의 때 팽덕회가 자신의 집에 묵으면서 장시간에 걸쳐 대화했다는 사실을 숨겼다고 비판받았다. 당시 김두봉에 대해서는 부정적인 평가들이 많이 제기됐던 것으로 보인다. 5월 12일자 『푸자노프 비망록』에는 박정애의 김두봉에 대한 부정적 평가가 기록돼 있다.

김두봉은 일련의 정치적 문제에서 매우 신중하지 못하고 경솔하게 처신했다. 한 예로 그가 고령(당시 68세)임에도 불구하고 춤에 매우 몰두하고 있으며 밤새워 계속하는 경우도 적지 않다는 소리를 들었다.

김일성 중·소 틈바구니서 '독자노선' 본격화

결국 김두봉은 1958년 3월 3일 열린 노동당 제1차 대표자대회에서 다시 한 번 비판받고 협동농장으로 쫓겨가는 신세가 됐다.

다른 연안파들의 운명도 마찬가지였다. 1957년 2월 3일 체신성 부상 신천택은 타스통신 바실리예프와의 인터뷰에서 다른 연안파들의 상태에 대해 언급했다.

최창익은 현재 평양에 있으며 업무는 보지 않고 있다. 중국으로 간 최창익 그룹 참가자들은 거기에서 생활하고 있으며 중국인들이 그들을 보호하고 있다. 이 분파의 주요인물은 최창익이 아니며, 다른 더 높은 사람이 있다. 박창옥은 이전에는 이 그룹에 속하지 않았다.

최창익 등이 조선노동당지도부에 대한 울분을 이용해 그를 끌어들었다. 현재 그는 사리원 근처의 시멘트공장 지배인으로 있다. 김승화는 소련 사회과학원으로 공부하러 떠났다. 고봉기는 현재 평양에 있으며 업무는 보지 않는다.

이외에도 인민군 장령 중에서 유일하게 연안파에 동조한 것으로 알려진 방호산(方虎山 · 5군단장)은 조그만 광산의 부지배인으로 쫓겨났다. 역사학자인 이청원(李靑源 · 조선력사 편찬위원회 위원장)도 출판사 직원으로 강등됐다. 그의 장인인 최익한(崔益翰)은 비판을 받기는 했지만 김일성종합대학의 교수직을 그대로 유지했다.

연안파 중심의 반김일성 운동에 동조하지 않는 소련파들의 입지도 좁아졌다. 이것은 1957년 4월 4일 김일성종합대학 총장 류승훈이 소련대사관 2등서기관 티토렌코와 나눈 대화에 잘 나타나 있다.

소련파들은 최창익을 지지해 나섰던 박창옥의 행동을 비난하고 있다. 최창익은 반역자다. 이에 대해서는 과거 라주바예프대사(평양주재 2대 소련대사)가 전체 소련파들에게 경고했다. 우리 소련파들은 매우 힘들게 사업하게 됐다. 다수가 박창옥 등의 지지자로 몰릴지도 모른다는 두려움을 보이고 있다. 그래서 나는 소련계 조선인 누구와도 만나지 않고 있다.

이러한 분위기는 1957년 11월 모스크바에서 모택동이 김일성을 만나 사과한 후 더욱 강화됐다. 소련과 중국의 개입을 비판하는 목소리가 공개적으로 나오기도 했다. 1957년 11월 25일 150명이 참가한 가운데 열린 중앙위원회에서 김창만은 1956년 8월 전원회의 결정을 소련과 중국의 공산 당이 개입해 번복시킨 것에 대해 비판하는 발언을 했다.

▲ 1963년 김일성 주석이 평양을 방문한 유소기 중국 주석을 맞이하고 있다.

9월 전원회의 결정은 외부에서 우리에게 강요된 것이었다. 역사는 우리가 8월 전원회의에서 옳았다는 것을 보여 주었다. 이것은 아픈 경험이었다. 이는 당원들 에게 자기 당에 대한 자긍심을 교양할 필요가 있고, 자기 당이 아니라 남의 당을 대상으로 하는 국제주의와 싸워야 한다는 것을 보여주고 있다.

이날 회의에서 한설야(교육문화상)는 9월의 간섭에 대해 중국공산당에 공식 항의할 것을 요구하기도 했다. 노동당 내의 이러한 강경분위기는 1959년까지 이어졌다. 소련 외교부 극동과장 투가리노프가 작성한 「조선

정세 보고서」는 당시 북한의 분위기를 잘 보여준다.

> 반혁명과의 투쟁을 목적으로 조선 동지들은 국내의 적대분자 및 파괴분자들의
> 적발하기 위한 광범위한 캠페인을 전개했다. 1958년 10월부터 1959년 5월까지
> 의 시기에만 약 9만 명이 자수했고 1만 명이 사회안전부에 의해 폭로됐다.
> 자수하여 자신의 행위를 뉘우친 사람들에 대해 조선 동지들은 탄압조치를 취하
> 지 않았다. 그들에 대해서는 정치교양사업이 실시됐다. 자수하지 않은 사회적 위
> 험분자들에 대해서는 형사처벌 조치가 행해졌다. 전체적으로 조선의 국내정치
> 상황은 안정돼 있고 견고하다.

김일성은 1956년 8월 일부 연안파와 소련파들의 반대를 극복하고, 오히려 유일지배체제를 강화하는 계기로 이용했던 것이다. 이 과정에서 김일성이 1955년 12월에 제기한 '주체 확립' 구호가 다시 부각되기 시작했다.

1960년 11월 6일 러시아혁명 43주년 기념식이 평양에서 열렸을 때 김일성은 건강을 핑계로 참석하지 않았다. 이날 보고자는 부수상 겸 평양시 인민위원장 정일룡(鄭日龍)이었다. 그는 1956년 8월 사건을 '현대수정주의'와 관련시켜 언급하고 주체의 확립을 강조했다. 푸자노프는 정일룡의 보고에는 소련의 물질적·도덕적 원조에 대해 언급이 없다는 사실에 주목했다.

이것은 김일성이 소련과 중국의 틈바구니 사이에서 '독자노선'을 본격화하기 시작했다는 것을 의미했다.

05

조만식

"고당은
서울에
오려고
했다"

"고당은 서울에 오려고 했다"

1991년 7월 19일 국내 한 신문은 "민족주의자 고당(古堂) 조만식(曺晚植) 선생은 6·25전쟁 중 북한 인민군이 유엔군에게 밀려 평양에서 후퇴하기 전날인 1950년 10월 18일 공산정권을 반대하던 민족계열 인사와 치안사범 등 500여 명과 함께 북한 당국에 의해 총살된 것으로 밝혀졌다"고 특종 보도했다. 이 보도는 해방 후 북한에 들어와 당·정 고위직을 지내다 다시 소련으로 망명한 조선인 2·3세 소련인(소련파)들의 증언에 근거한 것이었다.

그때까지 조만식에 대해서는 그가 신탁통치 반대 등의 이유로 1946년 1월 연금생활에 들어간 후 행방이 전혀 알려져 있지 않았기 때문에, 이 보도는 사회적으로 큰 충격과 파문을 던졌다. 이후 조만식은 평양에서 학살당한 것으로 기정사실화됐다.

그러나 아직도 조만식의 최후에 대해 다르게 증언하는 사람들이 많다. 주변 정황으로 보아 설득력도 상당히 있어 보인다. 특히 신문보도의 기초가 된 소련파 사람들의 증언은 검증되지 않은 상태다. 이미 그들의 증언이

▲ 1936년 도산 안창호 출옥 직후 몽양 여운형, 도산, 고당 조만식(왼쪽부터)이 만났다.

의도적이든 그렇지 않든 신뢰성이 떨어지고 상당히 왜곡되어 있다는 사실이 여러 차례 드러났다.

따라서 먼저 '소련파' 사람들이 '조만식의 최후'에 대해 어떻게 증언하고 있고, 그 증언을 얼마나 믿을 수 있는지 검토해 볼 필요가 있다.

평북 강계로 후퇴한 후 지도부에서 들어 보니 인민군이 평양을 후퇴하던 10월 18일 밤 평양형무소에서 조만식 등 500여 명을 총살, 이 중 조만식 등 일부 시체는 대동강변에 웅덩이를 파 가매장하고 나머지는 그대로 방치해 둔 채 후퇴했다(당시 조소문화협회 부위원장 박길룡의 증언).

평양 이북지역으로 후퇴한 후 당 간부들로부터 평양을 마지막으로 후퇴하던 날 밤 조만식 등 반동분자들이 총살됐다는 말을 들었다.(당시 조선노동당 강원도당 부위원장 강상호의 증언)

▲ 김일성과 조만식의 첫 만남. 1946년 9월 30일 평양에 있는 한 음식점에서 조만식 선생은 10일 전에 입국한 김일성과 처음으로 만나 대화를 나눴다.

이 증언들의 공통점은 자신이 직접 보거나 관여한 것이 아니라 사후에 들었다는 것이다. 물론 당시 고위직에 있었기 때문에 깊은 내막을 알고 있었을 가능성은 높다. 그러나 증언 내용이 구체적이지 못하고 앞뒤가 맞지 않는 것이 곳곳에서 확인된다.

'고당의 평양 총살설'을 뒤엎는 증언들

첫째로, 북한군이 후퇴하기 전에 형무소에 있던 많은 '반동분자'를 총살했지만 월북 또는 납북된 정치인들이 대규모로 총살됐다는 증언은 사실이 아닐 가능성이 크다. 이와 관련해서는 전 북한 조국통일민주주의전선

부국장 신경완의 증언(『압록강변의 겨울』)이 주목된다.[1] 그의 증언은 내용이 구체적이고 다른 자료에서도 입증되는 부분이 많아 '소련파'들의 증언보다는 신뢰할 수 있다. 그의 증언에 따르면 한국군과 연합군이 평양까지 진격해 들어오자 남에서 납북된 인사들은 평안북도 만포까지 세 가지 경로로 이동했다고 한다. 이중에는 최린(崔麟), 김약수(金若水), 이광수(李光洙), 정인보(鄭寅普) 등 북으로부터 '반동'으로 분류된 사람들도 포함돼 있다. 전북한 최고검찰소 검사였던 김중종은 "평양에서 후퇴할 때 반동분자들을 총살했다는 소리는 듣지 못했다. 대부분의 민족주의자들은 강계로 이동했다"고 말했다.

둘째로, 신경완, 본명 박병엽 씨의 증언은 고당의 행적에 대해서 언급하고 있지 않지만, 고당이 반동이기 때문에 평양에서 처형되었다는 증언이 사실과 다를 가능성이 높다는 것을 시사한다. 고당의 최후에 대해 김중종도 "조만식은 미군의 폭격이 심해지자 평양을 떠나 강계로 가던 중 사망했다고 들었다. 이것이 당시 최고검찰소의 일반적인 견해였다"고 한다.

이렇게 엇갈리는 증언 가운데 어느 것이 사실일까?

이 문제에 대한 해답을 구하기 위해 박병엽을 만나 고당에 대한 구체적이고 생생한 증언을 들을 수 있었다.

논란이 되고 있는 문제, 즉 고당이 어디서 어떻게 죽어갔는가에 대해 그는 다음과 같이 말문을 열었다.

"전쟁 때 북에서는 고당의 죽음에 대해 인민군에 의해 총살되었다는 풍문과 미군기의 폭격으로 죽었다는 풍문이 있었지만, 평양에서 총살되었다는 소리는 들어 보지 못했다"

특히 그는 평양에서 후퇴할 때 민족주의자들에 대한 학살은 없었다고 강조한다. 고당에 대한 이어지는 증언이다.

"6·25전쟁이 나자 고당은 고려호텔에서 동평양에 있던 초대소(안가)로 거처를 옮겼다. 그곳은 폭격에 대비할 수 있게 반공호 시설이 있었다. 그러다가 10월 10일 김일성 수상의 평양후퇴 명령이 내려지자 다른 납북인사보다 앞서 강계를 향해 출발했다. 그것이 1950년 10월 10일쯤이다. 그때 고당이 다른 사람보다 일찍 출발할 수 있었던 것은 내각 부수상이었던 홍명희(洪命熹) 선생이 특별히 부탁했기 때문이라고 들었다"

이 대목은 고당이 국군과 연합군의 평양 점령 열흘 전에 이미 그곳을 떠났다는 것을 최초로 확인해 준다. 조소앙(趙素昂)·김규식(金奎植) 등 납북된 남쪽의 정치지도자들이 1950년 10월 12일 밤에 평양을 떠난 것과 비교해도 이틀이나 빨랐다.

"고당은 워낙 오랫동안 고려호텔에 연금돼 있었기 때문에 몸이 쇠약해져 있었다. 그래서 출발은 일찍 했지만 걸어서 가다 경비병에게 업혀서 가다 해서 늦어졌고 시간이 갈수록 미군의 폭격이 심해져서 빨리 가지 못했다. 그러다가 평양에서 북쪽으로 멀지 않은 평안남도 숙천 근처에 도착했을 때 미군기의 집중적인 폭격을 받았다. 그때 고당은 비참한 최후를 맞게 됐다. 폭격에 당황한 경비병이 자기 목숨만 건지겠다는 생각에서 고당을 쏘아 죽이고 도망가 버린 거야. 그리고 상부에는 폭격으로 죽었다고 보고했다."

강계로 가던 중 피살

고당의 비참한 최후를 처음으로 확인해주는 충격적인 증언이다. 이 증언대로 고당이 북으로 가다가 숙천 근처에서 죽었다면 10월 중순경 미군 낙하산 부대가 숙천 근처에 투하됐을 때일 가능성이 높다.

뜻밖의 증언에 필자는 이러한 사실을 어떻게 알게 되었는지를 묻지 않을 수 없었다. 그에 대한 답변 또한 전혀 새로운 내용이었다. 다음은 일문일답 내용이다.

문 : 어떻게 알게 됐습니까?

답 : 자세한 내용은 얘기하기 어렵다. 이런 얘기는 처음 털어놓는 것이다. 다만 고당의 죽음과 관련해 당시 고당을 책임지고 피난길에 올랐던 경비병들이 나중에 조사받고 처벌을 받았다는 사실 정도만 밝힐 수 있다.

문 : 고당을 총살한 경비병이 체포되었다는 말입니까?

답 : 물론이다. 압록강까지 후퇴했던 인민군이 다시 평양을 회복하자, 죽거나 행방불명된 사람들에 대한 경위 조사가 대대적으로 벌어졌다. 특히 홍명희나 백남운처럼 남쪽에서 온 간부들이 조만식, 정인보(박병엽의 증언에 의하면 정인보는 인솔 책임자의 잘못으로 11월 하순 사망했다) 등의 사망 경위에 대해 명확히 밝혀줄 것을 내무상 방학세에게 요구했다고 들었다.

문 : 그것이 언제쯤입니까?

답 : 정확한 날짜는 모르겠다. 1951년 1월이나 2월쯤 되는 것으로 기억된다. 그때쯤 정인보 선생을 데리고 갔던 경비병들이 군사재판에 회부됐다는 풍문이 있었다(정인보 선생을 중간에 버리고 후퇴한 책임을 지고 인솔 책임자였던 내무성 정보국 간부 김상학과 정근호가 징역 15년형을 받았다는 증언이 있다). 비슷한 시기에 고당의 사망 경위에 대한 조사가 있었다. 처음에는 완강하게 부인하던 경비병들 중에서 한 명이 사실대로 실토해서 몇 명이 처벌을 받았다. 그 중의 한 명은 나와 아는 사이였다.

문 : 어떻게 경비병이 고당을 죽이는 일이 벌어질 수 있는지 잘 이해가 되지 않습니다.

답 : 당시가 전쟁 중이란 사실을 염두에 둘 필요가 있다. 후퇴할 때 비행기 공습이 얼마나 많았던지 10분 아니 5분에 한 번씩 있을 정도였다. 일단 폭격이 시작되면 각자 흩어져 숨어야 하는데 경비병들이 나이든 고당이 짐이 된다고 생각한 거지. 그렇다고 그냥 두고 갔다가 나중에 무슨 책임추궁을 당할지 모르니까 죽이고 간 거다.

문 : 그러면 나중에 고당의 시신은 어떻게 되었습니까?

답 : 시체를 찾으려고 수소문했지만 못 찾은 것으로 알고 있다. 아마도 북한 어딘가에 가묘만 있을 것으로 추측된다.

이러한 증언의 사실여부를 확인하기 위해 북에서 월남한 다른 사람들을 만나 보았으나 달리 확인할 수는 없었다. 그러나 박병엽의 증언과 다른 증언을 통해 고당이 평양에서 죽지 않았다는 사실만은 확인된 셈이다.

고당의 비참한 최후는 직접적으로 인민군의 살인행위에 의해 이루어졌다. 그러나 단지 그의 탓만으로 돌릴 수는 없다. 크게 보면 남북분단과 전쟁이 가져다 준 비극이기도 하다.

고당은 1947년에 서울에 오려고 했다

만약 고당이 북에서 있지 않고 서울로 왔었다면 상황은 어떻게 달라졌을까? 실제로 고당을 남쪽으로 오게 하려는 시도가 없었던 것은 아니었다. 월남한 조선민주당원들(1946년 소련군정에 의해 연금되기 전까지 조만식은 조선민주당 당수였다)이 여러 차례 고당의 남행을 권유하기도 했다. 그때마다 고당은 자기마저 북한인민을 버릴 수는 없다며 거부했던 것으로 알려져 있다.

그러나 1995년 발굴된 「브라운－조만식 회견 기록」에 의하면 고당은 1947년 미소공동위원회가 열리고 있는 기간에 서울에 올 의사가 있었던 것으로 확인되었다. 1945년 12월 모스크바 삼상회의의 결정에 따라 한반도에서 임시정부를 수립하는 것을 돕기 위해 조직된 미소공동위원회는 1946년 3월에 처음 열렸으나 5월에 결렬되었고, 그로부터 1년이 지난 뒤에야 다시 재개되었다.

미소공동위원회 미국 측 대표였던 브라운(Brown)소장이 1947년 6월 30일 평양을 방문했을 때 잠시 소군정의 허락을 받아 조만식을 만났다. 정확하게는 7월 1일 오전이었다. 이날 회견에는 브라운과 조만식 외에 주한 미군사령관 하지 중장의 경제고문인 번스(Bunce)박사, 통역, 타자수만이 배석했다.

▲ 1945년 10월 14일 '김일성 장군 환영' 평양시민대회 주석단에 나온 조만식(오른쪽 두 번째).

이 기록에 의하면 조만식은 연금 중이었으나 생활하는 데는 크게 불편함이 없었던 것 같다. 당시 조만식은 고려호텔에서 세 명의 경비경의 감시 아래 둘째 아들, 사위와 함께 지냈다. 고당은 브라운에게 "호텔측에서 다른 손님과 마찬가지로 대우해 주고, 건강이 매우 좋기 때문에 지내기에 큰 어려움을 겪지 않고 있다"고 대답했다. 물론 밖으로 나가는 것에 대해서는 엄격한 통제를 받고 있었다.

이날의 회견기록을 통해 몇 가지 중요한 사실이 밝혀졌다. 첫째는 고당이 미소공동위가 열리는 기간에 서울에 가길 원했다는 것이다. 다음과 대화 내용의 일부를 발췌한 것이다.

브라운 : 소련이 당신이 미소공위와 협의하기 위한 목적으로 서울에 가는 것을 허가한다면 기꺼이 조선민주당의 대표로서 행동할 것인가?

조만식 : 그것이 내가 원하는 바이다. 나는 그 외에 다른 희망이 없다.

브라운 : 소련이 서울에 가는 것을 허락하지 않으면 당신은 평양에서 미소공동위원회와 기꺼이 협의할 것인가?

조만식 : 글쎄. 내가 결정하기는 매우 어렵다. 내가 그 회담에 참석하는 것은 별로 어려운 문제가 아니다. 그러나 내가 안전한 상태에서 회의에 참석할 수 있을지, 발언한 후에 위험한 상태가 될지 모른다. 나의 희망은 서울에 가는 것이다.

브라운 : 아직 얘기되지 않은 당신의 의견중 내가 알아야만 하는 것이 있다면 말하시오.

조만식 : 특별한 것은 없다. 나의 희망은 가능하면 빨리 (미국대표에 의해) 서울에 갔으면 한다.

▲ 1947년 7월 평양에서 열린 제2차 미소공동위원회 회의장에서 김일성 북조선인민위원회 위원장이 방북한 브라운 미국대표단장과 인사를 나누고 있다. 브라운 단장은 이 기간에 조만식 선생을 만났다.

그러나 고당은 서울에 가고자 하는 자신의 희망이 거의 불가능하다는 것을 알고 있었다. 고당은 자신이 서울에 가게 된다면 그것은 신의 가호이며, 소련군사령부가 서울에 가는 것을 금지하더라도 그것은 숙명이라고 생각했다. 고당의 예상은 적중해서 대담이 끝난 후 브라운 소장은 소련군정 측에 고당을 서울로 보내줄 것을 요청했으나 거부당했다.

만약 이때 소군정이 고당의 월남을 허락했다면 고당 개인뿐만 아니라 한반도의 정치상황 역시 많이 달라졌을지도 모른다.

몇 가지를 덧붙인다면, 이 대담기록에는 그동안 알려지지 않았던 고당의 정치적 견해를 파악할 수 있는 내용들이 많이 담겨 있다는 것이다.

그중 가장 주목되는 것은 토지개혁에 대한 고당의 태도이다. 브라운과의 대담이 끝난 후 미소공위 미국대표단과 점심식사를 하는 자리에서 고당은 토지개혁에 대해 "조선이 당면한 가장 시급한 문제는 토지개혁 문제이고, 토지개혁은 임시정부가 성공적으로 구성되기 전에 반드시 시행되어야한다"고 언급했다. 이것은 고당이 북한의 토지개혁 상황을 보고 남쪽에도 토지개혁이 필요함을 강조한 것으로 보인다.

미군정의 연락 관계 문서로 확인

또 고당은 김구(金九)와 이승만(李承晩)을 극우라고 평가하면서 정치지도자들이 미소공동위에 적극 참가해서 임시정부를 수립해야 한다고 주장했다. 그의 이러한 생각은 브라운 소장과의 대담에서도 나타났지만, 고당이 1947년 5월에 인편을 통해 하지 중장의 통역관인 이묘묵(李卯默)에게 보낸 전언(이것은 브라운 소장을 통해 하지 중장에게 보고되었다)에 더 잘 나타나 있다. 이 문서는 미 국무부 미소공동위 및 유엔한국위원단 관계 문서철에 포함되어 있다. 주요 내용은 다음과 같다.

하지 장군,
5월 27일 오후 늦게 조만식으로부터 전언자가 사무실에 도착해서 다음과 같은 정보를 주었다.
조만식은 이승만 박사의 행동이 미소공위 사업의 진전을 방해할 것을 우려한다. 그는 미국대표단을 정신적으로 후원하는 우익세력이 미소공동위원회에 참가하지 않는 것을 유감스럽게 생각한다.
북조선의 러시아인과 그들의 지지자들은 이번 미소공위가 조선을 통일시키고 임시정부를 세울 수 있을 것이라고 믿고 있다. 남조선의 공산주의자들은 '미제국주의'에 반대함으로써 새롭게 조성된 상황에 대처하려고 준비하고 있다. 그들은 자신들의 군대에 대해서 자랑스럽게 생각한다. 또 남한 내의 지지자들이 새로운 상황에 대처할 것이라고 확신한다. 총선거가 실시될 경우 그들은 '반동적 요소'를 제거하고 그들의 주의에 찬성하는 선거를 실시할 훈련된 사람들을 충분히 가지고 있다. 게다가 한국의 젊은이들에게 군사훈련을 시킬 뿐만 아니라 두당 100원의 소득세를 걷고, 3일 동안 강제노동을 부과한다. 그들은 이 돈으로 남조선에서 선전·선동작업을 한다.

조만식은 미소공동위원회가 서울에서 북조선의 지도자들과 협의할 것인지, 아닌지에 대해 알기를 희망한다.

이 묘 묵

이 문서 내용으로 보아 고당이 인편을 통해 미군정에 북한의 정치상황에 대해 연락하고 있었음을 알 수 있다. 고당이 북쪽에 계속 남아있기를 원했던 이유도 어쩌면 바로 이것 때문이었는지도 모른다. 즉 미군정과의 연결관계를 가지고 미소공위의 성공을 통해 임시정부 수립이 가능하다고 판단했던 것이다.

브라운과의 회담에서 고당은 김구와 이승만이 미소공위에 참가하지 않는 이유로 ① 두 사람이 미소공위의 성공을 의심하고 있고, ② 두 사람이 경쟁관계에 있기 때문이며, ③ 두 사람이 아직까지 신탁통치를 반대하기 때문이라고 분석했다. 고당이 신탁통치와 미소공위 참가문제에서 김구나 이승만과는 다른 정치적 입장을 가지고 있었음을 보여주는 흥미로운 대목이다. 고당은 소련이 참가하는 신탁통치는 개인적으로는 찬성할 수 없지만 "결국은 조선이 미국과 소련의 신탁통치 아래에서 도움을 받게 될 것"이라고 판단했던 것이다.

전쟁 전 마지막 기회도 무산

결과적으로 1947년 서울행이 좌절된 후에도 또 한 번의 기회가 있었다. 북한이 1950년 3월에 체포된 조선노동당 서울지도부 책임자인 김삼룡(金三龍)·이주하(李舟河)와 조만식을 교환하자는 제안을 했던 것이다.

1950년 6월 10일 밤 평양방송은 조국전선 사무국장 명의로 남한에 체포되어 있는 김삼룡·이주하와 북에 연금되어 있는 조만식을 교환하자는 제의를 했다. 이 제의는 전쟁을 앞두고 당시 북한 내각 부수상 겸 외무상이던 박헌영이 강력하게 요구해 이루어졌다고 한다.

이에 대해 16일 이승만 대통령은 "조만식 선생과 동반자 한 명을 금후 일주일 안으로 무사히 이남으로 보내면 김과 이도 북으로 돌려 보내겠다"고 응답했다. 이러한 반응은 표면상 북의 제의를 수락한 것처럼 보이지만 조만식을 먼저 보내면 나중에 김삼룡과 이주하를 보낼 수도 있다는 것으로 사실상 북에서는 수용하기 어려운 대답이었다.

이틀 뒤인 18일 평양방송은 북한 내무상 박일우(朴一禹)의 이름으로 20일 정오부터 4시 사이에 38선 부근 여현역에서 두 사람을 교환하자고 다시 제의했다. 이에 대해 남한은 "조만식 선생 부자를 38선 이남 개성 이내로 안전하게 안내해 오면 건강진단 결과 이상이 없을 때 김삼룡과 이주하를 이북으로 보내겠다"고 밝혔다. 그리고 이 교환은 유엔한국위원단의 알선 아래 실행되어야 한다고 덧붙였다. 20일 평양방송은 교환준비에 유엔한국위원단의 어떤 역할도 거부한다고 밝혔다.

이후 남과 북은 동시교환과 선귀환 주장을 뒤풀이하다 결국 유야무야 되고 말았다. 이에 대해 이승만 정부는 "할 도리는 다하였다. 북한 괴뢰는 교환할 의사가 없는 것으로 보이며, 본시 조만식 선생 부자의 안부도 알 도

▲ 고당 조만식과 남로당 간부 김삼룡·이주하의 교환 제의를 보도한 『경향신문』 1950년 6월 20일자 기사.

리가 없는 것이다"라는 입장을 표명했다.

조만식과 김삼룡·이주하 교환문제에 대한 이승만 정부의 태도는 대단히 소극적이었다. 박병엽 씨의 증언이다.

당시 북한은 이 문제에 대해 실제로 교환할 의사가 있었던 것으로 알고 있다. 그런데 이승만은 고당이 남쪽으로 올 경우 그렇지 않아도 취약한 자신의 정치적 기반이 흔들릴 것을 우려해 교환을 거부했다. 이때 교환이 이루어졌더라면 고당이 전쟁 때 비참하게 죽지는 않았을 것이다.

고당이 서울로 올 수 있었던 마지막 기회가 무산되고 만 것이다.

민족주의자 고당의 죽음이 누구 책임인가를 지금 와서 굳이 따질 필요는 없을 것이다. 그의 죽음 자체가 외세의 지배와 분단, 그리고 전쟁이 가져다 준 우리 민족 전체의 비극일 수 있기 때문이다. 또 남북 어느 일방으로 책임을 추궁할 일도 아니다. 무엇보다도 중요한 것은, 그 동안 역사의 뒤편에 가려져 있던 고당의 행적과 사상을 밝혀내고, 그의 비극적 최후를 초래한 분단의 상처, 굴절된 현대사를 극복하는 일이다.

1) 신경완(1922~1998년), 본명 박병엽 씨는 해방 후 '항일빨치산' 의 추천으로 공산청년동맹에 가입했으며, 1946년부터 북조선공산당 중앙당 지도원으로 활동했다. 1949년 조선노동당 사회부(지금의 통일전선부) 지도원, 1953년 대남연락부 지도원으로 활동했으며, 그 후 대외정보조사부 등 여러 부서를 거치면서 책임지도원, 과장, 부부장으로 승진했고, 1980년대 초반 제3국으로 망명했다. 특히 오랫동안 노동당과 대남 관련 문서를 담당해 북한현대사와 남북관계사에 폭넓은 정보를 가지고 있었다.

06

이승엽

친일과
전향의 길,
그리고
비극적 최후

.
.
.
.
.
.
.
.
.

친일과 전향의 길, 그리고 비극적 최후

　해방이 되자 2만 명에 가까운 민족해방운동가가 감옥에서 나와 해방의 기쁨을 만끽했다. 이들 외에도 국내외에서 일제의 탄압에 맞서 소극적, 적극적으로 일제에 저항했던 많은 사람들의 감회는 남다른 것이었다. 반면에 일제에 협력해서 안락한 생활을 했던 친일파, 민족반역자들에게 해방은 곧 죽음을 의미하는 것이었다. 해방이 되자 이들은 숨을 죽이고 자중할 수밖에 없었다.

　그동안 친일파문제는 일방적으로 민족주의계열인사만의 것으로 인식되어 왔다. 그러나 해방이후의 정치과정에서 크게 부각되지는 않았지만 사회주의자들 내부에도 친일경력을 가진 사람들이 상당수였다. 특히 사회주의운동의 전위당을 자처했던 조선공산당(이하 조공이라 약칭) 간부 중에 친일경력이 뚜렷한 인물이 다수 포함되어 있었다는 사실은 의외의 일이다. 이승엽(李承燁), 조일명(趙一明), 임화(林和) 등이 대표적 인물들이다.

　친일파·민족반역자 처단을 가장 강력하게 주장했던 조공이 당 내부의 친일협력자들에게 놀라울 정도로 관대했다는 사실을 우리는 어떻게 평가해야 할 것인가? 또 이것이 해방이후 자주적 민족통일국가 수립운동에는 어떠한 영향을 미쳤는가? 아직까지 우리는 이러한 질문에 대해 명확한 대답을 가지고 있지 못하다.

해방직후 조공 내부의 친일파, 그리고 이들이 미친 영향에 대해 살펴보기 위해서는 이승엽이란 인물의 행적을 추적해 볼 필요가 있다. 그는 일제 말기에 전향하여 인천에서 식량조합이사로 안락한 생활을 한 치명적인 약점을 가지고 있으면서도 해방이후 조공 당수였던 박헌영에게 발탁되어 조공의 2인자 자리를 차지했던 인물이다. 해방전후 그의 변신과정은 사회주의운동 내부의 친일파 처단문제가 단순히 우익내부만의 문제가 아니었음을 전형적으로 보여준다고 할 수 있다.

일제시기 사회주의운동에 참가

이승엽은 1905년 2월 8일 경기도 부천군 부천면 성재리에서 뱃사공의 아들로 태어났다. 그가 어렸을 때 부모님은 인천으로 이사해서 조그마한 여인숙을 경영했다고 한다. 1919년 3.1민족해방운동이 전국적으로 확대되자 이승엽은 당시 인천상업학교에 다니던 학생신분으로 참가하였다. 이 일로 학교에서 퇴학당한 후 그는 취직이 안되자 일본으로 건너가 고학하였으나 3개월만에 다시 돌아왔다.

19세에 독립단에 참가하여 동북에 가려고 했으나 병으로 가지 못하고, 20세 때에 소련에서 나온 사람을 통하여 소련에 유학하려고 했으나 그 사람이 체포되어 역시 가지 못했다. 그후 각지에서 청년단체들이 조직되자,

그는 인천지역에서 청년회에 가입해서 활동하였다. 1925년 3월 8일 열린 제1회 제물포청년회 총회에서 이승엽은 회장으로 선출되었다. 이후 그는 인천지역 청년운동과 노동운동의 중심인물로 두각을 나타나게 된다.[1]

1925년 9월 하순경 경기도 인천부 외리의 자택에서 김단야(金丹冶)로부터 권유를 받고 조선공산당(1925년 4월 17일 결성)에 입당한다. 또 1925년 10월 20일에는 새로 선출된 조선 노농총동맹 중앙집행위원 50인 중의 한명으로 선출되었다.[2]

1925년 11월 27일 '신의주사건'으로 조선공산당의 주요 간부가 체포된 후 강달영(姜達永)을 비서로 하는 '제2차 조선공산당'이 결성되자, 이승엽은 여기에 가담하였다. 당시 서울에는 9개의 야체이카가 제1,2구로 나뉘어져 조직되었는데, 이승엽은 강달영, 이봉수(李鳳洙) 등과 함께 제3야체이카에 속해 활동했다.[3] 또 학생·노농·언론기관·사상·여성 등의 직업신분에 따라 5종으로 나누어져 조직되어 있던 프라치조직 중 이승엽은 강달영·이준태(李準泰)·홍남표(洪南杓) 등과 노농부에 속해 있었다.[4] 그러나 '6·10만세운동'으로 조선공산당이 다시 탄압을 받으면서 이승엽도 체포되어 징역 1년을 선고받고 첫 번째 감옥생활을 하게 된다.

1년형을 마치고 나온 뒤 인천으로 온 이승엽은 1930년경 김단야가 당 재조직 사명을 띠고 귀국하여 조직한 조선공산당조직준비위원회(1929년 11월 결성)에 참가하여 경성에서 활동하고 있던 권오직(權五稷)과 연계, 인천지역에서 활동하였다.[5] 그러다 '3·1운동 11주년 격문살포'로 단서가 붙잡혀 조선공산당 조직준비위원회 관련자 대부분이 체포되었다. 이승엽은 권오직 등이 검거되고 화요계 동방노력자공산대학 출신들에 대한 전면적인 검거가 시작되자, 수사를 피하여 부산·마산지역으로 활동구역을 옮겼다.

이승엽은 마산에서 비밀결사 '볼셰비키사'를 만들고 『볼셰비키』라는

▲ 1930년대 초 체포돼 서대문형무소에서 찍은 이승엽의 모습. 왼쪽부터 이재유, 박헌영, 현준혁, 허헌, 이승엽.

잡지를 발간했다. 또 이승엽은 안영달(安永達) 등과 함께 1931년 11월경 '조선공산당 부산지부'를 결성하였다. 그러나 이러한 활동도 오래가지 못하고 '10월혁명삐라사건'으로 조직이 탄로나 일제에 검거되었다. 이 사건은 동래·밀양·대구·진주에까지 파급되었다. 안영달이 본적지 밀양에서 인쇄한 격문을 대구 80연대, 편창제사공장, 대구고보 등지에 뿌린 사건으로 밀양합동노조 간부들이 체포되고 수사과정에서 대구사회과학연구회의 이동우, 대구사범의 현준혁(玄俊赫), 적로대구협의회의 김일식(金一植) 등이 검거되면서 대구지역에 일대 검거선풍이 일었다.

또한 동래 반제전위동맹원들도 안영달과 이승엽의 부탁을 받고 반전격문을 수차 부산헌병대 및 조선방직회사, 부산고무공장, 환대고무공장, 일

영고무공장 등지에 뿌린 혐의로 검거되었다.

이와 같이 1931년에 이승엽은 부산, 마산지역을 중심으로 반전의식 및 계급의식 고취를 위한 선전 교양활동에 주력하다 검거되어 부산지방법원에서 징역 4년을 언도 받고 만기 출옥하게 된다. 당시 자신의 활동에 대해 이승엽은 후에 공판과정에서 다음과 같이 진술했다.

"1926년 서대문형무소에 들어갔다 나와 다시 운동에 가담하여 인천에 와서 권오직, 조일명과 같이 사업하다가 다시 발각되어 경상도로 피신하여 폐병을 앓다가 어장노동을 하면서 생활을 하였습니다. 1931년 5월 박헌영의 지시에 의하여 중국에서 나온 김형선과 같이 경상남도당 재건에 노력하였습니다. 그리고 대구 등지에 가서 일제를 반대하는 투쟁으로서 농촌에 들어가 농촌운동을 협력하였습니다. 1931년 10월혁명삐라사건으로 검거되었다가 만기 출옥되어 그후 다시 사업을 계속하였습니다. 1937년에 다시 검거되어 함흥에서 형을 받고 복역한 후 1939년에 출옥되었습니다"[6]

전향

중일전쟁이 본격화되자 일제는 조선인의 황민화운동을 노골적으로 전개했고, 침략전쟁 수행을 위해 국민총동원체제를 편성해갔다. 일제는 조선인 애국운동가들을 감시하기 위해 조선사상범보호관찰령을 실시했고, 전국 7개소의 보호관찰소에서는 공산주의자, 민족주의자, 독립운동가 중 전향하지 않은 사람을 사상범으로 감시했다.

1941년 2월에는 일본에 앞서 비전향 사상범을 사회에서 격리 수용하기 위한 조선사상범 예방구금령이 제정·실시되었고, 예방구금소(보호교도소)가 경성 서대문구치소 내에 설치되어 강제수용이 개시되었다. 1940년 초반 일제가 작성한 요시찰·요주의 인물명부에 의하면 7천 6백여 명 중 전향자는 1,280명이었고, 중일전쟁이 발발한 직후 2년간 1,796명이 전향했다. 한편 대화숙[7]에는 1943년 10월 현재 91개소의 지부에 5,400여명이 가담하고 있었다.[8]

이러한 일제의 탄압과 회유가 이승엽에게만 예외일 수는 없었다. 그는 1953년 진술에서 당시 상황을 다음과 같이 이야기하고 있다.

"1940년에 다시 검거되었는데 일제경찰이 전향을 요구했습니다. 그래서 그를 반대했는데 화요파에 속한 조봉암이 같이 있다가 하는 말이 지금 사회에 나가면 그렇지 않으니 너무 그러지 말라고 하면서 권고하였습니다. 그래 10일 후 변절을 선언하고 석방되어 박헌영을 만났습니다.

1940년 말까지 같이 사업하다가 당시 박헌영이 지하로 들어가면서 지하로 들어가자고 하였습니다. 그러나 당시 저는 가정 살림을 처음 시작한 때이므로 후에 지하에 들어가겠다고 말하고 1941년 5월부터 1945년 6월까지 미곡상 조합사무원을 거쳐 식량배급조합이사까지 하면서 일제 식량정책을 지지 협력하였습니다"

그의 진술을 통해 볼 때 그는 전향을 하지 않으려고 했지만, 조봉암(曺奉岩)의 권유로 전향을 한 후 출감하여 박헌영과 만나 다시 당 재건운동을 하다가 콤그룹이 와해된 후 완전히 전향한 것으로 보인다.

그의 전향을 어떻게 볼 것인가 하는 문제는 간단하지 않다. 당시 많은 민족주의자와 사회주의자들이 일제의 강요에 의해 어쩔 수 없이 본의 아니게 전향을 표명한 경우도 많기 때문이다. 더구나 이승엽은 1943년 홍남표・정재철(鄭載轍)・정재달(鄭在達) 등과 함께 '공산주의자협의회' 라는 조직을 결성하고 기관지로서 『자유와 독립』을 발간하였다고 한다. 이 그룹은 건국동맹과 연계를 가지고 군사위원회를 조직하고 전국을 8개지구로 나누어 책임자 파견 및 인물규합에 나섰다.[9]

그러나 본의 아니게 조봉암의 권유에 의해 '위장전향' 했다는 그의 변명이나 출감이후의 활동에도 불구하고, 그가 일제의 정책에 적극 협력하는 위치에 있었다는 것은 분명한 사실이다. 왜냐하면 그는 이미 1934년 체포되었을 때도 전향한 것으로 보이기 때문이다.

경남적색교원노조사건으로 1933년경 부산형무소에 수감되어 이미 수감되어 있던 이승엽을 만난 신영갑(申泳甲)은 당시 형무소 안에서의 이승엽의 모습을 다음과 같이 증언했다.

당시 감옥에 들어가 보니 이미 이승엽이 들어와 있었습니다. 당시 그는 보통 잡역도 아닌 총잡역(죄수를 통제하는 이른바 보조간수를 잡역이라 하는데 잡역을 총괄하는 자를 총잡역이라 했다)으로 기결감 미결감을 마음대로 안방 드나들듯이 감옥 안에서 자유로운 상태였습니다. 강병도, 신학우, 김용찬, 박용규 등의 동지들이 이승엽을 이미 한물간 변절자라고 욕을 해댔지요.

당시 인텔리는 출역을 하지 않고 감방 안에서 손그물을 떴으므로 우리는 조금 편했습니다. 그 외의 정치범은 모두 벽돌공장, 농장 등에서 중노동을 하여 대우가 완전히 달랐는데, 이승엽은 정치범인데도 자기 마음대로였습니다. 따라서 이승엽은 이 당시에 돌지 않았나 생각됩니다.[10]

이 증언에 따르면 이승엽이 당시에 일제에 전향해서 감옥 안에서 다른 정치범과 달리 특별한 대접을 받으면서 편안한 생활을 했던 것으로 보인다. 해방직전까지 이승엽은 대화숙에 적을 두면서 박남칠(朴南七)[11]이 조합장으로 있던 미곡상조합의 상무이사로 지냈다.

"이승엽은 일제말기에 식량영단(食糧營團)이사를 지낸 것으로 알고 있는데, 이는 일제에 대단한 협력을 하지 않은 이상 곤란한 일입니다"라는 신영갑의 지적처럼 그의 친일활동은 피동적이라기보다는 자발적인 것이란 의심을 받기에 충분하다.

그런데 이승엽은 친일활동을 하면서도 공산주의자들의 조직에 참여하고, 건국동맹과도 연계를 맺었다. 이것은 어떻게 보아야 할 것인가? 이것은 후에 공판과정에서 그가 "1943년에 일제 패망이 뚜렷이 보이게 되자 저는 영웅주의 출세주의에서 1943년 화요파 계통 몇사람과 공산주의자를 모집해 가지고 한편으로 여운형과 연계를 가지고 건국준비 회의를 가졌는데 8·15직전에 와서 발각되었습니다"[12]라고 진술한 것처럼 정세가 불투명한 상황에서 기회주의적으로 일제와 민족해방운동세력 양자에 모두 관계를 가지고 있었던 것으로 판단할 수 있다.

해방직후 이런 이승엽의 문제점이 지적되어야 했으나 전혀 거론되지 않은 채 재건된 조선공산당의 간부로 등용되었던 것이다.

조선공산당 재건에 참여

해방이 되자 제일 먼저 정치활동을 편 것은 공산주의자들이었다. 공산주의자들은 민족주의운동가들과 함께 민족해방운동세력으로서 그 일부가 해방 전까지 투쟁을 계속해 왔기 때문에 재빨리 파괴된 조직을 수습, 하나의 정치세력으로 쉽게 등장할 수 있었다.

해방 전 서울에 있던 공산주의자들 중에는 이미 8월 14일에 일본이 '포츠담선언'을 수락했다는 사실을 입수하고 있었던 사람도 있었다. 해방 당일인 8월 15일 밤부터 8월 16일 새벽에 걸쳐서 서울 종로에 있는 장안빌딩 내에서 이영·최익한·정백 등 과거 사회주의운동에 참여했던 50여명이 모여 조선공산당 재건을 선포하였다. 이 당이 후에 '장안파 공산당'이라고 불려지는 조직이다. 그러나 이 당은 당의 강령규약도 없고 투쟁목표도 결성하지 못한 채 단지 중앙의 인적 구성을 정했을 뿐이었다.

또한 장안파공산당을 조직한 사회주의자들은 대부분이 일본제국주의하의 민족해방운동의 혁명전선에서 이탈하고 전향한 경력이 있었고, 당재건에 필요한 기반인 하부조직을 갖고 있지 않았다. 이런 상황에서 공산주의세력 중 서울계의 이영·정백 등과 경성대학 출신의 최용달을 주축으로 화요회계의 조동호·조일명, 상해파의 서중석 등이 서울 종로에 있던 장안빌딩에 모여 16일 이른 아침 조선공산당을 결성했다.[13] 이 조직에서 이승엽은 책임비서 이영(李英)에 이어 제2비서로 선출되었다. 이 당의 중심인물의 특징은 주로 운동선상에서 이미 탈락된 경험을 가지고 있었다는 점이다.[14]

이들은 다른 공산주의자들보다 한발 앞서 공산당을 만들긴 했지만, 자기들말고도 박헌영을 중심한 경성 콤그룹파가 존재한다는 것을 의식하지 않을 수 없었다. 이들은 공산주의운동에서 이미 이탈해 있었다는 자신들의 약점 때문에 해방 직전까지 계속 당활동을 해 온 콤그룹 사람들의 움직임에 매우 신경을 쓸 수밖에 없는 실정이었다. 이영·최익한처럼 자기 파가 공산주의운동의 주류임을 자부하고 끝까지 공산주의운동을 리드해 보겠다는 사람이 있었는가 하면, 대부분은 당의 주도권이 박헌영계열에 넘어가는 한이 있더라도 간부직만 얻게 되는 것으로 만족하겠다는 층이 많았다. 이들은 얼마나 성급했던지 당을 만들면서도 강령과 규약은 물론 당면 활동목

표조차 뚜렷이 제시하지 못했다.

더욱이 당 결성 때엔 중앙기구 조직과 함께 일정한 수의 당원에다 하부 조직이 있어야 하는데도 허술한 중앙당만 먼저 조직했던 것이다. 이런 점에서 볼 때 이들이 얼마나 기회주의적인 행동가들이었으며 해방의 환호에 깜짝 놀라 우선 자기들의 지위를 확보하려는 데만 급급한 출세주의자들이었는가를 알 수 있다.

장안파공산당에 참여했던 이승엽은 박헌영이 상경하여 김해균의 집에 거처를 정하자 여기에 드나들기 시작했다. 이승엽을 비롯해서 조일명, 조동호(趙東祜) 등 과거 화요파 인사들이 박헌영과 관계를 가지기 시작했다. 결국 박헌영이 8월 20일 콤그룹과 화요회의 중심인물을 모아 조선공산당 재건준비위원회를 결성하자, 이승엽은 여기에 가담하였다.

따라서 장안파공산당은 해방 다음날인 16일부터 국내의 모든 형무소·경찰서에서 정치·사상범들이 출옥하고, 이들이 장안파공산당에 대해 비판적인 입장을 보이자 곧 해체되기 시작했다. 특히 박헌영을 중심으로 8월 20일 조선공산당재건준비위원회를 결성하자 크게 동요되었다. 이승엽은 처음 장안파공산당의 제2비서로 선출되었으나 재건파가 등장하자 곧 여기서 이탈해서 재건파에 가담하였다.

장안파와 재건파의 대립을 해소하기 위해 서울소재 사회주의자들은 8월 25일 서울 계동에서 공산주의열성자대회(후에 계동열성자대회로 불림)를 열고, 장안파공산당과 조선공산당 재건준비위원회의 통일방법을 논의하였다. 여기서는 장안파공산당의 해체에 의한 통일당의 재건이라는 의견이 다수를 이루었으나, 이영·최익한·정백 등이 장안파공산당의 무조건 해체에 반대했기 때문에 9월 1일과 2일에 계동에서 열성자대회를 속개하게 되었다.

이 이틀간의 대회통의에서 장안파공산당의 해체가 결정되고, 당재건준비위원회와의 교섭은 이정윤(李廷允)과 장안파공산당을 이탈하여 박헌영의 집에 출입하고 있던 이승엽·안기성(安基成) 3인이 맡게 되었다. 이들은 재건당의 중앙기구에 포함시킬 사람들을 전형하는 임무를 맡았다. 그러나 박헌영일파는 이승엽 등의 교섭위원이 제시한 당 중앙위원 후보자를 그대로 받아들이려고 하지 않았다. 이리하여 9월 8일 제4차 계동열성자대회가 열렸다. 이날 회의에는 박헌영·이승엽·이정윤을 비롯해서 약 60여명의 사회주의들이 참가했다. 이날 회의 결과 당중앙집행위원의 선출이 박헌영에게 일임되게 되었다.

이날 대회에서 박헌영이 당의 주도권을 잡는 데는 이승엽·조일명 등이 큰 역할을 수행했다. 이미 앞에서 본 것처럼 이승엽은 일제 말기에 전향한 인물이고, 조일명도 일제 말기에 대화숙에 가입해서 사상범을 대상으로 일본어강사를 했던 인물이었다. 이들은 박헌영과 같은 '화요파' 계열이란 점, 9월 8일의 계동열성자대회에서의 역할이 인정되어 과거 경력에 대해 어떠한 비판도 받지 않고 9월 11일 재건이 선포된 조선공산당의 중앙간부로 등용된다.

이날 모임을 고비로 배타적인 당 주도권을 확보한 박헌영세력은 당조직 사업을 계속해서 9월 11일 조선공산당의 재건을 선언했다. 이날 조공의 주요부서와 간부가 발표되었는데, 이승엽은 정치국 위원으로 선출되었다.

이날 발표된 조공 간부는 완전히 콤그룹 일색으로 짜여져 있다는 것은 익히 알려진 사실이다. 그러나 일제 시기 경력과 관련해서 주목되는 점은 일제 시기에 뚜렷하게 전향의 경력을 가진 인물은 이승엽 밖에 없었다는 점이다.

장안당 제2비서였던 이승엽을 비롯해 권오직·조일명·안기성 등의 사전 공작은 마치 이 모임을 박헌영 지지 확인대회로 만들어 버렸다. 9월 11일 조선공산당 재건이 선포되고 이날 발표된 조공 주요부서와 간부에서 이승엽은 정치국 위원으로 발표되었다.

이보다 앞선 9월 6일 여운형이 중심이 되어 조직된 건국준비위원회는 서울에서 민족해방운동 경력자 1,300여명을 소집하여 전국인민대표자회의를 개최하였다. 이 회의에서는 주권이 인민에게 있다는 것을 선언한 후 임시정부조직법안을 가결하고 중앙인민위원 55명, 후보위원 20명, 고문 12명을 선출하여 중앙인민위원회를 구성하고, 곧이어 '조선인민공화국정부'를 수립했다. 이 회의에서 이승엽은 55명의 중앙인민위원 중의 1인으로 선출되었다. 9월 14일 중앙인민위원회는 인민공화국의 부서를 발표했는데, 이승엽은 사법부장 대리로 발표되었다.

1945년 11월 20일~22일에 전국인민위원회 대표자대회가 남북의 25시 1백 75군 및 가도에서 650명의 대표가 참석한 전국적 규모의 모임으로 개최되었다.

중앙인민위 제1차 확대집행위원회 2일째 하오 회의에서 토의사항의 하나인 「자주독립 촉성의 건」을 논의하면서 이승엽 사법부장 대리는 다음과 같이 말했다.

"인공은 혁명정부의 성격을 갖고 있음을 잘 알아야 한다. 동시에 우리는 하루빨리 진보적 요소를 규합해야겠다. 조선에서 민족통일전선이 성립 안된 채 정부가 먼저 수립된 것은 순서가 바뀐 것이다. 그러기 때문에 우리는 앞으로 진보적 요소를 규합하는 데 힘써, 광범한 민족통일전선을 세워야 한다. 이승만과도 합력해야 한다. 그리고 한민당 내의 진보세력 및 국민당, 임정, 독립동맹 등의 진보적 요소를 통합, 통일전선을 수립해야만 정권문제와 민족문제가 해결될 수 있으며 국제적 승인도 얻을 수 있는 것이다"

이승엽의 발언을 통해 당시 공산당에서는 해체위기에 직면한 인공을 구출하기 위해서는 인공을 통일전선의 확고한 기반 위에 둬야겠다는 전술을 세웠음을 역력히 찾아볼 수 있다.

1945년 11월 24일 중앙인민위원회 제1회 확대집행위원회가 열렸다. 이 회의에는 각도 대표 36명 중 35명과 중앙위원 중 17명 등 모두 52명 참가. 이 회의에 이승엽은 중앙위원의 일원으로 참가했다. 12월 8일부터 3일간 전농 결성을 위한 전국 대회가 서울에서 열리자 이승엽은 의장단의 일원으로 선출되었다.

남로당과 미군정에 양다리를 걸치다

해방 이후 조선공산당과 중앙인민위원회에서 활발하게 활동하던 이승엽은 1946년에 들어와 그의 일생에서 새로운 전환을 맞게 된다. 이승엽은 1946년 2월 조일명과 함께 미군정에 체포되었다. 그는 처음 본정경찰서에 구금되어 있으면서 경찰의 신문을 받다가 미국 정보기관에 넘겨졌다. 이때 이승엽은 미국 정보기관에 굴복하여 미국을 위한 간첩행위를 할 것을 서약하였다고 한다. 후에 이승엽은 당시 상황을 다음과 같이 진술했다.

미국놈들은 저에게 간첩행위를 하면 석방하겠다는 암시를 하였습니다. 그러나 저는 반대하니까 만일 미군정의 요구에 따르지 않으면 엄혹한 형벌에 처한다는 데서 본래의 소자산적 계급사상에서 또는 민족주의사상에서 비겁한 본성이 나타나 우선 생명의 위험을 느끼고 그들의 요구를 수락하고 석방된 후 뻐취를 만나니 조일명과 연계를 가지고 사업하라는 지시를 주었습니다. 그후 경기도당에서 조일명을 만나 앞으로 협력하여 간첩자료를 수집하기로 약속하였습니다.[15]

당시 미군정은 일제 시기에 전향한 경력이 있는 조선공산당 간부들을 회유, 위협하여 정보를 수집하였다. 이승엽도 과거 친일경력이 약점으로 잡혀 미군정에 굴복하였던 것이다. 주목해야 할 점은 미 정보기관이 이승엽의 협조를 강요하면서 그의 친일경력을 교묘하게 이용했다는 점이다. 조선공산당의 중앙간부였던 이승엽 입장에서 미 정보기관의 친일경력 폭로 위협은 정치적 생명과 관계되는 치명적인 것이었다.

이후 이승엽은 주동적으로 자료를 모아 조일명이 정리하여 보고하게 하고, 2개월 내지 3개월에 한번씩 하지 미군정장관의 정치고문인 버취 중위와 조선호텔 또는 민주주의민족전선 앞에서 만나 세 번에 걸쳐 직접 간첩자료를 주고 조일명에게 시켜서 두 번 제공하였다고 한다.

1947년 5월 이승엽은 북한에서 온 문건을 가지고 박헌영의 서명을 받으러 가다가 경찰에 발견되어 체포된 적이 있다. 이때 하지 중장의 정치고문인 노블과 수도경찰청장인 장택상이 찾아와서 다음과 같은 제안을 했다고 한다.

우익 및 중간측까지 포섭한 통일정부를 구성하려고 하는데 북반부에서 적색분자들이 반대하고 또 남조선공산당이 이를 반대한다. 그런데 당신이 여기에 가담하여 통일정부를 구성하려고 한다면 미군은 환영하며 적극 협력해 주겠으니 해 보라.[16]

이승엽은 이를 승인하였다고 한다. 그 이유에 대해 그는 첫째로 일제

강점기 혁명운동에 가담은 하였으나 일제의 탄압에 굴복하고 혁명운동을 포기하고 변절하였다는 정치적 약점이 있다는 점과 둘째로는 정권에 야욕이 있었기 때문이라고 진술했다. 그후 이승엽은 1947년 7월까지 남로당의 당 내부상황과 북조선의 경제형편, 인민생활형편 등을 세 차례 걸쳐 구두 또는 서면으로 전달했다고 한다.

1946년 2월 이후 이승엽의 이러한 이중적 활동은 조선공산당이 활동하는 데 큰 제약으로 작용하게 된다. 이것은 1946년 9월총파업과 삼당합당 과정에서 분명하게 드러났다.

1946년 7월 남북공산당은 남쪽에서 조선공산당·조선인민당·남조선신민당 등 좌익삼당간의 합당을 통해 좌익정치세력을 강화하고, 이에 기초해서 10월에 총파업과 농민항쟁을 추진하기로 합의했다. 그러나 남쪽의 박헌영세력은 자파세력만을 중심으로 3당합당을 추진하여 남조선노동당(이하 남로당)을 결성하기 위해 10월로 예정되어 있던 총파업을 9월달로 앞당겨 버렸다.[17]

9월총파업과 관련해서 당시 조선공산당에서 활동했던 사람들은 이른바 '이승엽의 지시'에 대해 여러 가지 의문점을 토로한다. 그중 대표적인 것이 출판노조의 파업이었다. 9월총파업 과정에서 출판노조는 각 파업단의 행동을 통일하고, 파업투쟁 상황을 널리 알려 국민의 지지를 얻도록 하기 위해 마지막으로 파업하기로 되어 있었다. 그러나 출판노조는 당 지도부의 지시라고 하여 다른 노조와 함께 파업에 들어갔다.

파업이 확대되자 '남조선총파업투쟁위원회'는 각 신문 측으로부터 종업원들의 요구조건을 일단 수락한다는 약속을 받고 출판노조의 파업을 중지시켜 출판물을 통해 파업전모를 광범하게 선전할 대책을 강구하려 했다. 그러나 이것마저 이승엽의 간섭으로 무산됐다. 이승엽은 '총파업투쟁위원회'에 나와서 박헌영 체포령을 취소하라는 요구조건을 총파업 선언에 반영시키지 않았다고 추궁하면서 각 신문사의 파업투쟁도 박헌영체포령이 취소될 때까지 계속되어야 한다고 강조했던 것이다. 이 때문에 출판노조는 다시 파업을 계속하지 않을 수 없었다.

더욱 주목해야 할 점은 조선공산당의 9월총파업 계획에 대해 미군정이 사전에 정보를 입수하고 있었다는 점이다. 미군정은 총파업계획에 대해 두 가지 경로를 통해 확인했다. 그중의 하나는 '공산당 고위층 내의 스파이에 의한 것'이었다. '공산당 고위층 내의 스파이'가 누군지 확인되지는 않았다.[19] 그러나 총파업 전후의 활동을 통해 볼 때 이승엽을 지칭하고 있을 가능성도 있다.

이승엽은 삼당합당 과정에서도 큰 장애를 조성했다. 1946년 8월부터 본격적으로 삼당합당을 추진하던 좌익삼당은 남로당과 사회노동당으로 분열되어 큰 혼란에 빠졌다. 이렇게 되자 박헌영·김삼룡·이승엽 등을 비롯

▲ 1948년 초대 사법상에 임명된 이승엽.

▲ 이승엽이 1950년 6·25전쟁 때 서울에 와 서울시 인민위원회 청사 앞에서 연설하고 있다.

한 남북 좌익정당 지도자들은 1946년 11월 초 평양에서 비밀연석회의를 갖고 남쪽 좌익정당의 무조건 합당을 재확인하였다. 그러나 이승엽은 연석회의의 결정사항을 무시하고 사회노동당의 무조건 해체만을 고집하여 합당의 원만한 진행을 방해하였다.[20]

그러나 이승엽의 이러한 문제점들은 당시에는 전혀 거론되지 않았다. 오히려 박헌영이 10월에 월북하자 이승엽은 박헌영을 대리해서 남로당의 실질적인 2인자로서 활동하게 된다.

월북 후 활동과 '박헌영·이승엽사건'

1948년 7월 이승엽은 '해주인민대표자대회'를 앞두고 박헌영의 지시로 월북했다. 그는 월북할 때 북에서 자기를 더욱 신임할 수 있게 하기 위하여 오대산 빨치산에 들렸다가 강릉, 양양 등을 거쳐 38선을 넘었다. 남한 정부의 수립에 대응하기 위해 1948년 9월 2일부터 10일까지 열린 '조선최고인민회의'를 통해 북한지역에도 '조선인민공화국'이 수립되었다. 이승엽은 9월 9일 발표된 내각명단에서 사법상에 임명되었다. 그러나 이승엽은 여전히 박헌영을 대리해서 남쪽에서 활동하던 남로당을 통괄하는 최고지도자의 위치에 있으면서 미국 정보기관과의 관계를 유지했다. 이러한 사실은 전 북한 최고검찰소 검사였던 김종중[21], 김진계 등 몇 사람의 증언에서 확인된다. 월북한 이후 그는 주로 안영달을 통해 노블과 연락을 한 것으로 알려져 있다.

이승엽은 남로당을 통괄하는 위치에 있으면서 남로당세력의 붕괴에 결정적인 역할을 수행했다. 그중 몇 가지 사례를 살펴보자.

첫째는 국민보도연맹에 대한 대응문제이다. 1949년 6월부터 서울에서는 남로당을 내부에서부터 와해하기 위해 국민보도연맹을 조직해 사상전향 공작을 전개하기 시작했다. 조선노동당(1949년 6월 말 남북노동당이 합당)에서는 이에 대응해서 보도연맹을 주도적으로 남로당 조직보호막으로, 합법활동기구로 만들어나가는 조치를 취해야 한다고 결정하고, 이를 박헌영과 이승엽에게 위임했다.

이에 대해 박헌영과 이승엽은 "남로당세력이 강하니까 보도연맹이 나와봐야 소용없다. 남로당원들 가운데 일부 변절자들을 빼고는 거기 들어갈 사람은 없다"고 자신하면서 결정사항을 이행하지 않았다.

그러나 박헌영과 이승엽의 '호언장담'은 과장이었음이 드러났다. 국민보도연맹은 1949년 10월 1일부터 11월 30일까지 2개월간을 자수기간으로 정하고 전향공작을 실시했다. 당시 전국적으로 약 30만 명이 국민보도연맹에 가입하여 남로당이 붕괴하는 데 큰 역할을 했던 것이다.

둘째는 유격투쟁의 전술문제이다. 1948년 10월 '여순군인폭동' 이후 남로당은 제주도를 비롯한 호남 및 영남 일부지역에서 무장투쟁, 즉 빨치산활동을 전개했다. 49년에 접어들면서 무장부대의 대열을 확대, '유격투쟁'을 더욱 강화했다. 1949년 초 조선노동당 정치국에서는 남쪽에서 전개되던 빨치산활동과 관련, 소부대 '생산유격대식' 활동을 기본으로 한 활동전술을 채택했다. 그러나 박헌영과 이승엽은 산발적으로 진행되던 유격투쟁을 보다 조직적으로, 대규모로 전개하기 위해 유격대를 통합해 이른바 '인민유격대'를 편성했다. 이후 계속 대부대활동을 고집하고 진지전을 감행했다. 결국 수백 명으로 구성된 1~3병단을 오대산 · 태백산지구에 남파해 별 활동도 못한 채 괴멸되는 결과를 야기했다.

셋째는 '조선노동당 서울지도부'의 파괴문제이다. 1935년 3월에 서울

지도부의 핵심성원인 김삼룡과 이주하(李舟河)가 전향한 안영달과 조용복을 이용한 치안국 사찰과의 공작에 의해 체포되었다.[22] 문제는 1950년 4월 김삼룡 체포의 '일등공신'인 치안국 사찰과장 백형복(白亨福)과 안영달, 조용복(趙鏞福)이 의거입북 형식으로 월북했을 때 이들이 이승엽을 찾아갔다는 것이다. 이때 이승엽은 안영달을 통해 김삼룡 체포 전말을 들었음에도 불구하고 김삼룡의 비서인 김형육(金炯六)이 변절하여 서울시지도부가 체포된 것으로 보고하도록 했다.

또 그는 1950년 6월 인민군이 서울을 점령했을 때 형무소에서 나온 남로당원들의 입에서 안영달이 김삼룡을 잡아주었다는 말이 나오자, 안영달을 남진하던 임종환부대의 정치위원으로 배치해서 살해했다. 이승엽은 6·25전쟁 때 서울시 임시인민위원회 위원장 자격으로 내려왔는데, 이때 경찰관과 미국정보원을 색출 체포한다는 명목으로 토지조사위원회, 의용군 내 특수부 등을 설치했다. 그러나 이 기관은 사실상 이승엽·안영달 등의 비리를 아는 남로당원들을 감금하고 죽이는 장소였음이 드러나 곧 없어져 버리게 된다.[24]

이승엽은 전쟁 직전에도 한 번의 '위기'를 넘긴 적이 있었다. 1949년 4월에 체코를 통해 망명했던 현애리스와 리사민이 1950년 4월에 '간첩행위'로 체포되었던 것이다. 이들이 망명, 입북하는 과정에서 사회안전부의 반대에도 불구하고 당시 외무상이었던 박헌영이 입국사증을 내주었다. 그런데 이들이 1950년 4월 북한의 군대자료를 비롯한 비밀자료를 가지고 해외로 나가다가 모스크바공항에서 체포되어 미 정보기관에서 정보원으로 침투했었다는 사실이 폭로되었던 것이다. 이들은 북한지역에서 1년 동안 지내면서 주로 이승엽·이강국 등과 접촉했기 때문에, 이들이 체포된 후두 사람과 접촉했던 인물들에 대해 조사가 이루어졌다. 그러나 이승엽은 관련사실을 완강히 부인했다고 한다.

이승엽의 이러한 활동상의 문제점에도 불구하고 사법상, 대남사업담당 당비서라는 그의 지위, 그리고 내각 부수상이자 외무상이었던 박헌영의 비호로 당시에는 드러나지 않았다. 그러다가 1953년에 들어와 과거 남로당의 핵심간부들이 '박헌영·이승엽사건'으로 체포되면서 이러한 활동이 모두 드러나게 된다.

1951년 8월 대남사업을 담당하는 기구로 연락부가 조직되면서 박헌영의 직계 간부들은 이를 기반으로 활동을 하였다. 이승엽·배철(裵哲)·임화·박승원(朴勝源)·조일명·조용복·이강국·설정식(薛貞植) 등이 중심인물이었다. 당시 이승엽을 비롯한 연락부 간부들은 남로당출신에게 '반북로당 감정'과 '애향주의'를 고취시키는 선전교양을 하면서 박헌영 우상화에 힘쓰고 있었다. 그 결과 남로당·북로당 출신 간의 감정적 대립이 심화되어 남쪽 출신이 많은 일부 큰 기업소에서는 집단 패싸움이 벌어지기도 했다고 한다.

이러한 상황에서 1952년 12월 노동당 제5차 전원회의가 소집되었다. 원래 전원회의는 1953년 2월에 열릴 예정이었지만 남로당출신 일부 간부들의 심상치 않은 움직임, 북로당 출신간부를 비롯해서 당 전반에 만연되고 있던 관료주의를 비롯한 당내 문제의 심각성 등으로 인해 12월 중순으로 앞당겨진 것이었다.

이 전원회의는 「노동당의 조직적 사상적 강화는 우리 승리의 기초」라는 김일성의 보고에서도 나타나듯이 전쟁이라는 위급한 상황에서 당내에 나타나고 있는 자유주의적 경향과 종파주의적 경향, 그리고 개인영웅주의를 비판하고 당 대열을 강화하기 위해서 소집된 것이었다.

회의에서는 구체적으로 이름을 거명하지는 않았지만 박헌영·이승엽 등 남로당출신 일부 간부들의 행동을 겨냥하면서 자기비판을 요구하는 대목도 있었다. 회의가 끝난 후 노동당은 1953년 1월부터 전원회의 보고서와 결정서 등 회의문헌을 토의하는 '문헌토의사업'에 들어갔다. 토의는 문헌에 기초해 각 분야의 당사업을 총화하는 것이었다.

문헌토의가 한창 진행되고 있던 3월 5일 밤 조일명·이강국·이승엽·박승원·조용복·배철·임화 등 7명이 사회안전부 요원들에 의해 체포되었다. 이어서 윤순달(尹淳達)·이원조(李源朝)·맹종호(孟鍾鎬)·설정식·백형복 등이 체포되었다. 이후 4월까지 약 40명 내외의 남로당 출신 간부들이 체포되었다.

이들이 체포된 뒤 문헌토의사업은 이들의 과거 행적에 초점을 맞춰 진

▲ 1947년 북조선민족통일전선 청사 앞에서 기념촬영을 한 북조선인민위원회 주요 간부들. 앞줄 맨 오른쪽이 이강국 외무국장으로 그도 이승엽과 함께 1953년 3월 「미제간첩과 반혁명혐의」로 체포되어 사형됐다.

행되었다. 이승엽·조일명 등에 대한 예심을 진행하는 동시에 문헌토의사업도 이에 초점을 맞춰 진행하였던 것이다. 예심은 3~4개월 동안 집중적으로 이루어졌으며, 정전과 함께 7월 말 일단락되었다.

7월 말의 정치국회의에서는 '이승엽일파'에 대한 심문과 문헌토의사업 결과가 토의되었다. 이들에 대한 추궁과정에서 "간첩행위와 반당반국가적 행위가 드러났다"는 결과가 보고되었다. 이 회의의 결정에 따라 이승엽 등은 7월 30일에 기소되어 8월 3일부터 재판을 받게 된다. 기소장에 제시된 '죄상'은 ① 미제국주의를 위해 감행한 간접행위, ② 남반부 민주역량 파괴, 약화, 음모와 테러, 학살행위, ③ 공화국 정권 전복을 위한 무장폭동 행위 등 3가지 내용으로 되어 있다.

기소는 연락부 부부장을 하다 1952년 말 최고검찰소 검사총장으로 자리를 옮긴 이송운에 의해 이루어졌다. 이 사건에서 가장 중요한 범죄사항으로 다루어진 것은 무장폭동에 의한 국가전복음모였다. 간첩죄, 남조선혁명역량 파괴죄는 사건의 조사과정에서 덧붙여졌다.

재판과정에서 제시된 이승엽의 '범죄사실'은 다음과 같다.

이승엽 : 본 사건의 두목 역할. 46년 2월부터 미군 정탐기관에 가담하여 간첩행위 자행. 좌익역량을 의식적으로 파괴시켰으며 안영달과 조용복을 시켜 김삼룡을 체포되도록 했다. 1950년 7월 노블의 지령의 지령을 받고 51년 8월부터 인공 전복목적으로 무장폭동 음모 본부를 조직, 그 총사령관으로 있었고, 52년 9월 '새 당', '새 정부'를 조직하는 데 있어서 두목으로 활동했다.[25]

이승엽 등의 재판에는 남로당출신 간부 일부가 방청에 참가했으며 새로 조직된 대남연락부 성원들과 중앙당 조직부, 최고검찰소, 사회안전성, 예심국 간부 등 1백여 명이 방청을 했다고 한다. 3일간의 재판이 끝나고 8월 6일 오후 늦게 이들에 대한 언도가 있었다. 이승엽, 조일명 이하 10명이 사형언도를 받았고, 윤순달이 15년, 이원조가 12년을 언도 받았다.[26]

최후진술에서 이승엽은 "우리들에게 어떠한 엄중한 판결이 내린다 하더라도 달게 받겠다. 생명이 둘이 있어 그것을 모두 바치더라도 부족하다고 생각한다"고 하여 기소사실을 시인했다. 재판이 끝나고 얼마 후 이승엽은 사형이 집행되어 우여곡절 많은 그의 생애를 마감했다.

친일파 미청산이 발목

이승엽의 일생을 통해 일제 시기부터 해방 정국까지 격동의 현대사 속에서 한 인물이 어떻게 변신할 수 있는가를 알 수 있다. 사회주의운동, 전향과 일제에의 협력, 다시 조선공산당 간부로 사회주의운동 참여, 미군정에 협조, 그리고 반혁명쿠데타의 실질적 주도자. 그의 경력은 한국현대사의 굴곡만큼이나 파란만장하다.

이승엽 개인적인 차원에서 보면 한국현대사의 좌절과 비극을 그대로 보여주는 듯하다. 그러나 전체 민족적 측면에서 보면 그가 행한 반민중적 행태는 해방 직후 자주적 통일국가수립에 부정적인 영향을 미쳤다고 평가할 수 있다.

"해방 직후 이런(일제시기 변절한-인용자) 이승엽의 문제점이 지적되어야 했으나 전혀 없었으며, 10월인민항쟁 때의 언론파업도 이승엽이 지시했다고 하는데 그는 문제가 많았던 인물로 생각됩니다. 이러한 이승엽이 남로당의 제2인자였던 것은 그를 기용한 당중앙에도 문제가 없다고 할 수는 없겠지요"

해방 직후 남로당 부산시당에서 활동했던 신영갑의 평가다. 일제 시기 친일활동에 대해서 해방 이후 정당한 비판이 이루어졌더라면 이승엽이 1953년 '반혁명 간첩행위'로 체포되어 사형 당하지는 않았을지도 모른다.

그러나 그의 친일문제가 공개적으로 처리되지 못함으로써 미군정에게 약점을 잡혀 결국은 비참한 최후를 마치게 되었던 것이다. 이승엽뿐만 아니라 '박헌영·이승엽사건'에 관련된 주요인물이 대부분 친일경력을 가지고 있었다는 사실도 주목할 필요가 있다. 이것은 좌우익세력을 막론하고 해방 이후 자주적 통일국가를 수립하는 과정에서 친일파 처단문제가 얼마나 중요한 것이었는가를 단적으로 보여주는 '역사적 실례'라 하겠다.

1) 이것은 1929년 5월 2일 열린 인천청년동맹 정기총회에서 그가 집행위원으로 선출된 것에서도 확인된다. 선우기성, 『한국청년운동사』(1973;금문사), 305~306쪽

2) 김준엽 · 김창순, 『한국공산주의운동사』3 (1986;청계), 105쪽

3) 김준엽 · 김창순, 『한국공산주의운동사』2 (1986;청계), 401쪽

4) 김준엽 · 김창순, 앞책 404쪽

5) 김준엽 · 김창순, 『한국공산주의운동사』5 (1986;청계), 370쪽

6) 조선민주주의 인민공화국 최고재판소,1976 『미제국주의 고용간첩 박헌영,리승엽도당의 조선민주주의인민공화국 정권전복음모와 간첩사건 공판문헌』, 국립출판사, 256쪽. 이하 『공판문헌』.

7) 대화숙은 1938년 7월에 사상전향자들을 모아 결성된 시국대응전선사상보국연맹이 1941년 1월에 확대되어 창설된 기관이었다.

8) 경성일보사, 1943 『조선연감』 390~391쪽.

9) 김태준, 「연안행(1)」 『문학』, 188쪽; 김오성, 1946 「홍남표론」 『지도자론』 대성출판사 참조.

10) 신영갑, 1992 「적색교원노조사건과 부산지역 조공,사회당에서의 활동」 『역사비평』 봄호,314쪽.

11) 박남칠에 대해서는 이윤희,1989 「미군정기 인천에서의 좌우투쟁 전개」 『역사비평』 봄호 204-205쪽 참조.

12) 『공판문헌』, 256~257쪽.

13) 이들은 장안빌딩에서 당을 조직, 그 건물에다 당 간판을 내걸었던 데서 이 당을 세칭 '장안당' 또는 '장안파공산당', '15일당'이라 했다.

14) 당의 책임비서인 이영은 1920년대에 서울계 공산당의 중요인물이었으나 오랫동안 공산당운동 일선에서 물러나 향리인 북청에서 휴식한 경력이 있었다. 후에 이승엽에 이어 제2비서가 된 최익한도 1920년대 3차조선공산당 중앙위원을 역임했으나 운동선상에서 떨어져 서울 동대문 밖에서 주점을 한 경력이 있었다고 한다.

15) 『공판문헌』, 257~258쪽.

16) 조선민주주의 인민공화국 최고재판소, 앞의 책,358쪽

17) 중앙일보 특별취재반, 『비록 조선민주주의인민공화국』(1992;중앙일보사) 237~238쪽

18) 자세한 내용은 김남식, 『남로당연구』(1984;돌베개) 235~240쪽, 신영갑, 앞글 314쪽 참조

19) 이에 대해 미군정 관리였던 로빈슨은 다음과 같이 적고 있다.
"1946년 9월 하순, 소위 공산당 전략의 마스터플랜이 미군정에 의해 신문에 공개되었다. 마스터플랜의 진위여부는 적어도 두가지의 정확한 뉴스원에 의해 입증되었는데, 그 하나는 공산당 고위층 내의 스파이에 의한 것이었다." 로빈슨, 『미국의 배반』(1988;과학과 사상사) 112쪽.

20) 삼당합당에 대한 자세한 내용은 정창현, 「1946년 좌익정치세력의 삼당합당노선과 추진과정」 『한국사론』20 (1994;서울대출판부) 참조

21) 정희상,1991 「박헌영은 '미제의 간첩이었다'」 『말』 5월호

22) 김삼룡,이주하체포과정에 대해서는 양한모, 『조국은 하나였나?』(1990;일선기획)와 선우종원, 『思想檢事』(1992;계명사) 참조

23) 이승엽은 안영달에게 무전기를 주어 다시 이남으로 보내는 한편, 조용복을 인민검열위원회에, 백형복은 남한 수사기관 근무를 참작해 월북간첩을 다루는 내무성 사회안전부 예심국에 배치했다.

24) 오제도에 의하면 안영달의 모든 죄상이 발각되어 일건 서류가 당중앙으로 회부될 무렵, 국군의 인천상륙과 북한군의 후퇴로 말미암아 이 문제가 흐지부지되었다고 한다. 오제도, 『추적자의 증언』(1981;형문출판사)203쪽

25) 김남식, 앞책, 499쪽.

26) 윤순달과 이원조에게 사형이 언도되지 않은 것은 이들이 박헌영 · 이승엽의 영향을 받아 종파적 행동과 전복음모에는 가담했지만 국가전복 · 간첩의 구체적 '행위' 에는 가담하지 않은 점이 고려됐기 때문이라고 한다.

07

박영빈

전(前)

북한 부수상

허가이

자살 사건의 전모

—

"허가이 유서, 직접 보았다"

전(前) 북한 부수상 허가이 자살 사건의 전모
— "허가이 유서, 직접 보았다"

1990년 소련과의 관계가 정상화된 후 과거 북한정권 수립에 참여했다가 숙청돼 망명한 조선인 2·3세 소련인(소련파)의 한국 출입이 빈번해졌다. 이들은 일제 시기에 일제의 탄압을 피해, 소련 연해주지역으로 이주해 간 조선인 2세, 3세들로, 해방 후 소련군이나 공산당의 소환을 받고 북한에 파견돼 1950년대까지 북한의 고위층으로 활동했던 사람들이다. 이들의 한국 방문은 당연히 언론과 학계의 관심을 고조시켰고, 북한현대사의 새로운 사실들이 이들의 입에서 쏟아져 나왔다.

그러나 많은 소련파의 조국 방문에도 불구하고 생존한 소련파 가운데 아직 한국 땅을 밟지 않은 인물도 있다. 그중 한 명이 1950년대 북한에서 노동당 조직부장, 정치위원, 무역성 부상 등 당과 정부의 고위직을 역임했던 박영빈(朴永彬)이다.

그는 해방 후 소련공산당이 선발해 북한에 파견했던 소련파 중 현재 생존해 있는 사람으로는 최고위직에 있던 인물이다. 우즈베키스탄 타시켄트의 허름한 아파트에서 살고 있던 그는 1996년 갑작스럽게 들이닥친 '남조선기자'의 방문을 반갑게 맞으며 과거에 그가 북한 고위층에 있을 때 겪었던 북한 정치사와 관련된 숨겨진 이야기들을 처음으로 털어놓았다.

북한정권의 비화를 털어놓은 전 고위간부

섭씨 35도를 넘는 무더위, 지정좌석도 없는 항공기, 아파트를 찾기 위한 숨바꼭질 등 박영빈을 만나기 위한 여정은 험난했다. 특히 '남조선'에서 온 기자를 기피하지는 않을까, 고령이라 과거 일들을 전혀 기억하지 못하지는 않을까 하는 우려가 그를 만날 때까지 팽팽한 긴장감에서 벗어나지 못하게 했다.

그러나 모든 것이 기우였다. 불쑥 찾아온 '남조선 기자'의 방문을 반갑게 맞는 그의 얼굴은 농촌의 평범한 농부를 연상케 했다. 그의 아파트는 우즈베키스탄의 수도 타시켄트에서 택시로 40분 정도 떨어진 시골마을에 있었다. 한때 북한의 최고위층에 있던 그가 살고 있다고 보기에는 너무나 낡은 집이었다. 권력의 무상함이 저절로 느껴질 정도였다.

그는 건강이 좋지 않았지만 90

▲ 전 조선노동당 조직부장 겸 정치위원 박영빈.

세라는 나이가 믿어지지 않을 정도로 과거의 사실들을 자세하게 기억하고
있었다. 특히 그가 최초로 털어놓은 북한 정치사의 비화들은 지금까지 알
려진 다른 소련파 인사들의 증언과는 다른 부분이 많아 상당한 논란을 불
러일으킬 것으로 보였다.

박영빈은 1907년 소련 연해주지역에서 태어났다. 그곳에서 소학교와
중학교를 마친 그는 1929년 소련공산당 입당과 함께 당의 추천으로 레닌
그라드의 겔센사범대학 수리과(수학과 물리 전공)에 입학했다. 그는 방학 중
에는 오하라는 일본 조차지에 가서 소외받고 비참한 생활을 하고 있던
조선인들을 위해 「애국자」라는 제목의 연극대본을 직접 써서 공연을 하기
도 했다.

1933년 5년 만에 사범대를 마치고 이때부터 교육 일선에서 2세 교육에
힘썼다. 처음에는 연해주 변방 하바로프스크의 학무국 교학으로 배치됐다.
그러다가 1937년 조선인의 중앙아시아 강제이주 때 카자흐스탄으로 왔다
가 얼마 후 타시켄트로 이주했다. 그는 이곳에서 약 30리 정도 떨어진 곳
에 있던 중학교의 교무부장(학감)으로 활동하다가 해방 직전에 교장으로 승
진했다. 2차 세계대전 무렵 그의 생활은 비참했다. 아내와 아이들을 제대
로 돌볼 수도 없었다. 아이들이 심하게 아파도 손을 놓은 채 바라만 볼 수
밖에 없었다. 그런 쓰라린 기억이 아직도 그를 괴롭히고 있었다.

해방 후 소련군이 선발해 북한에 파견

해방 후 그는 처음으로 조선 땅에 발을 디딜 수 있었다.

2차 세계대전이 끝난 후 구역 군사위원회에서 조선에 갈 사람을 선발

했다. 이때 그도 선발돼 군사위원회에서 심사를 받은 후 조선에 보내졌다. 당시 대학을 졸업한 사람들에게는 소성(소좌, 우리의 소령에 해당) 하나씩을 박아 주었다. 1945년 해방이 되자 10월 중순경 김열, 박길룡 등 소련에서 주로 사범대학이나 러시아어학과를 졸업한 '고려인' 인재(주로 소련 거주 조선인 2·3세)들과 함께 소련파 제2진 53명의 일원으로 입북했다. 조선에 나온 후에는 북한 주둔 소련 제25군의 제7호 정치부에서 지도원으로 활동했다. 7호 정치부는 주로 대민 접촉활동을 하는 부서였다.

박영빈은 거기서 소모노프, 염기봉 등과 함께 남북한의 방송이나 문서들을 소련어로 번역하는 일을 했다. 그의 귀국은 자발적이라기보다는 소련공산당에서 '조선 사람이니까 조선을 복구하기 위해 조선에 파견한 것'이었다. 소련군의 대일전에 참가해 입북한 제1진과 1945년 12월에 입북한 허가이, 강상호 등 소련파 제3진 등도 마찬가지로 소련공산당의 지시에 의해 북조선에 파견된 것이었다.

이들 소련파들은 처음 북한에 들어갈 때 새로운 조국을 건설하고 부강한 나라로 발전시키겠다는 어떤 사명의식을 가지고 들어간 것은 아니었다. 이들은 소련공산당원으로 입북했기 때문에 소련공산당의 의사가 중요한 역할을 했다.

박영빈은 "당에 소속돼 있는 몸으로서 당의 명령에 의거해서 의무적으로 나가야 한다고 해서 북조선에 나갔기 때문에 그 순간에는 그런 생각이 없었다. 나가서 사업을 해 나가면서 점차 부강한 나라를 건설해야 한다는 사명감을 가지게 되었다"라고 말했다.

그는 북한에 파견된 소련파 중에서는 대학을 졸업한 몇 안 되는 최고 인텔리였다. 그가 조선에 온 지 얼마 되지 않았을 때 만들어진 '북조선 간부지도학교'의 교장으로 임명될 수 있었던 것도 이러한 배경이 작용한 것

▲ 1946년 미소공동위원회 기간에 서울을 방문한 스티코프 상장(한국의 중장에 해당)이 축하행사장에서 연설하고 있다. 박영빈은 이때 소련대표단의 실무요원으로 서울을 방문했다.

이다. 이 학교는 각 도의 당 위원장, 부위원장, 인민위원회 간부 등을 대상으로 임시로 소련에 대한 교육을 실시하기 위해 설립됐다.

모스크바 삼상회의 결정에 따라 1946년과 1947년에 조선에 임시 정부를 수립하기 위한 두 차례의 미소공동위원회가 서울에서 열렸다. 그는 소련대표단의 실무요원으로 선발돼 생애 처음으로 서울 나들이를 할 수 있었다. 당시의 상황을 그는 다음과 같이 회고했다.

1946년 소미공동위원회가 열리자 나는 소련측 대표단의 일원으로 사업하게 됐다. 소련측 대표단장이었던 스티코프 중장은 그가 해방 전 레닌그라드 주 공청위원장 겸 러시아공화국 검열상으로 있을 시절에 내가 사범대학생으로 공청에서 활동한 관계로 그때부터 안면이 있었다. 1946년 초 평양에서 기차편으로 출발해 서울에 도착했다. 나의 첫 서울 방문이었다. 이듬해 1947년 5월엔 비행기로 서울에 갔다.

1차 미소공위 기간에 그가 주로 담당한 업무는 남북의 정당, 사회단체들이 미소공위에 제출한 청원서를 번역하는 작업이었다. 러시아 여자 3명이 그가 번역한 것을 일일이 타이핑했다고 한다. 소련대표단과 함께 김제, 여주 등지를 방문하기도 했다.

특히 그가 가장 생생하게 기억하고 있는 것은 1947년 김포공항에 도착했을 때 있었던 일이다.

스티코프 대표단장이 공항에 내리자 미군병사들이 도열해 있는 가운데 브라운 소장이 마중 나와 있었다. 이어 소련대표단을 위한 사열식이 있었다. 당시 나는 대표단 일행과 떨어져 있었는데 스티코프가 흘깃 보더니 나를 불러 "당신은 여기에 온 유일한 조선사람 아닌가, 그러니 당신이 사열식에 참여해야 한다"며 나를 자기 뒷줄에 세웠다. 호텔에 도착한 후 스티코프는 "소미공위가 조선문제를 논의하는 자리임에도 불구하고 조선 사람이 한 사람도 없는데, 그나마 한 사람 있는 조선인이 사열식에 참가하지 않으면 어떻게 되는가"라며 나의 소극적인 자세를 나무랐다. 스티코프는 상당히 조선 사람을 이해하려고 한 사람이었다.

그는 이야기를 들려주면서 줄곧 스티코프에 대해 친근감을 표시했다. 그러나 스티코프 밑에서 실제로 북한 정치를 움직였던 레베데프 소장(소련군 민정사령관)에 대해서는 부정적인 평가를 내렸다.

레베데프는 조선 사람을 인식하고 대하는 것이 스티코프와는 전혀 달랐다. 그는 연해주에서 자란 사람이다. 그곳 러시아인들은 조선 사람을 인간 취급도 하지 않았다. 당시 조선 사람이 취미자(좁쌀)를 그냥 먹는 것에 빗대 조선 사람을 '취미자'라고 불렀다. 그는 조선 사람들에게 호감을 가지고 있는 사람이 아니었다.

여운형 지지발언했다 정치보위부에 불려가

두 차례의 서울 방문 기간에 박영빈은 박헌영, 여운형 등의 좌익 정치인은 물론이고 장덕수(張德秀), 조병옥(趙炳玉), 장택상, 이범석(李範奭) 등의 우익 정치인과도 자연스럽게 만났다. 그가 가장 가깝게 지낸 정치인은 여운형(근로인민당 위원장)이었다.

"여운형과는 아주 가깝게 지냈다. 1947년 6월 스티코프가 여운형을 만났을 때는 직접 통역을 하기도 했다. 스티코프가 '여 선생, 남조선에서 누구를 거두(巨頭)로 삼을 수 있을까요?' 하자, 여운형은 '여기서는 대답 못하겠고 집에 가서 생각해 보겠다' 고 응답했다. 스티코프는 '여운형이 자기가 최고지도자가 되고 싶은 생각이 있는 듯하다' 고 나에게 말했다."

그는 여운형과 사적인 자리에서 만나 팔씨름까지 할 정도로 가까워졌고, 그것이 화근이 돼 정치보위부에 소환되기도 했다.

"여운형과 팔씨름을 해 내가 이겼다. 그의 호탕한 성격이 마음에 들었다. 그러나 소련측은 그를 전적으로 신뢰하지 않는 것 같았다. 한번은 '여운형 씨가 상당히 인격이 있는 인물이다' 라는 말을 동료에게 했다가 정치보위부에 불려가 불호령을 들었다. '어떻게 공산당원이 아닌 사람을 지지하는가' 라는 것이 그 이유였다."

조선공산당 당수였던 박헌영도 1946년 미소공위 기간에 만났다. 박헌영이 먼저 비서를 보내 만나자며 차까지 보냈다. 그는 스티코프에게 이 사실을 보고하고 승낙을 받았다.

그때가 두 번째 만남이었다. 박헌영을 처음 만난 것은 1945년 12월 말에 있었던 북조선공산당 정치위원회 확대회의에서였다. 박헌영도 비밀리에 참가한 이 회의에서 모스크바 삼상회의의 결과 내용과 신탁문제에 대한 대응이 결정됐다. 박헌영과의 두 번째 만남에서 미소공위문제에 관한 대화를 나눈 후 저녁에는 김삼룡, 강진(姜進), 홍남표(洪南杓), 이강국 등 조선공산당의 주요 간부들을 만났다. 그들은 한결같이 "박헌영 선생이 고명(高名)한데 말을 않고 가만히 있다. 확실한 투쟁지침을 내려 주지 않는다"며 아쉬움을 토로했다.

그는 '박헌영 간첩사건' 에 대해 묻자 "전쟁 시기에는 주로 지방으로 다녔고, 전쟁 후에는 지위가 불안정해 잘 알지 못한다"며 자세한 언급을 회피했다.

'박헌영 · 이승엽 사건'이 났을 때 여러 사람이 숙청당했는데, 그저 근거 없이 숙청당하고 재판당한 사람은 거의 없었다. 개별적으로 죄 없이 숙청당한 사람은 없었던 것이다. 그들에게 전반적으로 잘못한 것이 많았다.

그는 아직도 '풀지 못한 미스터리'라며 자기와 미군사령관 하지 중장의 정치고문이었던 배재학교 영어교사 언더우드의 이상한 만남에 털어놓았다.

1946년 3월인가 4월에 스티코프 등과 함께 미군이 주최한 만찬에 참가한 적이 있다. 이 자리에서 처음 언더우드를 만났다. 그는 조선 사람보다 더 조선어를 잘했다. 그가 먼저 내가 다가와 "저는 배재학교 영어선생입니다. 선생이 사범대학을 나왔다는데 내 아들이 소련의 교육제도를 알려고 하니 한번 만나 줄 수 있겠습니까?"라고 물었다.

나는 "상부의 지시만 있으면 만날 수 있다."고 대답하고 스티코프에게 보고해 만나서 얘기해 보라는 승낙을 받았다. 그 후 언더우드의 아들인 윌리암스 소령을 주일날 공원, 카페 등지에서 여러 차례 만났다. 나와 윌리암스 외에 문세민(내무성 중좌)과 통역 한 명이 자리를 같이 했다.

한번은 언더우드를 만나고 돌아오는 길에 괴한들에게 술병으로 머리를 맞아 죽을 고비를 넘긴 적도 있었다. 다행히 정면으로 맞지 않아 크게 다치지는 않았다. 그런데 지금까지 이상하게 생각하고 있는 것은 박헌영이 왜 나를 언더우드에게 소개해 주었는가 하는 점이다. "나를 어떻게 알았는가?"라고 질문하자 언더우드것은 "박헌영이 소개해 주었다"라고 대답했던 것이다.

물론 단순하게 당시 박헌영이 언더우드와 자주 만나는 사이였기 때문에 대화 도중에 소련대표단의 일원인 내 얘기가 우연히 나올 수도 있었을 것이다. 그러나 언더우드가 정중하게 부탁한 것치고는 윌리암스와 만났을 때 나눈 얘기가 별로 없었다.

▲ 1950년대 후반 북한 무역성 부상으로 재직시절 무역관계 계약서에 서명하고 있다.

　　박영빈 소좌와 윌리암스 소령의 만남은 소련군과 미군 정보장교끼리의 탐색전이었을지도 모른다는 생각이 들었다.

　　박영빈은 박헌영 사건이 났을 때 소련이 이 사건 조사단을 파견했다는 새로운 사실도 덧붙였다.

　　박헌영 사건이 터졌을 때 소련공산당 중앙위원회에서 사람들이 와서 사건 내용을 조사했다. 소련공산당 조직부장을 단장으로 하는 조사단을 당시 노동당 조직부장으로 있던 내가 안내하는 역할을 맡았다.

"허가이 유서, 직접 보았다"

　　박헌영 간첩사건에 대한 증언에 소극적이었던 것과는 달리 그는 소련파의 수장 격인 '허가이(許哥而)의 자살사건'에 대해서는 아주 소상하게 털어놓았다. 1951년 허가이가 당내 비판을 받고 노동당 조직부장에서 물러나자 박영빈은 후임 조직부장으로 임명됐다. 그는 주로 일선에 나가 전쟁 상황을 점검하고 중앙에 보고하는 임무를 수행했다. 전쟁과 관련된 몇 가지 질문을 던져 보았다.

문 : 민족보위상 최용건이 6·25전쟁을 일으키는 데 반대했다는 주장이 있는데…….

답 : "처음 들어 보는 소리다. 최용건은 김일성을 전적으로 지지했다. 그렇게 때문에 김일성도 최용건을 믿고 후방사업을 맡겼던 것이다. 최용건은 군사지식이 다른 사람보다 뒤떨어졌다. 그래서 김책이 전선사령관으로 나갔다."

문 : 전쟁 시작 후 미군이 개입할 것을 예상했는가?"

답 : "그것은 예견치 못했다. 일부 소련사람들이 미국이 재침략한다고 해서 스티코프에게 물어 보았다. 스티코프는 미군이 개입할지는 모르겠지만 앞으로 한반도 전체를 점령할 수 있다고 대답한 것 같다. 인천상륙작전과 같은 곤란한 상황을 정확히 예견하지는 못했다."

전쟁 기간 중에 그는 계속 일선시찰에 매달려야 했던 데다 건강까지 악화돼 당 내부의 상황과 논의에 대해서는 기억에 남아 있는 것이 거의 없다고 말했다.

6·25전쟁이 끝난 직후 노동당에 큰 충격을 준 '허가이 자살사건'이 발생했다. 허가이가 전임 조직부장이었고, 같은 소련파였던 관계로 그는 이 사건에 대해 많은 부분을 기억하고 있었다. 이 사건의 진상에 대한 그의 첫마디는 "허가이는 자살한 것이 확실하다"는 것이었다. 그는 허가이가 자

살한 이유로 세 가지를 들었다.

첫째는, 1951년 당에서 비판당해 조직부장직에서 해임된 것이 그를 대단히 의기소침하게 만들었다는 점이다.

둘째는, 그가 순안저수지 복구건설을 등한히 해 재기의 발판마저 상실했다는 점이다. 미국의 폭격으로 붕괴된 순안저수지 지역은 곡창지대로 북한의 젖줄이나 다름없었다. 김일성이 그 중요성을 감안해 허가이에게 책임지고 수리할 것을 지시했다. 그러나 허가이는 복구 지시만 내린 채 공사현장에 잘 나가지 않았고, 그 일에 거의 신경을 쓰지 않았다. 자연히 복구사업이 잘 진행되지 않고, 지원군도 동원이 안 되는 상황이 됐다.

최경덕이 현장에 나갔다가 이런 사실을 확인하고 김일성 수상에게 보고했다. 그러자 김일성이 허가이에게 전화해 "공사가 어떻게 진행되오? 내가 보고받기로는 잘 안되는 것으로 듣고 있고"라고 힐책했다. 이에 허가이는 '잘못 보고된 것'이라고 대답했다. 김일성 수상은 직접 순안저수지로 나가 공사가 진행되지 않고 있다는 사실을 확인했다. 김일성은 곧바로 당 회의를 열어 "왜 거짓보고를 하는가?"라며 허가이를 몰아세웠다. 허가이의 체면이 말이 아니었다.

셋째는, 엎친 데 덮친 격으로 여자문제가 폭로됐다는 점이다. 허가이 등 몇몇 소련파 간부들이 당시 유명한 여배우들을 청해 술자리를 가졌는데, 연회 후에 연회장 앞에 있던 저수지에 배우 하나가 빠져 죽으려고 한 사건이 발생했다. 경비경이 이를 목격하고 구출해 내자 그 배우는 "내가 유부녀인데 허가이 동무가 강간하려고 했다"고 말했다. 이 사실이 당에 보고돼 허가이는 진퇴양난의 정치적 위기에 빠지게 된 것이다.

사실 여부는 앞으로 검토돼야겠지만 대부분 처음 알려진 내용이다.

허가이가 죽었을 당시 그가 암살당했다는 풍문이 북한 내부에 있었다. 그러나 박영빈은 "그런 소리를 하는 사람들은 암살 현장을 보지도 못했고, 증거도 없는 소리"라며 '허가이 암살설'을 일축했다.

허가이는 유서를 써 놓고 죽었다. 내가 직접 보았고, 허가이 필체가 틀림이 없었다. 유서 내용은 간단했고 그중 "김일성이 독일 방문 때 나에게 선물로 준 권총으로 이 세상을 떠난다"라는 내용이 있었던 것으로 기억된다. 당시에 "허가이 부관을 단련시켜 대신 유서를 쓰게 했다"는 말까지 있었다.

그러나 나는 사실이 아니라고 본다. 허가이는 자부심이 대단히 강한 사람이었다. 아까 얘기한 세 가지 이상의 결점이 드러나자 돌이킬 수 없다고 생각, 자살을 결심한 것이 틀림없다.

자살하기 전날 밤 허가이는 자기 집을 방문한 장인과 술을 마셨는데 대단히 침울한 상태였다고 들었다.

▼ 1948년 북한 정부 수립 이후 금강산을 방문한 김일성 수상과 허가이 조선노동당 부위원장. 오른쪽 끝은 김책 부수상.

그는 허가이가 북한에 들어와 중용된 것은 레베데프 소장과의 친밀한 관계 때문이었다고 설명했다. 레베데프가 두만강구역 국경수비대 책임자로 있을 때 허가이는 그 지역의 당 위원회 부위원장이었다. 소련 기구 원칙이 아무리 높은 직위에 있어도 당 기관에 복종해야 했다. 그렇기 때문에 레베데프와 허가이는 자주 만날 수밖에 없었다. 해방 후 허가이가 조선에 나왔을 때 레베데프가 자신과 가까운 그를 중용했다.

'8월 종파사건'은 소련과 중국의 입김 작용

전쟁이 끝난 후 건강이 좋지 않아 가끔 소련으로 가서 치료를 받기도 했던 그는 1955년 12월 당 조직부장직에서 물러났다. 그가 물러난 이유는 김일성과 중국에서 나온 일부 당 간부들의 협공 때문이었다. 1955년 12월 김일성은 「사상사업에서 교조주의와 형식주의를 퇴치하고 주체를 확립할 데 대하여」라는 글에서 박영빈을 직접 거명하며 수정주의자라고 비판했다. 비판받은 상황에 대한 박영빈의 증언이다.

소련에 병 치료차 갔을 때 소련공산당원들이 "미국을 침략자라고 하는데 세상이 변한 지금 왜 자꾸 상대편의 악감을 사려고 하는가. 미제국주의 침략자라고 하지 말고 그냥 외래 침략자라고 하면 되지 않겠는가"라고 충고했다. 그래 내가 돌아온 후 그런 취지의 말을 하자 김일성은 "당신은 소련에 갔다 오더니 수정주의자가 됐다"며 비판했다. 반박할 것도 없고 그냥 참았다. 아무 답변도 하지 않았다.

그러나 그가 조직부장에서 물러난 직접적인 원인은 박일우(朴一禹, 내무상) 등 일부 연안파 당 간부들의 조직적 비판이었다. 이들은 전쟁을 통해 강화된 중국의 영향력을 등에 업고 당권을 장악하려고 했다. 이에 대한 박영빈의 증언이다.

당시 박일우는 모택동, 팽덕회(彭德懷)와 아주 가까운 사이였다. 자기네 불편한 것은 팽덕회를 통해 모택동에 직접 전달해 해결했다. 그들은 중국공산당 고위층이나 전쟁 후 북한에 남아 있던 중국군 간부들과 긴밀한 관계를 가지면서 나를 밀어내고 자신들이 당권을 잡으려고 공작했다.

일부 소련파들도 내가 자신들을 잘 챙겨 주지 않는다고 불만을 표출했다. 나 때문에 당내 갈등이 심화되는 것을 원치 않았고 건강도 좋지 않아 물러날 결심을 했다. 자의 반 타의 반 물러난 셈이다.

잠시 휴식기를 가진 그는 다음 해 3월 무역성 부상으로 임명됐다. 당시 무역상이 없었기 때문에 실질적으로는 무역상이나 다름없었다. 이때를 전후해서 일부 소련파와 연안파들의 '김일성파' 제거 모의가 구체화됐다. 그도 이러한 흐름에서 자유로울 수 없었다.

소련에서 나온 사람들이 김일성 수상을 반대하는 데 동조할 것을 요구했다. 그들에게 "당 중앙위원회에서 일하는 사람은 다 반대하는가?"라고 질문하자 그들은, "당 중앙은 지지하지만 그곳에서 일하는 사람은 다 반대다"라고 응답했다. 이 말은 김일성이라는 이름을 거명하지는 않았지만 당 중앙위원을 바꾸어야 한다는 뜻으로 사실상 김일성파에 대한 노골적인 반대의사를 표시한 것이었다.

소련의 절대적인 영향력 아래 있던 소련파들의 반김일성 움직임에 대해 소련공산당이나 북한 주재 소련대사관은 어떤 입장이었을까? 박영빈은 이런 움직임 자체가 소련의 영향력이 작용한 결과였다고 증언했다. 그러나 의외로 그는 반김일성 움직임에 반대의사를 표시했다고 한다.

박창옥이 중심이 된 소련파들은 소련의 중앙당과 접촉한 사람이 많았다. 소련이 이들을 고무시킨 것만은 틀림없다. 그러나 나는 반대했다. 박창옥 등에게 "개인 숭배 반대도 그 나라식으로 해야지 외국의 지원을 받아서는 안 된다"고 충고했다. 외국이 시켜서 나라 일을 하는 것은 괴뢰나 하는 짓이라고 생각해서 그들에게 동조하지 않았다. 내가 소련공산당에서 파견됐지만 조선에 나와서 일하고 있는 한 조선 당원이나 마찬가지니까 소련측의 지시대로 따르는 것은 옳지 않다고 판단했던 것이다.

그러나 반대파들은 공공연하게 계획을 추진해 나갔다. 마침내 일부 연안파와 소련파의 연합으로 김일성파를 제거하려는 행동이 개시됐다. 이른바 '8월 종파사건'이 발생한 것이다.

윤공흠이 1956년 8월 전원회의에서 개인우상숭배 문제를 비판하는 연설을 하자 방청석에서 일어나 '물러가라'고 야단이었다. 최창익이 "말하는 것을 왜 금지하는가"라며 윤공흠을 비호했다. 이어 나온 박창옥은 "지금 개인숭배를 반대하는 것은 세계 사조다"라고 발언했지만 그의 목소리는 방청석의 요란한 야유에 묻혀 버렸다.

분위기가 심상치 않다고 느낀 윤공흠(尹公欽, 상업상), 이필규(李弼圭, 당 후보위원), 서휘(徐輝, 당 중앙위원) 등은 오후에 압록강을 넘어 망명해 버렸고, 박창옥을 비롯한 소련파들은 한 발짝 물러섰다. 곧 김일성 수상의 반격이 시작됐다. 주모자들이 출당 조치됐다. 이에 놀란 중국과 소련은 팽덕회(국방부장)와 미코얀(소련 부수상)을 각각 파견하여 9월 전원회의를 소집, 이들을 다시 복당시키는 조치를 취했다.

그러나 한 발짝 후퇴했던 김일성 수상은 1957년 들어 8월 종파사건 주모자들을 거세게 비판하면서 소련파들에게 소련과 조선 당적 중 하나를 택할 것을 요구했다. 그에 따라 일부 소련파들이 조선 당적을 포기하고 소련으로 돌아갔고, 북한에 남은 사람은 소련 당적을 포기해야 했다. 박영빈은 자신이 소련파이면서도 일부 소련파들의 개인적 행적에 대해서 비판하는 것을 서슴지 않았다.

1956년의 반김일성 운동이 실패한 것은 소련의 지지와 영향력만 믿고 당내 기반 없이 무모하게 나섰기 때문이다. 또 허가이, 김열, 박창옥 등 많은 소련파들은 건전하지 못한 여자문제 때문에 약점이 많았다. 소련파들의 대부분은 대학 문턱에도 못 가본 사람들이었다. 허가이 같은 경우 중학교도 나온 것 같지 않았다. 모두 사상적으로나 인격적으로 성숙되지 못한 사람들이었다. 그런 사람들이 1950년대까지 부상이다, 당 중앙위원이다 해서 북한정권의 고위층에 있었던 것은 그만큼 조선인 간부가 부족했기 때문이기도 하고 소련이 영향력을 행사하기 위해 이들을 뒤에서 밀어 주었기 때문이었다.

통일을 보고 죽는 것이 유일한 소망

1961년에 박영빈은 북한을 떠나 다시 소련으로 돌아갔다. 노동당의 정치위원이 되면서 소련 당적을 포기했지만 원죄에서 벗어날 수는 없었던 것이다.

특별한 정치적 계기가 있었던 것은 아니었다. 다만 내가 소련군의 명령을 받고 조선에 나왔다는 사실만은 부정할 수 없었다. 8월 종파사건 이후 소련파와 연안파에 대한 공격이 거세지면서 내가 북에 남아서 할 수 있는 일이 없다고 느꼈다. 그래서 소련으로 돌아가기로 마음먹었다. 소련으로 가 다시 소련 당적과 국적을 회복하는 절차를 밟았다.

▲ 1996년 6월 우즈베키스탄의 수도 타슈켄트 외곽에 있는 박영빈 자택에서 인터뷰하고 있는 필자.

90세라는 나이에도 불구하고 그는 아직도 신문과 방송을 통해 남북한의 소식을 꼼꼼히 파악하고 있었다. 그러나 역시 나이는 속이지 못하는 것일까? 첫날 인터뷰를 끝내고 다음 날 보충취재를 하기 위해 다시 아파트를 방문했을 때 그는 침대에 누워 앓고 있었다.

취재를 마치고 방문을 나올 때 "다시 만날 기회가 없을 것 같다"며 그가 마지막으로 한 말이 아직도 귀에 생생하다.

조선 사람은 한 피로서 한 흙에서 난 단일민족으로 살아왔다. 따라서 언제든지 조선은 통일돼야 한다. 조선은 하나이다. 조선이 두 동강이 난 것은 큰 비운이다. 나는 지금 힘없고 아무 역량이 없어서 도움이 못 되지만, 정신적으로는 언제든지 조선을 통일하는 데는 남북이 다 같이 협력해서 통일해야 된다고 생각한다.
조선 사람이라면 누구든지 조선이 통일되는 것을 쌍수를 들어 환영해야 하며 자기의 있는 힘을 다 합해서 조선 통일을 위해서 투쟁해야 된다. 어느 구석에서 살든지 조선 사람이라면 다 조선통일에 협력해야 된다는 점을 난 언제든지 강조하고 싶다.
50년 전에 서울에 갔던 기억의 감회가 아직도 새롭다. 조선의 통일을 바라며 신문이나 방송을 통해 남북한의 소식을 듣고 있지만 지금 90살인데 몇 살이나 더 살겠는가. 통일을 보고 죽는 것이 유일한 소망이다.

08

피메노프

"8월 종파사건은
우리가
기대하지
않은 일이었다"

．

．

．

．

．

．

．

．

"8월 종파사건은 우리가 기대하지 않은 일이었다"

"1956년 8월 중국과 소련에서 나온 사람들이 김일성에 대해 반기를 들었던 행동에 대해 소련대사관은 반대 입장을 분명히 했다. 당시 소련은 김일성을 지지했다. 그러나 중국 사람들은 김일성을 바꾸고 중국에서 온 조선 사람들을 세우고 싶어 했다."

오랫동안 소련 외무부 극동국에서 근무했고, 세 차례(1954~1956년, 1963~1965년, 1973~1979년)에 걸쳐 북한 주재 소련대사관에 파견돼 근무했던 피메노프 바리스 클라브레비치는 40년 전 북한에서 일어났던 정치적 파동에 대해 당시 소련대사관이 취했던 입장에 대해 처음으로 털어놓았다.

그는 소련대사관 2등서기관으로 근무하면서 '8월 종파사건'을 직접 목격했고, 1970년대에는 소련대사의 일등보좌관(참사)으로 활동했던 인물이다.

필자는 1996년 6월 5일 피메노프 씨의 모스크바 자택에서 그를 만나 인터뷰를 가졌다

피메노프는 평양에서 근무할 때 업무와 관련된 사항을 깨알같이 적어

놓은 수첩을 펴 놓고 당시를 회고하면서 "8월 종파사건에 소련대사관은 개입하지 않았고, 오히려 중국이 배후였다"고 털어놓았다.

당시 북한의 정치 정세가 대단히 혼란스러웠다. 이 상황은 소련이 전혀 기대하지 않은 것이었다. 이때 김일성은 반대파에 대해 단호하게 대처했다. 그는 소련이나 중국의 충고에 귀 기울이지 않고 독자적으로 행동했다.

소련이 김일성에게 압력을 행사했다는 말은 반대파의 모략이다. 내가 근무했던 기간 동안 김일성과 소련의 관계는 변함없이 일관됐다. 1956년 소련공산당 20차 대회에서 흐루시초프가 제시한 우상화 반대, 집단지도체제에 대해서는 소련 내에서도 반대가 많았는데 북한에 대해 이를 강요할 수 있었겠는가?

다음은 그와 나눈 일문일답이다.

문 : '8월 종파사건'을 계기로 북한 내 소련파들이 대거 숙청당했다. 소련은 왜 이것을 저지하지 않았는가.

답 : 공산당은 개인에게 규율이 엄하다. 당의 결정에 의해서만 움직일 수 있다. 해방 후 소련에서 온 사람들(소련파)은 소련공산당의 지시에 따라 북한에 왔다. 8월 종파사건이 났을 때 이들은 이미 당적을 조선노동당적으로, 국적을 조선으로 다 바꾼 상태였다. 따라서 소련이 이 문제에 대해 간섭할 수 있는 처지가 못 됐다. 소련파들이 중국에서 나온 사람들(연안파)에게 동조해 김일성에 대해 반기를 들었을 때 소련공산당은 이에 반대했다. 그래서 8월 종파사건 났을 때 소련계들은 대부분 돌아섰다.

소련파들이 노동당에서 숙청당한 것은 노동당의 지시에 따라 돌아간 것이다. 몇몇 사람만 돌아갔다. 일부만 왔지 전부가 온 것은 아니고 상당 부분은 남아 있었다. 이 문제는 소련공산당과 조선노동당 사이에 결정돼 이루어진 일로 대사관에서는 개입할 여지가 없었다.

문 : 8월 종파사건이 났을 때 소련은 미코얀을 파견해 이 문제에 개입했는데, 이 것은 소련이 직접 개입한 것 아닌가

답 : 미코얀 부수상이 북경 당대회에 왔다가 종파사건 해결 위해 팽덕회와 함께 조선에 온 것은 사실이다. 그는 김일성에게 노동당의 기존 지도부와 잘 지낼 것을 충고·요구했다. 강력한 것은 아니었다. 그러나 김일성은 이것조차도 받아들이지 않았다. 이 문제에 소련은 큰 역할을 하지 못했다.

문 : 대사관에 근무할 때 박헌영 재판이 열렸는데, 재판에 참관했는가?

답 : 박헌영 재판은 1955년 12월에 비밀재판으로 진행됐다. 나는 직접 참관을 하 지 못했고 대사가 참관했다. 재판이 있기 전 소련대사가 김일성을 찾아가 박 헌영을 소련으로 데러가고 싶다는 의사를 전달했다. 그것은 소련공산당 중앙 위원회의 지시였다.

그러나 김일성은 박헌영에 대한 재판이 예정돼 있기 때문에 그 재판결과에 따라 처리돼야 한다며 있다며 이를 거부했다. 박헌영 재판 과정에 소련공산 당에서 어떤 압력을 행사했는지 여부는 모르겠다. 개인적으로 박헌영에 대해 서는 충실한 공산당원으로만 알고 있었다.

문 : 소련이 박헌영에 우호적이었다면 소련은 왜 그의 처형을 막지 않았나?

답 : 자세한 내막은 대사만이 알 수 있는 문제이다. 당시 대사는 박헌영이나 박창 옥을 공식적으로 만날 수 없었고, 김일성도 만나지 못하게 했다. 만나고 싶으 면 김일성을 만나 허락을 받아야 했다.

문 : 처음 북한에 갔을 때의 느낌은 어떠했는가?

답 : 처음 평양에 갔을 때 그곳은 완전히 파괴된 상태였다. 소련대사관도 평양에 서 약 20키로 미터 정도 떨어진 '삽호'라는 곳에 있었다. 당시 평양에서 삽호

까지 포장도로가 있었는데, 그곳의 지하를 파고 생활할 정도로 북한은 매우 어려운 상황이었다.

문 : 대사관에 근무할 때 주로 담당한 업무는 무엇이었나?

답 : 대표단 파견, 특정한 관청과의 관계뿐만 아니라 문화·경제부분도 담당했다. 정치담당도 다양한 분야를 취급했다. 그러나 주요 업무는 대사에게 일간, 주간 정치보고를 작성해 올리는 것이었다. 1950년대에 대사관에는 30명 정도가 근무했는데, 자기 해당 주제를 조사해서 보고하는 것이 주 임무였다.

문 : 소련군이 해방 이후 북한에 진주한 후 많은 물자를 약탈해 간 것으로 알려져 있는데, 이에 대해 알고 있는가?

답 : 자세한 내용은 모른다. 다만 내가 근무하고 있던 시절에 해방 직후 소련이 가지고 갔던 수풍댐의 부품들은 보태서 다시 갖다 주었던 일이 기억난다.

문 : 마지막으로 남북한의 통일문제에 대한 의견은 어떠한가?

답 : 소련은 평화적 통일 추구해 왔다. 구체적으로는 서독·동독식 모델을 상정하고 있다. 반면에 북한은 국제공산주의운동적 관점에서 통일문제에 접근하고 있다. 북한은 김일성 때보다 지금 상황이 더 좋지 않다. 현 지도부로는 통일이 불가능할 것이다.

자료-1 조선민주주의인민공화국의 1956년 사건에 대하여

이 자료는 1960년대 초 피메노프가 작성한 '8월 종파사건'에 대한 보고서로 이 사건에 소련대사관 일부 관리들이 관여했음을 보여주고 있다.

소련공산당 20차 대회 이후 조선노동당 내에는 당과 국가 지도부의 결점들에 대한 비판이 강화되었다. 해방 이후 조선민주주의인민공화국으로 향했던 많은 조선계 소련인들을 포함하여 일부 지도일꾼들은, 당내에서 당생활의 레닌적 규범을 회복시킬 것을 요구하여 나섰다.

1956년 8월 개최된 조선노동당 중앙위원회 전원회의에서는 이런 인물들이 직위에서 해임되고 당에서 축출 당했다. 몇몇은 중국으로 망명하였으며, 소련에는 조선민주주의인민공화국 대사인 이상조(현재 민스크에 있다), 건설상 김승화(조선계 소련인, 현재 알마아타에 있다)와 몇몇 학생들이 남게 되었다.

미코얀 동지가 북경의 중국공산당 8차 대회에 참석했을 당시 팽덕회와 함께 평양을 방문할 것에 관한 회담이 이루어졌는데, 그것은 조선의 동지들이 당내 통일과 당생활의 규범을 회복하는 데 도움을 주려는 것이었다.

1956년 9월 소련과 중국의 대표자들이 참석한 가운데 조선노동당 중앙위원회 전원회의가 개최되었으며, 회의에서는 출당된 인물들을 공식적으로 복당시키고 일련의 올바른 결정들을 채택했다. 그러나 실제 조선노동당의 지도부는 이 전원회의의 결정을 이행하지 않았고, 소련공산당 및 중국공산당 대표자들의 방문을 당의 내부문제에 대한 간섭으로 해석했다.

조선민주주의인민공화국에서는 대중적인 체포와 김일성이 싫어하는 인물들에 대한 숙청이 시작되었다.

1956년 사건 당시 조선민주주의인민공화국 주재 소련대사는 이바노프 동지였는데, 그는 조선의 지도자들에게 그들의 행동에 대한 부정적 태도를 거리낌 없이 표현했다. 소련대사관 참사인 필라토프는 부당하게 처신하였는데, 그는 김일성 개인숭배에 반대했던 그룹의 인물들과 직접적인 관계를 맺었다.

1957년 10~11월 모스크바에서 열린 형제당들의 대표자회의에서 모택동은 김일성과 만나서, 조선노동당 문제에 간섭한 것에 대해 사과하였으며, 전적으로 팽덕회를 비난했다. 그 당시 중국인들은 김일성에게 양당의 대표자들이 조선을 방문하게 된 것이 소련공산당 중앙위원회에게 주요한 책임이 있다고 설득하려 했다.

1960년 6월 김일성이 소련을 비공식적으로 방문했을 당시 코시긴, 미코얀 동지들이 영접했다. 대담에서 미코얀은 김일성과 조선노동당 중앙위원회 지도부에게 그 당시 모택동의 실제 태도에 대해 상세히 설명했다.

그럼에도 불구하고 조선의 지도자들과 선전매체들은 항상 이 문제(소련과 중국의 개입)를 직간접적으로 건드리고 있다.

「최창익·윤공흠·서휘·리필규·박창옥 동무들에 대한 규률문제를 개정할 데 대하여」 *(전원회의 결정 1956년 9월 23일)*

본 전원회의는 최창익·윤공흠·서휘·리필규·박창옥 동무들의 규률문제에 관한 당 중앙위원회 8월 전원회의 결정을 재심의하였다.

이상의 동무들이 범한 과오는 물론 엄중하였다. 그러나 8월 전원회의가 이 동무들의 문제를 처리함에 이어서 응당한 심중성이 부족하였으며, 그의 처리 방법이 간단하였으며, 그리하여 착오를 범한 동무들을 교양적 방법으로 시정시키기 위한 인내성 있는 노력이 부족하였다고 본 전원회의는 인정한다.

본 전원회의는 당내의 사상의지의 통일을 더욱 강화하며, 우리 당의 단합된 모든 력량을 당면한 혁명과업 수행에 경주하는 것이 필요하다는 절실한 념원으로부터 출발하여, 비록 이들의 과오가 엄중하다 할지라도 그들을 관대하게 포용하여 그들로 하여금 자기의 과오에 대하여 반성할 기회를 주며 그들이 과오를 시정하고 올바른 길에 들어서도록 계속 꾸준하게 교양하기 위하여 다음과 같이 결정한다.

1. 최창익·박창옥 동무들을 당중앙위원회 위원으로 회복시킨다.

2. 윤공흠·서휘·리필규 동무들의 당생활을 회복시킨다.

각급 당단체들은 8월 전원회의에서 채택된 「형제적 제국가를 방문한 정부대표단의 사업총화와 우리 당의 당면한 몇 가지 과업들에 관하여」의 결정서에서 제기된 과업들을 철저히 집행할 것이며, 특히 과오를 범한 당원들을 꾸준히 내심하게 교양하며 설복함으로써 그들의 잘못을 고쳐주는 데 커다란 당적 주목을 돌릴 것이다.

동시에 당내 생활에서 제기되는 문제들에 대하여 조직적으로 더욱 활발하게 토론하는 분위기를 조성하며, 비록 그릇된 문제가 제기된다 할지라도 조직 행정적 방법으로 처리할 것이 아니라, 광범한 비판과 토론의 방법으로 사리를 규명하여 정확한 결론에 도달하도록 노력할 것이다.

당 단체들은 당내 민주주의를 더욱 발양시키며 당내 비판과 자기비판, 특히 밑으로부터의 비판을 더욱 강화하며, 당원 대중의 적극성과 창발성을 백방으로 제고함으로써 당의 통일과 전투력을 더욱 강화하기 위하여 계속 투쟁할 것이다.

09

김정일(1)

성장과정과

후계체제

확립

.

.

.

.

.

.

.

.

.

.

.

성장과정과 후계체제 확립

　북한이 본격적인 '김정일 시대'를 맞고 있다. 김정일 국방위원장이 1974년 후계자로 지명된 후 24년 만에 세대교체가 완료됐다. 1997년 10월 3년상을 마친 김정일은 조선노동당 총비서에 공식 취임했다. 다음 해 9월 5일 헌법개정을 통해 김정일은 북한의 최고지위로 격상된 국방위원장에 취임했다. 1994년 7월 김일성 주석이 사망한 후 4년만이다. 김정일 체제의 공식 출범은 '혁명2세대(빨치산 2세대)'의 시대가 열린 것을 의미한다. 이로써 1994년 김 주석 사망 이후 계속된 김정일의 승계 가능 여부를 둘러싼 논쟁은 더 이상 의미가 없게 돼 버렸다.

　북한은 '수령제 정치체제'로 운영되는 사회주의국가다. 모든 것이 수령에게 집중돼 있는 독재체제라는 사실은 널리 알려져 있다. 북한사회에서 수령이 차지하는 의미는 절대적이다. 현재 북한의 수령은 김정일 국방위원장이다. 그가 전권을 쥐고 북한사회를 움직이고 있다.

　그러나 한국사회의 김정일에 대한 인식은 과거의 선입견과 불확실한 풍문에 의존하고 있는 실정이다. 여전히 확인되지 않은 수많은 추측과 설이 난무하고 있고, 연구논문에도 이러한 설들이 아무런 검증 절차 없이 소개되고 있다. 기껏해야 '매우 특별한 인물', '수수께끼의 인물'이라는 정도의 인식이 고작이다. 확인되지 않은 첩보로 그려진 김정일의 면모는 한 국가의 최고통치자와는 거리가 멀다. 한반도를 불바다로 만들 수도 있는 인물, 남북정상회담의 한 축이라는 점을 감안하면 우리는 그의 실체에 너무 무지하다는 사실을 인정해야 한다.[1]

1997년 망명한 황장엽은 자신의 회고록에서 김정일을 '위험한 인물'로, '통치능력이 떨어지는 지도자'로 묘사하고 있다.

반면 1998년 10월과 1999년 10월 1일 두 차례 평양을 방문해 김정일을 직접 만난 정주영 현대그룹 명예회장은 이와는 다른 인상을 피력했다. 1998년 평양을 방문하고 돌아온 김정일이 "논리가 정연하고 활발하다"고 평했다. 설사 연출된 상황이라고 하더라도 그가 "연세도 드시고 거동도 불

▲ 1998년 10월 금강산관광 등 대북사업을 논의하기 위해 방문한 정주영 현대그룹 명예회장이 김정일 국방위원장과 회담 후 백화원초대소(영빈관)에서 기념촬영을 하고 있다.

편하다고 해서 직접 왔다"며 숙소인 백화원초대소에 가 정주영 회장을 만난 사실이나, 정 회장을 극구 가운데 자리에 모시고 기념촬영을 한 사실은 우리에게 극히 이례적인 모습으로 비춰졌다.

1999년 10월 12일 현대아산이 작성해 통일부에 제출한 「북한 방문 결과 보고」와 「김정일 국방위원장 면담록」을 보면 김정일은 한국 사정에 대해 상당히 밝고, 노련한 인물임을 보여준다.[2]

이러한 서로 다른 평가는 김정일이 우리에게 여전히 미지의 인물임을 보여준다.

대북포용정책을 일관되게 추진하고 있는 김대중 대통령은 1999년 3월 24일 통일부의 국정개혁 보고회의에서 "북한 김정일을 다시 보라"고 말했다. 그동안 김정일에 대한 평가가 잘못됐으니 이젠 그의 실체를 제대로 봐야 한다는 지시였다. 김 대통령은 "과거 정권은 김정일을 형편없고 능력이 없는 사람, 여러 가지 문제점이 있는 것으로 보았으나 그렇지 않다. 우리는 김정일이 아버지가 죽은 뒤 북한을 제대로 장악하고 있는 현실을 인정하고 대처해야 한다"고 말했다. 이 같은 지적은 김정일이 북한의 최고지도자로 등장한 현실을 인정하고 그에 대한 정확한 분석이 따라야 한다는 실용주의적 접근이라 할 수 있다.

특히 2000년 6월 역사적인 남북정상회담 이후 김정일을 객관적으로 파악하려는 시도가 늘고 있다. 우리 내부에 잠재돼 있는 잘못된 '우상'을 깨고 북한의 최고지도자와 체제에 대해 객관적인 인식을 가질 때 남북의 화해와 협력시대를 열 수 있는 것이다.

이를 위해서는 우선 김정일의 출생과 성장과정, 후계자로 부상해 자신의 권력체계를 만들어가는 과정을 구체적으로 분석해야 한다.

▲ 2000년 6월 13일 평양국제공항에 내린 김대중 대통령이 김정일 국방위원장과 두 손을 맞잡고 있다.

김정일의 출생과 성장 과정

1. 출생을 둘러싼 논쟁

김정일은 지금까지 온갖 의문과 신비에 휩싸인 인물로 묘사되어 왔다. 그의 직책과 저작들이 공개되고 있지만, 겉모양 이외에 알려진 것이 거의 없다. 수많은 확인되지 않은 추측과 논란만 무성하다. 우선 그의 출생 연도와 출생지 자체가 하나의 논란의 대상이다. 북한은 김정일이 1942년 2월 16일 백두산 밀영에서 태어났다고 선전한다. 반면, 남한학계에는 이에 대한 이설이 다양하게 펴져 있다.

먼저 진성계는 북한의 선전과 달리 김정일이 1941년에 소련 땅 시베리아(사마르칸트)에서 태어났다고 주장했다.[3] 북한이 세습체제 구축 과정에서 김정일 출생 연도를 1941년으로 계속 사용해 오다가 1982년부터 아무런 해명도 없이 출생 연도를 1942년으로 고쳤고, 출생지도 백두산으로 조작해 공식 발표했다는 주장이다. 그러나 이 주장은 김일성이 1940년 10월에 소련 땅으로 넘어갔다는 점, 사마르칸트가 중앙아시아 지역에 있다는 점에서 잘못된 것이다.

두 번째는 김정일이 러시아 하바로프스크 근처의 야영(훈련기지)인 브야츠크에서 태어났다는 주장이다. 이 주장은 『중앙일보』가 88여단에서 한때 김정숙과 같이 생활했던 이재덕의 증언을 보도하면서 많은 연구자들에게 수용됐다.[4] 이때까지만 해도 소련지역으로 넘어간 김일성의 활동이 정확히 알려지지 않았고, 소련지역으로 넘어간 동북항일연군 병력이 하바로프스크 북방에 있던 브야츠크(일명 북야영)와 블라디보스토크 북방의 보로실로프(일명 남야영)에 분리돼 근거지를 마련했다는 사실에 주목하지 않았다.

특히 남야영이 북야영으로 합쳐져 1942년 8월에 동북항일연군 교도려

(소련군 88여단)가 출범했다는 점에 주목해야 한다. 이것은 "만주 항일빨치산에 대한 일제의 탄압으로 내가 속해 있던 동북항일연군 3군 3지대가 소련 영내의 하바로프스크 북쪽 80킬로미터 지점에 있는 브야츠크야영으로 이동을 완료한 1941년 11월 김정숙을 처음 만났다"며 "김정숙은 당시 김일성과 결혼, 임신한 상태였으며 곧 김정일을 낳았다"는 이재덕의 증언이 잘못됐음을 보여준다.

세 번째는 김정일이 보로실포프에 자리잡고 있던 동북항일연군 남야영에서 태어났다는 주장이다. 이 주장은 김일성이 브야츠크로 이동한 시점(1942년 8월)과 김정일의 출생(1942년 2월) 사이의 불일치를 파악해 새롭게 제기된 주장이다.

이종석은 김일성과 김정숙의 실질적인 부부생활은 김일성의 제2방면군이 중소 국경 근처 소련 영내로 이동해 간 뒤인 1941년경부터 이뤄졌을 것이라며 "당시 김일성부대가 블라디보스톡시 근처의 보로실로프야영에 주둔하고 있었기 때문에 김정숙은 김정일을 그곳 야영이나 아니면 블라디보스톡 시내의 병원에서 출산했을 것"으로 추측했다.[5]

허만위도 일제 기록과 중국에 거주하는 항일빨치산 출신의 증언을 통해 김정일이 보로실로프에서 태어난 것이 확실하다고 주장했다.[6]

이 주장은 김일성이 1940년 10월 중소국경을 넘어간 후 1942년 8월 브야츠크로 이동할 때까지 보로실로프 근처에 건설된 남야영에 거주했다는 점에서 움직일 수 없는 정설로 자리 잡았다.

문제는 이러한 주장이 정황증거에만 근거하고, 구체적인 자료와 증언자를 확보하지 못하고 있다는 점이다. 허만위가 인용하고 있는 항일빨치산 출신자들의 증언도 엄밀하게 검토해보면 허점투성이다. 허만위의 논문에 실린 몇 사람의 증언을 그대로 옮겨본다.

▲ 1996년 중국 흑룡강성 하얼빈에 있는 자택에서 리민 여사를 만나 인터뷰를 한 후 기념촬영을 한 필자. 그는 "1943년 브야츠크(북아영)에서 김정숙을 처음 만나 가깝게 지냈다"며 "김정숙은 다른 곳에서 김정일 국방위원장을 낳은 후 그를 안고 북아영에 왔다"라고 말했다.

김정일의 남야영이나 그 부근 어디서 태어났는가에 대해서라면 여영준은 거기까지는 몰라도 김정일이 태어났다는 1942년 2월까지 김일성 부부가 남야영에 있었던 것만은 확실하다.

김선은 김일성의 처 김정숙이 남야영 부근 소련 병원에서 김정일을 낳았다는 결정적인 증언을 했다. 김선을 진술을 그대로 옮겨보자.

남야영에는 약 10여 명의 여성대원들이 있었다. 그 중 4명이 아기를 낳았다. 나와 김정숙, 김명화, 김명숙이다. 김정숙은 김일성의 부인이었다. 나의 해산은 1941년 12월이었다. 나의 해산은 병영 안에서 하지 않았다. 시내에 있는 소련병원에서 했다.……남야영의 나 이외 다른 세 사람도 여기 소련병원에서 아기를 낳았다.[7]

그러나 여영준의 증언은 김일성 부부가 남야영에 있었다는 점만을 확증하는 것이고, 김선은 김정일의 출생연도를 잘못 증언하고 있다. 그런 만큼 증언의 신뢰성이 떨어지는 것이다.[8]

그렇다면 북한은 어떤 근거에서 '백두산 출생'을 주장하고 있는지 살펴보자. 북한은 브야츠크와 보로실로프 출생설을 모두 부정한다.

북한은 김정일이 백두산의 빨치산 밀영지 통나무집(조선인민혁명군 사령부 막사)에서 태어났다고 주장한다. 그들은 1987년 2월 12일 백두산 밀영을 김정일 혁명사적지로 지정하고, 귀틀집을 지어 성역화하고 있다. 북한은 김정일의 생모인 김정숙이 1941년 6월부터 1943년 3월까지 이 귀틀집에 머물면서 국내와 장백지구 반일조직들을 지도했다고 주장한다. 이 시기에 김정일이 태어났다는 것이다.

북한은 1988년 8월 김정일이 태어난 곳에서 216미터 떨어진 백두산 사자봉 자락의 장수봉(해발 1,800미터)을 정일봉(正日峰)이라 이름 지었다. 김일성은 1998년 6월 출간된 회고록 『세기와 더불어』 8권에서 김정일이 1942년 2월 16일 새벽 백두밀영에서 태어났다고 기록했다.

국내학자들은 김일성 부자의 세습체제를 준비해온 추종자들이 김정일의 출생지가 민족의 영산이요, 혁명의 본거지인 백두산인 것처럼 선전함으로써 김정일에게 민족의 정기와 혁명의 정통성을 부여하고, 북한 주민들에게는 충성심을 고취하려는 속셈이라고 분석한다.[9]

일단 김정일이 1941년이 아닌 1942년 2월 16일 항일유격대 지도자 김일성과 항일유격대원 김정숙 사이에서 태어난 것만은 확실하다. 김일성이 김정숙을 처음 만난 것은 1935년 3월 만주의 한 유격구였던 능지영의 공산당 비서처였다. 김일성은 자신의 회고록에서 당시를 이렇게 회상했다.

내가 김정숙을 처음으로 본 것은 다훙왜 회의를 하던 무렵입니다. 회의 후였던지

도중이었던지 삼도만에 갔습니다. 연길현에 속한 고장입니다. 삼도만 능지영이
라는 곳에 당 비서처가 있었는데 김정숙은 그 비서처에서 일하고 있었습니다. 능
지영에서 소집된 비서처일군들의 회의 장소에서 김정숙을 만나보았습니다.
그 후 나는 마안산에서 우리 부대에 편입된 김정숙을 다시 만나게 되었습니다.
김명화와 함께 만강에서 나를 맞아 주던 그의 모습이 인상적이었습니다. 듣고 보
니 그는 의지가지할 데 없는 몸이었습니다. 그가 믿고 의지할 곳이란 혁명전우들
의 품밖에 없었습니다. 김정숙은 그 후부터 내내 우리와 함께 싸웠습니다.[10]

　　1940년 10월 말 김일성과 김정숙은 소련 땅으로 들어가기 직전에 정식으
로 결혼했다. 현재 중국 심양에 거주하고 있으며 과거 김정숙과 함께 중소국
경을 넘었던 서순옥은 "중소국경을 넘기 전에 훈춘에서 김일성과 김정숙이
동료들이 보는 앞에서 간단한 결혼의식을 가졌다"고 말했다.[11] 이듬해 3월 1
일 김일성과 김정숙은 연해주에서 단둘이 찍은 기념사진을 한 장 남겼다.

▲ 북한이 김정일 국방위원장이 태어났다고 주장하는 귀틀집과 「정일봉」이라고 명명된 장수봉의 모습.

김일성 부부가 소속돼 있던 동북항일연군 제1로군은 블라디보스토크 북방에 있는 보로실로프 인근에 남야영(또는 B야영이라고 불림)을 건설했다. 1942년 8월경 김일성이 새로 개편된 동북항일연군 교도려(일명 88특별여단)의 제1교도영 영장으로 부임하기 위해 남야영에서 북야영으로 이동하기 전까지 김일성부부는 이곳을 주 활동 무대로 삼았다.

여기서 그동안 주목되지 않은 사실이 있다. 김일성이 최소한 1941년을 포함해 최소한 몇 차례 만주에 다녀왔다는 점이다.

북한 문헌에 따르면 김일성은 1941년 4월 초 '북방의 훈련기지'(남야영을 의미)를 출발, 동녕(東寧)을 거쳐 5월 10일 왕청(汪淸)에 도착했다. 이틀 후 김일성은 전날(5월 11일) 소부대를 이끌고 온 김정숙과 함께 안도(安圖)에 도착한 후 부대를 셋으로 나눠 김정숙 소부대를 먼저 백두산 지역으로 보냈다. 6월 중순 김일성은 백두산에 도착해 소백수골에서 김정숙과 다시 만났다.

이날 김일성은 김정숙을 비롯해 전령병들과 함께 점심식사를 하고, 오후에는 김정숙이 작성한 문건들을 검토하며 회의준비를 했다. 이날 밤에 대해 북한 조선로동당출판사가 1992년 발간한 『백두산밀영』에는 "사령부 귀틀집에서는 그날 밤에도 오래도록 불이 꺼질 줄 몰랐다"고 서술돼 있다. 3일 후 김일성은 김정숙에게 "백두산지구 비밀근거지와 국내에서 활동하는 소부대들과 소조들, 혁명조직들의 사업을 지도할 데 대하여" 김정숙에게 전적으로 위임한 후 연길을 거쳐 다시 왕청으로 갔다.

그 후 김일성은 두만강 연안의 왕청, 훈춘 등지에서 주로 활동하며 몇 차례 두만강을 건너 국내에도 비밀리에 잠입했다고 한다. 결국 1941년 6월 중순 김일성·김정숙 부부가 잠시 만났을 때 임신해 다음해 2월 16일 김정일을 출산했다는 주장이다.

김일성이 소련으로 넘어갔다가 만주지역으로 넘어온 사실은 최근 연구

▲ 김정숙은 동북항일연군에서 다른 여대원들과 활동을 했다. 오른쪽에서 2번째가 김확실, 3번째가 김정숙이다.

와 일제기록, 중국측 자료로 확인된다.[12] 특히 1992년 중국의 당 문서보관 소에서 발간한 『동북지구혁명역사문건휘집』에는 1941년과 1942년 무렵 김일성 활동을 파악할 수 있는 다수의 문건들이 수록돼 있다. 그 중에서도 「동북항일연군 2 · 3로군 월경(越境)인원 통계표」, 「동북항일연군 1로군 월 경 인원 통계표」, 「동북항일연군 B야영 1941년 · 1942년 피파견(被派遣) 각 분대 인원 명단」 등이 주목할 만하다.

이 자료에 따르면 김일성이 적어도 한 차례 이상 연해주를 떠나 만주지역 에 파견됐다는 사실을 알 수 있다.[13] 1차 파견대의 명단에 김정숙의 이름은 보 이지 않는다. 1차 파견에 대한 내용은 신주백의 연구에 자세히 분석돼 있다.

1941년 3월 교정활동을 마친 제1로군 월경부대는 김일성을 지대장으로 하는 제1

지대로 편성되었다. 그리고 '음력 4월 9일' 저녁, 김일성 등 총 29명의 제1로군 병사들은 위증민을 찾기 위해 훈춘 방면으로 돌아왔다. 5월 20일, 김일성은 부대를 세 갈래로 나누어 안도, 돈화, 화룡, 무송 등지에서 위증민을 찾는 활동을 전개했다. 이때 위증민이 죽었다는 '소문'을 들었다.

다른 한편 김일성은 박덕산에게 김철우 등 9명의 대원을 거느리고 왕청지방에서 '민중관계를 개척'하라고 지시했다. 그 결과 왕청현 자자구의 '4, 5곳'에서 예전의 조직관계를 회복한 것을 비롯하여, 왕청역, 홍동선, 도문 부근의 남북대동에서 노동자·농민과 연계를 맺었다. 김일성 자신도 연길현 명월구의 작은 마을에서 '이전의 관계를 회복'했다.

김일성의 표현에 따르면, 새로 획득한 대원이 공작을 잘했기 때문에 '그에게 공작임무를 맡겼'다고 한다. 김일성의 월경부대는 8월 19일 대전자 남부에 집결하여 월경 이후의 활동을 총결했다. 이에 따라 김일성은 활동도 보고하고 새로운 지시도 받기 위해 김철우 등 10명의 대원을 거느리고 8월 28일 밤 쌍성자에 돌아왔다.[14]

김일성의 1차 만주파견 때 활동사항은 김일성이 직접 자신의 상관인 주보중에게 보고한 문건에 나타나 있다. 이를 통해 볼 때 김일성은 적어도 1941년 4월부터 8월까지는 만주에 있었다는 결론을 내릴 수 있다.

문제는 파견 일자이다. 중국의 공식 문건이 정확하다면 김일성·김정숙 부부는 4월 10일 이전에 임신했다는 추론이 가능하다.[15] 그러면 김정숙의 예상 출산일은 12월 말이 된다. 그렇다면 김정숙은 두달 반이나 늦게 출산한 셈이 된다. 의학적으로 가능성이 희박하다.

또한 중국 문헌들은 이재덕이 아기를 낳은 시점이 1943년이라는 사실을 보여 준다. 중국 문헌에 따르면 동북항일연군 2로군 소속인 이재덕은 1941년 1월 2일 국경을 넘어 연해주 지역의 북야영에 도착했고, 그해 8월

28일 다시 만주로 파견됐다가 다음해 12월 9일 부대로 복귀했다.[16] 이재덕이 부대에 복귀해 아기를 낳자면 적어도 1943년 가을 정도는 돼야 한다.

이재덕은 1994년 중국에서 발행되는 잡지 『부녀생활』(3월호)에 실은 「고국에 잇닿은 마음(情系故土)」이란 글에서 김정숙에 대해 이렇게 회상했다.

1943년 나의 맏딸이 항일연군의 에이(A)야영에서 태어났다. 그때는 투쟁이 가장 어려웠던 시기였으므로 굶주림과 질병이 수시로 우리를 위협하고 있었다. 그중에서도 제일 잊혀지지 않는 것은 김일성 동지께서 나에게 식료품들과 진귀한 대마합고기를 보내주신 일이다. 당시 김정숙 동지의 차남도 젖 부족을 느끼고 있었다. 나는 그보다 젖이 많아 드문히 우리 딸애와 함께 그에게 젖을 먹이군하였다.

그녀가 젖을 물린 아이는 김정일이 아니라 김정일의 동생 김평일(48년 사망)이라는 것이다. 그녀의 증언은 중국의 공식 문건과 일치한다.

김일성은 자신의 회고록에서 김정일이 백두산 밀영에서 태어났다고 주장했다. 아직까지 북한에는 김정일이 태어났을 때 백두산에 같이 있었다는 관련자들이 다수 생존해 있다. 조선혁명박물관장 황순희, 조선노동당 중앙위원회 부장 김익현(金益賢), 전 인민군총참모장 최광(崔光)의 부인인 김옥순(金玉順) 등 항일유격대 참여자들이 그들이다. 이들은 모두 김정일이 백두산 소백수골 귀틀집에서 태어났으며 다음 해 3월 중순 다시 이곳을 찾은 김일성을 따라 연해주로 떠났다고 증언한다.

김일성의 전령병 출신인 김익현은 "1942년 초부터 백두산 밀영에서 생활하게 됐다"며 2월 16일 아침에 김정일이 태어났다는 소식을 듣고 주변에 있던 대원들이 모두 귀틀집 앞에 모였던 기억이 생생하다고 증언했다.[17]

김일성과 김정숙의 결혼식에 참여했던 박정숙은 김정숙의 행적과 관련해 "1940년 이후 소대부 활동할 적에 김정숙 동지가 백두산 밀영에 계셨는데, 그 밀영에서 친애하는 지도자 동지가 1942년 2월 16일 탄생하셨고, 그때 통신원을 통해 그 이야기를 전해 듣고 모두 기뻐했던 기억이 나오. 1943년에 애기가 1년 정도 크니까 정숙 동지는 애기를 안고 다니면서 소련 하바로프스크 근처 북밀영(동북항일연군 교도려가 있던 브야츠크를 지칭)에도 가시고 군단을 왔다갔다 하면서 활동하셨소"라고 증언했다.[18]

전 인민군 총참모장이었던 최광도 자신이 김일성과 함께 1943년 봄 백두산 밀영에 도착해 김정일을 만났다고 회고했다.[19]

그러나 북한측 생존자들의 증언을 액면 그대로 받아들일 수는 없다.

결국 김정일이 백두산 밀영에서 출생했다는 북한의 주장이 '조작된 신화'인지 김정일이 소련 땅에서 태어났다는 한국학계의 견해가 '잘못된 추론'인지는 앞으로 해명되어야 할 부분이다. 다만 김정일 '소련 출생설'이 설득력을 갖기 위해서는 정확한 증언이나 문헌이 뒷받침되어야 할 것이다. 지금까지 제시된 이재덕, 김선 등의 증언이 중국의 공식문헌과 일치하지 않는 부분이 많기 때문이다.

물론 출생지가 백두산이든 소련의 밀영이든 간에 김정일이 브야츠크의 막사에서 젖먹이 어린 시절을 보냈다는 것만은 분명하다. 소련 땅에 있을 때 어린 김정일은 '유라'라는 애칭으로 불렸다.[20]

김정일이 김일성과 김정숙이라는 항일 빨치산 부부의 아들로 '밀영'에서 태어나, 군인들 속에서 유년시절을 보냈다는 사실이 그의 인격 형성에 중요한 특징을 부여한 것만은 사실이다. 전 노동당 고위간부였던 박병엽은 이점을 이렇게 지적했다.

김정일은 거칠고 황량한 병영에서 성장했지만, 김일성의 빨치산 동료들의 헌신

▲ 1941년 3월 1일 만주 파견을 앞두고 김일성과 김정숙이 다정하게 사진을 찍고 있다. 김일성 주석은 후에 이 사진의 뒷면에 「타향에서 봄을 마즈면서 1941년 3월 1일 B야영에서」라고 썼다.

적인 보살핌 속에서, 병영이 갖고 있는 두터운 의리와 어려움 속에서도 똘똘 뭉치는 빨치산식 가족주의의 기운을 받으면서 자랐다고 할 수 있다.

어린 김정일은 김일성의 호위·전령병이었던 전문섭(全文燮), 조명록(趙明祿), 백학림(白鶴林)의 등에 업혀 자라났다. 김정일에 대한 이들의 보살핌은 지극했다. 김정일은 주위의 사람과 사물을 인식하는 순간부터 결속력이 강한 아버지 동료들의 사랑 속에서 성장했다. 삭막한 전선에서 태어난 김정일은 열악한 환경의 병사들에겐 위안이자 희망이었고, 반면 안쓰럽기에 더욱 정성스런 보살핌을 받았다. 십대의 어린 나이에 전쟁터에 뛰어든 이들은 고향의 동생, 조카들을 생각하며 김정일에게 정성을 쏟았다."[21]

이렇게 빨치산대원과 김정일 사이에 형성된 인간적 유대가 1970년대에 김정일이 후계자로 선정되는 데 결정적 요인으로 작용했다.

결국 김정일은 출생은 물론이고 유년기를 주로 군과 관련된 환경에서 보냈다고 해도 과언이 아니다. 이런 조건은 그에게 유격대식 생활방식과 독한 성격을 형성시켰지만, 반면 어려움 속에서도 더욱 결속하는 빨치산 1세라는 인적 자원을 마련해 주었다.[22] 김정일이 김일성 주석 사망 후 '선대(先代) 혁명원로'의 우대를 표방한 것도 이러한 인간관계의 연장이라고 할 수 있다.

2. 귀국과 학생시절

1945년 9월 19일 원산을 통해 비밀리에 입국한 김일성은 다음 날 기차 편으로 원산을 출발해 22일 평양에 도착했다. 이후 김일성은 소련군의 적극적인 지원을 받으면서 빠르게 권력을 장악해 나갔다. 소련 지도자들은 이미 1930년대 중반부터 김일성과 항일유격대의 존재를 알고 있었다. 당시 소련의 최고지도자였던 스탈린도 김일성의 존재에 대해 알고 있었다. 중국에는 주보중과 김일성을 역까지 데려다 준 주보중의 운전기사 유의권(劉義權)이 아직 생존해 있다.

북한은 1998년에 발간된 김일성의 회고록 『세기와 더불어』 8권(계승본)을 통해 김일성이 1945년 소련군의 대일전 참전 직전에 모스크바를 비밀리에 방문했으며, 해방 후 북한 정치에 깊숙이 개입했던 주요 소련군 지도

▲ 1944년경 훈련을 마친 동북항일연군 교도려의 조선인 대원들이 기념촬영을 하고 있다. 앞줄 왼쪽에서 2번째가 황순희(현재 조선혁명 박물관 관장), 3번째가 김정숙, 4번째가 김명숙이고, 김일성 주석은 맨 뒤 중앙에 앉아 있다.

자들과 가까이 지냈다는 사실을 처음으로 밝혔다.

원래 국제연합군(88여단을 의미)은 제2원동전선군에 배속되어 군사작전을 하게 되어 있었으나 조선인민혁명군 부대들은 주로 제1원동전선군과 련계를 가지였습니다. 원동 쏘련군 총사령부가 조직된 다음부터 나는 제1원동전선 사령관 메레쯔꼬브, 군사위원이었던 스띠꼬브와 거래를 많이 하였습니다. 제25집단군 사령관 치스쨔꼬브나 집단군 지휘성원인 레베제브와도 친분관계를 맺었습니다.

그들은 대일작전의 개시와 함께 부대를 이끌고 조선지역으로 진출하게 되어 있었습니다. 원동 쏘련군 총사령부의 소재지는 하바롭스크였습니다. 나는 하바롭스크에 드나들면서 와씰렙스끼(극동소련군 총사령관)와도 낯을 익히고 말리놉스끼(자바이갈전선군 사령관)와도 친교를 맺었습니다.[23]

대일작전을 앞둔 어느 날 나는 련합군 지휘관들과 함께 모스크바로 향하였습니다. 쏘련군 총참모부가 소집한 회의에 가보니 메레쯔꼬브와 스띠꼬브를 비롯해서 대일작전과 관련되어 있는 각 전선사령부의 책임일군들도 벌써 다 와 있었습니다. 나는 모스크바에서 쥬코브도 만나 보았습니다. 그가 독일 주둔 쏘련 점령군 총사령관과 독일 관리감독 리사회 쏘련 대표로 있을 때입니다.

쏘련 사람들은 있는 성의를 다하여 우리를 접대하였습니다. 그것은 외교적 관례를 벗어난 특별한 환대였습니다. 우리는 모스크바에 체류하는 동안 레닌 묘도 참관하고 력사박물관에도 가보았습니다. ……며칠 후 그들은 우리를 쥬다노브에게로 안내하였습니다. 그 당시 쥬다노브는 쏘련공산당 중앙위원회 정치국 위원 겸 비서의 직책을 맡고 있었습니다. ……

그는 쓰딸린과 스띠꼬브를 통해 조선의 빨치산 김일성에 대한 말을 많이 들었는데 듣던 바보다는 훨씬 더 젊어 보이는 것이 기쁘다고 하였습니다. 그의 말이 쓰

▲ 소련 하바로프스크 근처 브야츠크에 있던 야영에서 기념촬영한 김일성과 빨치산 동료들. 중국인 빨치산, 소련군 장교, 조선인 빨치산 등이 섞여있다. 앞줄 오른쪽에서 두 번째가 김일성이고, 세 번째가 중국 빨치산의 최고지도자였던 주보중이다.

딸린도 우리의 활동에 류다른 관심을 가지고 있다는 것이었습니다. ……쥬다노
브는 나와의 상봉 결과를 쓰딸린에게 보고하겠다고 하였습니다.

나는 그 후에도 쥬다노브와 여러 차례 만나 깊은 친교를 맺었습니다. 메레쯔꼬브
도 쓰딸린에게 내 이야기를 많이 한 것 같습니다.…… 쥬다노브와의 회견을 마친
나는 스띠꼬브와 함께 원동으로 돌아왔습니다.[24]

이 회고를 액면 그대로 받아들이기는 어렵다고 하더라도 김일성이 해
방 전에 쥬다노프를 비롯한 소련공산당의 최고지도부와 소련 극동군의 최
고간부들과 만났다는 사실은 대단히 중요한 의미를 함축하고 있다.

1946년 김일성이 조선공산당 당수인 박헌영과 함께 비밀리에 모스크바
를 방문해 스탈린과 쥬다노프를 만난 것으로 알려져 있지만, 이보다 훨씬
이전에 김일성은 소련의 당·군 지도자들에게 널리 알려져 있었던 것이다.

해방 후 소련군이 김일성의 활동을 적극 지원해 준 것은 어쩌면 당연한 귀결이었다.

1945년 9월 22일 오전 평양에 도착한 김일성은 함께 입북한 빨치산 동료들을 북한의 각 지방으로 보내 정세파악과 공산당 조직을 장악케 하고 자신은 평양에서 주도권 확보에 골몰했다. 김일성은 "평양에 입성한 다음 날부터 전우들과 함께 건당·건국·건군의 3대과업을 수행하기 위한 사업에 착수"했다고 회고했다. 그 결과 10월 5일의 예비회담을 거쳐 1945년 10월 10일부터 '서북 5도당 대표자 및 열성자회의'가 개최되었고, 10월 13일 조선공산당 북조선 분국이 설치됐다. 책임비서는 김용범(金鎔範)이었다. 김일성은 집행위원에 불과했지만, 그가 공산당 권력의 실세임이 점차 뚜렷해졌다.

그 다음 날인 10월 14일 평양 공설운동장에서 '김일성 장군 환영 평양시민대회'가 개최됐다. 이를 계기로 김일성은 대중적 기반과 권력기반을 굳힐 수 있었다. 이때야 비로소 김일성은 김정숙과 아들 김정일에게 돌아오라는 연락을 보냈다.

김정일은 1945년 11월 말 소련 블라디보스토크에서 군함을 타고 어머니 김정숙과 함께 함경북도 웅기(지금의 선봉)항에 입항했다. 일행은 소련에서 마지막으로 귀국하는 빨치산 여자대원들로 구성되어 있었다. 김일성의 호위·전령병이었던 전문섭과 조명록의 등에 업혀 웅기항에 내릴 당시 김정일은 만 세 살이었다.

그러나 웅기에 내린 김정일은 곧바로 평양에 들어갈 수 없었다. 당시 김일성은 건당·건군·건국 작업에 정신이 없었고, 아들 김정일을 비롯한 가족을 챙길 만한 여유가 없었기 때문이다. 김정숙은 입국 후 주로 청진에서 활동했다. 김정일이 평양에 들어온 것은 1945년 12월이었다. 김일성이 북조선공산당 제3차 확대집행위원회(1945년 12월 17일)에서 책임비서로 선출된 직후였다. 3차 확대집행위원회를 통해 국내파 공산주의자들을 제압한 김일성은 비로소 한숨을 돌린 셈이다.

귀국 후 김정일은 함경북도 청진 등지에서 40여 일을 보냈다. 물론 함께 입국한 빨치산들과 함께였다. 소련 위수사령부에서 생활하면서 김정일은 빨치산들의 등에 업혀 청진 일대의 농촌과 공장 등지를 돌아다녔다. 당시는 해방 직후의 급변하는 상황에서 지방의 공산당·정권기관이 창건되던 시점이었다.

김정일은 4살 때인 1946년 고관 자녀들만을 교육하기 위해 평양 남산재에 특설된 남산유치원에 다니기 시작했다. 입학 당시 김정일 담임은 일제 시대 평양사범학교를 졸업한 후 초급학교 교사로 와있던 황숙희라는 여자였다. 그러나 유치원 원장과 황 선생은 김정일의 등살에 쫓겨나고 말았다. 이후 김일성대학 특설학부를 졸업한 전금선이 김정일을 담당했다.

전금선은 김정일을 정성으로 돌봐 주어 김일성 부부를 기쁘게 했다. 이

▲ 1945년 10월 14일 평양공설운동장에서 열린 『김일성환영대회』에서 김일성 주석이 연설하고 있다. 환영대회에는 수만 명의 평양시민들이 나왔다.

를 계기로 전금선은 후에 인민무력부장이 된 오진우의 부인이 되고 정무원 보통교육부장으로 승진해 김정일 우상화 작업에 앞장섰다. 전금선은 공사석을 막론하고 입만 열면 "김정일 지도자 동지께서는 원아 때부터 남다르게 뛰어난 총명과 담력과 지혜를 가졌다"고 말했다.

더구나 그녀는 "지도자 동지는 유치원 선생들도 미처 생각하지 못한 문제들을 생각해서 질문을 하는 바람에 선생들을 당황하게 한 적이 한두 번이 아니며, 원아들 속에서 뛰어난 통솔력으로 언제나 원아들을 휘어잡아 대장노릇을 했다'고 입에 침이 마를 정도로 김정일을 찬양했다.

유치원생에 지나지 않은 어린 김정일에 대한 우상화 작업이 전금선 같은 사람에 의해 일찍부터 시도되고 있었던 것이다.

김정일은 1948년 9월 유치원 고급반 과정을 마치고 남산인민학교에 입학했다. 남산인민학교는 노동당, 내각, 민족보위성 등 중앙기관의 고급관료 자녀들을 특별 교육하는 학교였다. 김정일은 이 학교 내에서도 최고위급 간부 자녀들만으로 편성된 특별학급에서 공부했다. 김일성대학 사범학과를 나온 김연실이 그의 담임이었다.

▲ 1946년 4월 김일성의 품에 안긴 네 살의 김정일.

생모인 김정숙은 김정일에게 다정하면서도 대단히 엄격했다고 한다. 김정숙은 김일성이 현지지도를 나갈 때 김정일을 데리고 다니면서 일반 인민들에 대할 때 가질 태도와 생각들을 가르

치게 했다. 보통강 개수공사장, 미림벌 모내기 등의 노력동원 현장에도 김
정숙은 김정일을 데리고 나갔다. 어린 김정일을 돌봤던 강길복은 다음과
같이 증언했다.

당시 어머니(김정숙)께서는 집안일 해놓고는 항시 공장이나 농촌 등 여러 곳을
다니시면서 실정을 파악해 수령님께 보고하곤 했는데 이때 꼭 저와 친애하는 동
지를 데리고 가셨습니다. 1947년에 제사공장에 갔던 일이 생각나는데 어머니께
서 친애하는 동지에게 여성노동자들의 손가락이 다 갈라져 피가 나는 것을 자세
히 보여주셨습니다.
또 어머니께서 친애하는 동지 책상에다 장구를 갖다 놓으셨던 게 특히 기억납니
다. 친애하는 동지가 그걸 가지고 놀며 자체적으로 연구해 자꾸 어머니께 물으면
가르쳐주곤 하셨는데 지금 생각하니 어머니께서는 예술 부문에도 밝으셨던 것
같습니다.[25]

  김정숙이 김정일을 어린시절부터 다양한 경험을 시켰다는 사실은 북한
의 다양한 선전물에 공통적으로 나오는 사항이다.
  김정일은 남산유치원을 거쳐 남산인민학교 인민반에 입학한 해에 남동
생인 김평일이 수상관저 연못에 빠져죽는 사고가 발생했다. 또 그 다음해
김정일은 어머니를 갑자기 잃는 아픔을 겪게 됐다. 김정숙은 1949년 9월
22일 남산병원 특별병실에서 해산을 하던 중에 죽고 말았다. 너무 많은 피
를 흘렸기 때문이었다. 잠깐 병원에 다녀오겠다고 집을 나간 김정숙은 영
원히 병원을 돌아오지 못했다. 김정숙은 최용건, 김일, 김책 등 빨치산 동
료들에게 둘러싸여 운명했다.
  당시 김정숙은 최용건 등의 손을 일일이 잡고 내가 죽은 후에 정일이를

▲ 1947년 6월 21일 김일성 주석은 항일빨치산들과 함께 만경대 생가를 방문했다. 리지찬, 리을설, 강상호, 안길(왼쪽부터) 등의 모습이 보이고, 김정일 국방위원장은 오백룡 전 노동당 군사부장에게 안겨 있다.

잘 길러 장군님을 받들어 우리 빨치산의 혁명 위업을 대를 이어 계승하여 완성하고 꽃피워나가는 열렬한 혁명가로 키워달라고 유언한 후 눈을 감았다고 한다. 김책, 김일, 최용건 등은 장례식 때 김정숙의 영구 앞에서 "동지적 의리로 유언을 지켜 김일성 장군의 혁명 위업을 대를 이어 계승하여 완성할 수 있는 훌륭한 공산주의 혁명가, 혁명위업의 계승자, 후계자로 키우겠다"고 맹세했다고 한다.[26]

장례식 때 최용건이 추도사를 통해 "동지적 의리와 의무감을 갖고 김정일을 키우겠다고 맹서했다"는 일화는 제법 알려져 있다. 어머니의 갑작스러운 죽음은 어린 김정일에게 큰 충격을 주었다.[27]

어린 시절 겪은 여러 사건들이 김정일의 성격 형성에 어떤 영향을 미쳤는지는 명확하지 않다. 다만 남한 언론들은 이때부터 김정일의 성격이 빗나가기 시작했다는 등 부정적인 영향을 주로 언급하고 있다. 김정숙이 죽

▲ 1949년 9월 25일 김정숙의 장례식을 마치고 항일유격대원 동료들이 기념촬영을 하고 있다.

은 후 김정일은 한때 방황의 나날을 보낸 것이 사실이다. 다음은 박병엽의
목격담이다.

어머니와 동생의 죽음은 김정일의 마음에 큰 상처를 주었다. 고독과 슬픔에 잠긴
김정일은 상당기간 방황을 해, 주위 사람들을 안타깝게 했다. 빨치산 출신인 김
명화, 황순희, 최인덕(崔仁德), 전문섭, 백학림 등이 김정일을 타이르고 달랬지만
좀처럼 그의 마음을 되돌려 놓지 못했다.
나도 여러 차례 목격했지만 김정숙이 사망한 후 김정일은 동생 경희를 유치원에
데려다 주고 인민학교에 갔다가, 수업이 끝나면 다시 경희를 데리고 집에 돌아왔
다. 이 광경을 보고 당시 많은 평양시민들이 눈물지었다.[28]

김정숙이 사망한 후 김일성이 거처하는 수상관저의 살림은 후에 김일

▲ 1949년 여름 강원도 화진포 별장에 놀러온 김정일과 그의 여동생 김경희(맨 앞).

성의 2번째 부인이 되는 김성애(金聖愛)와 소설 『임꺽정』으로 유명한 홍명희(洪命熹)의 딸 홍기연이 담당했다. 김정일은 주로 홍기연과 강길복의 보살핌을 받았다고 한다.

1950년 6·25전쟁이 터지자 김정일은 숙부인 김영주(金英柱)를 따라 자강도 강계, 만포와 만주 길림시 교외로 피난을 갔다. 김정일의 피난길에는 담임 김연실과 수상관저의 살림을 맡아보던 홍기연과 강길복이 동행했다. 그 후 김정일 일행은 양강도 장자산으로 이동했고, 1952년 봄 전선이 교착상태에 빠지자 평양으로 돌아왔다. 평양 근처 최고사령부에서 김일성과 50여 일을 같이 보낸 후 김정일은 1952년 11월 22일 만경대혁명가유자녀학원 4학년에 편입했다.

후에 김정일은 "사람들이 수십 년을 두고도 간직할 수 없었던 가장 고귀한 것을 나는 그 전화의 불길 속에서 체득할 수 있었다"고 말했다.[29] 전쟁의 포화가 멎은 지 얼마 지나지 않은 1953년 9월 1일 김정일은 평안남도 승호군 삼석인민학교 5학년에 편입했고, 그 후 1954년 2월 평양 제4인민학교 5학년으로 전학했다.

이 무렵 김일성의 재혼은 김정일에게 큰 충격이었다. 어머니인 김정숙의 일을 돌봐 주던 김성애가 하루아침에 새엄마가 됐으니 그럴 만도 했다.

▲ 1948년 9월 북한 정부 수립 후 가진 기념식에 김일성 수상과 함께 자리를 한 김정일.

일반적으로 김성애는 수상관저의 타자수였다고 알려져 있으나 박병엽은 김성애가 수상관저의 교환수였다며 1952년에 결혼했다고 증언했다.[30]

김성애는 농사꾼의 딸로 태어나 고급중학교를 마치고 1947년경 인민군에 입대했다. 군입대 후 김성애는 최고사령부 무전수로 근무했고, 얼마 후 김일성 수상의 관저 교환수로 발탁됐다. 여기서 그녀는 김정일의 생모인 김정숙의 눈에 들어 수상관저의 책임교환수로 있으면서 관저의 살림살이까지 관리하게 된다. 특히 김정숙이 사망한 후에는 홍명희의 딸인 홍기연과 함께 수상관저의 모든 일을 도맡아 했다.

전쟁 발발 후 김성애는 계속 최고사령부의 살림살이를 맡아보았다. 그런데 전쟁이 어느 정도 교착상태가 되자 김일성의 안살림을 맡아 줄 안주인이 필요하다는 주장이 최용건, 김일 등 항일유격대 출신 간부들 사이에서 제기되었다. 계속 사양하는 김일성을 설득해서 승락을 받고, 항일유격대 출신의 간부들이 마땅한 사람을 고르기 시작했다. 기본은 원만한 성품과 수상관저의 살림살이를 잘 아는 사람이 우선시되었다.

그러다보니 결국 물망에 올랐던 많은 사람 중에서 그전부터 수상관저의 살림을 맡아보았던 김성애와 홍기연이 물망에 올랐다. 이때 홍명희가 자기의 딸은 수상을 보필하기에는 자격미달이고 김성애가 적당하다고 강력하게 주장했다. 그래서 김성애로 낙점이 됐고, 극히 일부의 정치국원과 군 간부들이 참석한 가운데 조촐한 결혼식이 진행됐다. 1952년 가을 무렵이었다.[31]

김정일은 자기 집 교환수로 일하며 생모의 잔심부름이나 했고, 자기보다 10여 살 연상에 불과한 김성애가 계모가 되자 어머니라고 부르지 않았다고 한다. 당 중앙위원인 박정애를 비롯해 김명화, 황순희, 박정숙 등 지난날 김정숙과 친밀했던 항일유격대 출신들이 타일러도 막무가내였다.

김정일은 1953년 숙부 김영주가 결혼하자 주로 김영주의 집에서 학교를 다녔고, 오극렬, 오진우 등의 집을 전전했다. 김성애와 김정일의 관계에 대한 박병엽의 증언은 더 구체적이다.

김성애와 김정일의 관계는 원만하지 않았다. 우선은 연령적으로 14살 정도밖에 차이가 나지 않았다. 처음 만났을 때의 특수성, 즉 1948년에 김성애가 중학교 졸업하고 군대에 들어가 통신대→최고사령부 총참모부 무전수→수상 교환실→수상전담 교환수로 있었는데, 이때부터 수상관저를 들락날락했다. 당시 김정일이 6살 때로 김성애는 어머니의 비서격이었다. 김정일에게는 누이격인 사람이었다. 그런데 10살이 되던 해에 갑자기 계모로 등장했다. 사실상 전혀 모르는 사람이 아니었기 때문에 한편으로 좋은 면도 있었지만, 김정일 쪽으로 보면 더 안 좋은 측면도 있었다. 누이가 갑자기 어머니가 된 격이었다. 김정일은 계모 밑에서 자라지 않고, 전쟁시기에는 강길복, 홍기연이 길렀다. 결혼 직후 김성애한테 아이가 생겼다. 1952년 가을쯤에 결혼해서 53년 말에 첫딸인 경진을 낳았다. 연년생으로 54년에는 평일이 출생했다.

김성애와 김정일의 동생 경희와는 사이가 더 좋지 않았다. 경희는 처음부터 김성애를 엄마라고 부르지 않았다. 김성애의 딸인 경진하고 경희하고 몇 살 차이 안 나니까 같이 자랐다. 김성애가 같이 대우한다고 하더라도 섭섭함이 많이 발생하게 마련이었다. 도시락을 쌀 때 반찬에 차별대우를 했다는 소리가 일부 나이든 사람들 사이에서 흘러나왔다. 경희가 유치원 다닐 때도 김정일이 직접 손잡고 갔다. 이복형제 간에 싸움이 생기면 똑같이 타이른다 해도 서러움이 생기기 마련이었다.

여기에 가정불화가 생길 소지가 있었다. 경희와 김정일은 김영주에게 가서 호소하곤 했다. 김영주는 전쟁 중에 결혼했는데, 그 집에 자주 가곤 했다. 어머니와 같이 활동했던 김옥순(최광의 부인), 박정숙 집에도 자주 들렀다. 계모 김성애보다 소련에 있을 때부터 키워주던 사람들과 사이가 더 좋았다. 김정일은 밖에서 며칠씩 자고 오기도 했다.

김정일은 나이가 들면서 아버지가 속상해 할까봐 의식적으로 어머니라는 호칭을 썼다. 그러나 경희는 끝내 어머니라고 하지 않았다. 밥도 차려주면 먹지 않고 자기가 차려먹었다. 경희가 결혼식 할 때도 김성애는 거의 간섭을 못했다.

경희는 장성택(張成澤, 현 조선노동당 행정부장)과 함께 모스크바대학에 유학 갔다 1972년 김일성의 60세 생일을 앞두고 돌아왔다. 이들을 마중하기 위해 친가와 외가 친척들이 모두 평양역으로 나갔다. 그런데 기차에서 내린 경희는 만경대에서 나온 재종할머니 등에게 반갑게 인사를 다하면서도 김성애한테는 눈도 한번 안 맞추고 가버렸다.[32]

김정일은 철이 들면서 울며 겨자 먹기로 가정과 아버지를 위해 김성애와 원만한 관계를 유지하려고 애썼다. 또 성장하면서 부딪칠 일도 없었다. 그러나 1960년대 후반 김성애가 민주여성동맹 위원장이 된 후 치맛바람을 피우기 시작하면서 두 사람은 돌이킬 수 없는 사이가 돼 버렸다.

1954년 9월 1일 김정일은 평양 제1중학교에 입학했다. 북한은 이 시기에 김정일이 만경대와 칠골 혁명사적지 참관을 조직(1955년 4월)했고 보천보, 삼지연을 비롯한 백두산일대의 혁명전적지를 답사(1956년 6월)해 '백두산 혁명전적지 답사행군길'을 개척했다고 선전한다.

1957년 9월 1일 김정일은 평양 남산고급중학교에 입학했다. 남산고급중학교에 진학한 김정일은 이 학교 민주청년동맹 부위원장(당시 위원장은 교원)을 지냈으며 1960년 7월 졸업했다. 북한의 김정일 전기들은 예외 없이 그의 학업성적이 전 과정, 전 과목에서 최우등이었으며 그가 학생들 사이에서 탁월한 지도력을 발휘했다고 선전한다.

그러나 아직 이 선전의 진위를 밝혀 줄 만한 자료나 증언은 없다. 다만 이때부터 김정일은 사회과학 분야에 관한 과외학습을 받았다는 사실은 여러 증언에서 확인됐다. 김정일은 또한 노동당 중앙위원회 전원회의를 비롯한 당·정·군의 대규모 정치행사와 회의에 빠짐없이 참석해 회의 진행상황을 방청했다. 북한은 김정일이 1958년 만 세대의 살림집 건설을 위한 부재 생산, 대동강 유보도 1계단 건설 마감 정리작업, 1959년 평양 학생소년궁전 건설, 대동강 호안공사에 학생들과 함께 참여했다고 선전한다.

김정일이 학교를 다니는 동안 김일성과 빨치산 출신들은 그를 특별 배려했다. 김정일을 집에 머무르게 하고 평양 시내의 유명한 선생과 가정부를 따로 두어 그에게 특별교육을 시키도록 했다. 당시 노동당 조직부 지도

▲ 1950년대 만경대혁명학원의 모습.

원을 하던 숙부 김영주가 거의 매일 집으로 찾아와 김정일을 돌봤다고 한다. 김일성은 김정일에게 중학교 2학년 때부터 김정일에게 학과별·취미별로 가정교사를 배정해 학업과 취미생활에 전념케 했다.

빨치산 동료들의 지극한 배려는 김정일의 생모이자 자신들의 빨치산 혁명동지인 김정숙의 유언에 기초한 것이었다. 이들 빨치산 1세대들은 그후 김정숙과의 약속을 지키기 위해서, 또는 권력자인 김일성에 영합하기 위해서 김정일에게 온갖 정성을 다 기울였다. 김정일 역시 자신들에게 온갖 힘을 기울이는 이들에게서 혈육 이상의 정을 느낄 수밖에 없었다.

김정일은 중학교 3학년 때 김일성의 동유럽 공산국가 순방길에 동행했다. 김정일이 "동독에 유학했다", "모스크바대학에서 공부했다"는 말들은 바로 이 해외여행 때문에 생긴 소문들이다.

▲ 백두산혁명전적지 답사단과 함께 보천보를 방문해 기념촬영을 한 김정일(2번째 줄 왼쪽에서 3번째).

1959년 모스크바에서 열린 소련공산당 제21차 대회에 참가했을 때 김정일을 처음으로 직접 만나 본 황장엽의 회고를 들어보자.

1959년 1월 나는 김일성을 수행하여 소련공산당 제21차 대회에 참가하기 위해 모스크바로 갔다. 당시 김정일은 고급중학교 졸업반이었는데 우리와 동행했다. 나는 김정일이 아버지 김일성을 따라 중앙당 청사에 나오는 것을 몇 차례 본 적은 있어도 직접 만나 보기는 처음이었다.
김정일은 내가 김일성종합대학에서 교수를 하다가 온 것을 알고는 특별히 호감을 갖고 대했고, 나 역시 그를 지도자의 아들로서 따뜻하게 대하면서 좋은 관계를 가지려고 노력했다. 김정일은 영리하고 호기심이 많아 나에게 대학의 학과 내용에 대해 이것저것 많은 것을 물어 왔다.[33]

이때 이미 김정일은 김일성의 호위나 건강문제에 대해 관여하기 시작했다. 계속해서 황장엽의 회고를 들어 보자.

그는 아버지를 모시는 일에 특별한 관심을 쏟았다. 아침마다 자기 아버지가 나갈 때 부축을 하고 나서는가 하면, 신발을 신겨주기도 했다…… 김일성은 아들의 부축을 받을 때면 마냥 흡족해했다. 저녁에 김일성이 돌아오면 김정일은 부관들과 의사, 간호원 등 수행원들을 집합시켜 놓고 그날 있었던 일에 대해 보고를 받고 이런저런 지시를 하곤 했다. 김일성을 수행한 대표단에는 호위국원들도 많았는데, 김정일이 사업을 직접 관장하고 부관들과 수행원들에게 구체적으로 일을 지시한다는 것은 상식을 초월한 행동이었다.

하루는 김정일이 소련의 공업농업전람관을 가 보자고 해서 그를 데리고 갔는데, 기술적인 문제를 자꾸 질문하여 통역하는 데 애를 먹었다. 그래서 나는 웬 기술에 그리 관심이 많으냐고 물었다. 그랬더니 이렇게 말했다. "아버님께서 관심을 갖고 있는 문제이기 때문입니다.[34]

북한은 이 시기에 김정일은 엄청난 독서광이었으며, 아주 다양한 분야의 책을 읽었다고 선전한다.[35]

1960년 9월 김정일은 김일성종합대학 경제학부 정치경제학과에 입학했다. 당시 풍조가 "사람이 대성하려면 외국유학을 다녀와야 한다"는 분위기였으므로 많은 사람들이 그가 외국유학을 떠날 것으로 추측했다고 한다. 그러나 그는 유학을 떠나지 않고 김일성대학을 선택했다.

한때 김정일은 소련 유학을 권유받기도 했다. 김정일은 허담(許談, 전 조국평화통일위원장)에게 "어떤 사람들은 나에게 고급중학교를 졸업하면 다른 나라 종합대학에 가서 공부할 것을 권고하지만 나는 우리나라에서 배우려고 합니다"라며 김일성종합대학 경제학부에서 공부하겠다는 의사를 표시했다고 한다. 황장엽의 회고록에도 비슷한 대목이 나온다.

> 모스크바종합대학도 가보고 싶어 하여 안내를 했는데, 같이 간 소련공산당 조선
> 담당 과장이 김정일에게 아부를 한답시고 한마디 했다.
> "동무도 고급중학을 졸업하고 모스크바 종합대학에서 공부하시겠지요?"
> 그러자 김정일이 발끈한 목소리로 대답했다.
> "평양에도 김일성종합대학이라는 훌륭한 대학이 있어요. 나는 김일성대학에서
> 공부할 것입니다.[36]

이와는 다르게 일부 국내 언론에서는 김정일이 남산학교 고등반까지 수료한 후 동독 항공학교로 유학 갔으나 망나니 성품으로 인해 끝까지 수학하지 못하고 2년 만에 중퇴, 1961년 김일성종합대학에 편입했다고 주장하고 있다. 그러나 이 주장은 대학 진학을 앞둔 고급중학시절 외국여행을 한 것이 잘못 전해진 것으로 보인다.

1960년 9월 김일성대학에 입학한 김정일은 다음해 7월 22일 노동당에 입당, 대학 당 위원회 세포에서 당 생활을 시작했다. 이때부터 아버지를 따라 '정치 현장실습'을 했다. 대학시절 김정일은 김일성의 저작을 중심으로 1년에 만 페이지씩 읽는 이른바 '만 페이지 책읽기운동'을 발기하는 등 다양한 학내 정치활동을 폈다고 북한 전기들은 쓰고 있다.

김정일은 대학시절부터 김일성, 김영주 등의 배려로 본격적인 '정치지도자' 수업을 받기 시작했다. 노동당 정치위원회의 결정으로 채희정(蔡喜正) 등 김일성의 비서들과 도유호(都宥浩), 김석형(金錫亨), 김광진(金洸鎭), 정진석(鄭鎭石), 박시형(朴時亨), 이재형(李在亨) 등 당시 각 분야의 최고 실력

자들로 김정일을 위한 지도교수그룹이 구성됐다.

　노동당 정치위원회 상무위원회는 지도교수그룹의 활동을 수시로 보고 받고 대책을 토의하는가 하면 교수들의 활동을 백방으로 지원해 주었다. 당시 노동당 조직지도부 제1부 부장 김영주가 이들을 관장하고 사업을 추진했다. 김영주는 중앙당 조직지도부 책임지도원 박수동(朴壽東)을 김일성 대학 당 위원장으로 파견하여 학교에서도 김정일 교육에 특별히 신경을 쓰도록 했다.

　김정일은 대학 4년 동안 정치경제학을 공부하면서 각 분야를 전공한 지도교수들의 강의를 통해 지도자 수업을 받았다. 당 투쟁사 부문에선 장

▲ 김일성종합대학 시절 김정일이 김일성 주석, 여동생 김경희와 함께 기념촬영을 하고 있다.

성엽(張成燁: 김정일의 매제 장성택의 친형)이 개인교습를 했고, 과학원 경제학연구소장 김광진(金洸鎭)에게 정치경제학을, 김일성대 역사학부장 박시형에게는 혁명사를, 과학원 산하 어문학연구소장 김병제(金秉濟)에게서는 어학을 각각 배운 것으로 알려져 있다.[37]

이와 같이 김정일은 대학 4년 동안 학문적으로 일반지식에 관한 전문적 고등교육을 받았을 뿐만 아니라 자기 아버지의 사상·이론을 체계적으로 습득했다. 그는 김일성 수상 참사실의 참사로 있으면서 김일성 명의로 된 논문의 초안 집필자였던 채희정으로부터 김일성의 논문과 저작에 대해 체계적인 강의를 받기도 했다.

북한은 김정일이 대학시절에 「삼국통일문제를 다시 검토할 데 대하여」(1960년 10월), 「현대제국주의의 특징과 침략적 본성에 대하여」(1961년 7월), 「지방경제를 발전시킬 데 대한 우리 당 방침의 정당성」(1962년), 「사회주의 건설에서 군(郡)의 위치와 역할」(졸업논문), 「수령님의 혁명사상에 기초한 당원들의 사상의지적 통일과 단결을 강화하자」, 「대학생들 속에서 혁명적 세계관을 튼튼히 세울 데 대하여」 등의 논문을 썼다고 주장한다.

이 논문들은 개인교수들에게서 받은 과제였다고 한다. 김정일의 정치적 관심과 실력을 배양하려는 김일성의 의도에서 비롯된 것이었다. 개인교수들은 그에게 계획적으로 과제를 주고 정리된 논문을 수정해 주는 일을 도맡았다. 그중 「지방경제를 발전시킬 데 대한 우리 당 방침의 정당성」은 그해 8월 지방당 및 경제일꾼 '창성(昌城) 연석회의'에서 당 방침의 기초자료가 되기도 했다.[38]

그의 졸업논문에는 이례적으로 학사학위가 수여되었다. 이는 엄청난 특례였다. 북한에서는 대학 졸업 뒤 박사원에 들어가 몇 년을 더 공부한 다음 학사 자격시험에 합격하고 제출한 학사논문이 통과되어야만 학사학위를 받을 수 있기 때문이었다.

김정일은 대학시절 아버지를 따라 '현지지도'에 동행하는 혜택을 누렸다. 기회가 있을 때마다 평양 시내의 공장들과 주변 농촌은 물론이고 양강도 풍산, 함흥 용성기계공장과 비닐론공장 건설장, 수풍발전소, 남포제련소, 황해제철소 등을 방문했다. 실무를 통해 실물경제를 배우면서 아버지의 '현지지도' 방식을 속속들이 체득한 셈이다.

이 밖에도 그는 김일성의 해외여행에 동행했고, 대학 4학년 때에는 숙부 김영주와 함께 소련 등 공산권 국가를 일주한 바 있었다고 한다. 그에게 국제적 감각과 안목을 키워 주려는 배려였다.

게다가 김정일은 대학 당 위원회 소속이면서도 노동당 중앙의 주요회의를 방청할 수 있는 특혜를 누렸다. 대학 3·4학년 때는 당 정치위원회 회의, 당 중앙위원회 전원회의를 비롯해 내각회의, 최고인민회의, 군 계통의 군사간부회의, 정치간부회의 등 중요한 회의에는 대개 참석했다. 이는 김일성의 아들이 아니고선 불가능한 일이었다.[39]

김정일이 대학을 다니던 때는 김일성대학에서 사상투쟁이 극심할 때였다. 친소적 경향을 갖는 소련파, 소련 유학파를 겨냥한 것이었다. 북한에서 '반종파투쟁'의 회오리가 몰아친 것은 1956년 가을부터였고, 1958년 3월쯤에는 사태가 매듭지어졌다.

그러나 대학에는 불씨가 남아 있었다. 여전히 소련식 교과서로 교육이 진행되고 있었다. 교원들 중에는 소련식 입장을 갖고 있는 이들이 많았기 때문이다. 김일성 세력으로선 최고학부인 김일성대학이 수정주의, 교조주의 잔재의 본거지가 될지 모른다는 우려를 갖기에 충분했다. 이런 분위기에서 김정일이 동료학생, 교원들과 함께 대학 개편작업에 참가했던 것이다.

김일성대학에서는 김정일의 월권행위에 반발하는 교원과 학생들이 일부 있었으나 노골적으로 불만을 터뜨리면 다른 대학으로 쫓겨 갔다고 한다. 박병엽은 "김일성대학 경제학부 학생 8명이 원산경제대학으로 전학간 일도 있다"고 증언했다.

그러나 이런 일련의 과정을 통해 김정일이 김일성의 후계자 및 지도자로 떠올랐다는 점은 부인하기 어렵다. 엄청난 특혜와 특별학습을 통해 김정일은 최고의 엘리트교육을 받은 후계자로 육성됐다. 김정일의 대학생활은 체계적인 '정치지도자' 훈련과정이었다.

김정일 등장과 후계자 결정 과정

김정일 후계체제는 후계자 지명, 후계체제의 형성, 그리고 후계체제의 공개화라는 3단계를 거쳐 완성되었다.[40]

제1기는 1964년 김정일이 대학을 졸업하면서부터 1974년 2월 13일 당 중앙위원회 제5기 8차 전원회의에서 당 비서 겸 정치위원으로 선출되고 당내에서 후계자로 지명될 때까지이다.

제2기는 당 중앙위원회 제5기 8차 전원회의부터 1980년 10월 10일 제6차 당대회에서 그가 당 중앙위원회 위원, 당 비서, 정치국 위원, 정치국 상무위원, 군사위원회 위원으로 선출되어 공식 석상에 등장하기까지다.

제3기는 제6차 당대회 이후 김일성 사망할 때까지이다.

여기서는 제1기와 제2기 시기를 주로 다루기로 한다.

1. 후계자 부상 과정

김정일은 1964년 김일성종합대학을 졸업하고 노동당 중앙위원회에 배속됐다. 이때부터 김정일은 본격적으로 북한 정치에 발을 들여놓았다. 김정일은 1964년 4월 초에 지도원 직급으로 중앙당에 들어갔다. 처음에는 내각을 담당하는 중앙지도과에 있다가 종합지도과로 자리를 옮겼다. 2년 가까이 지난 뒤에 중앙지도과 책임지도원으로 승진했다. 이때 김정일은 김일성 경호를 담당하는 호위처 업무도 동시에 관장했다.

노동당의 조직지도부는 북한 전체를 움직이는 핵심부서이다. 그중에서도 중앙지도과, 종합지도과, 간부지도과, 검열지도과가 가장 중요한 부서이다. 중앙지도과는 내각과 내각 산하 각 중앙기관 · 부처, 국가보위부, 사회안전부 등 전 국가적 통치(행정)기구를 직접 지도한다. 종합지도과는 인민군 총정치국, 사회안전부 정치국, 철도성 정치국 등 정치국이 있는 특수 국가기구를 종합적으로 지도한다. 결국 중앙지도과와 종합지도과가 국가의 중앙기구를 직접 관리하는 조직이다. 쉽게 얘기해서 권력의 핵심기구 중의 핵심이다. 김정일이 노동당에 들어가서 처음부터 가장 중요한 핵심부서에서 출발했음을 의미한다.

김정일은 중앙지도과에 있을 때 내각과 내각사무국을 담당했다. 내각의 총리, 부총리들, 사무국장, 사무국 관리 등을 지도하는 자리였다. 종합지도과에서는 인민무력부, 사회안전부 등을 담당했다. 일개 지도원이라고 하면 남쪽에서는 우습게볼지 모르지만 북한에서는 다르다. 예를 들어 중앙지도과 지도원의 경우 내각 산하 기구의 당 위원회비서, 내각 상(장관), 부상(차관)급을 상대하며 국장급은 상대도 하지 않는 실세자리다. 김정일의 경우 내각 당위원회를 담당했다고 한다.

김정일은 먼저 국가기구를 관장하는 중앙지도과에 근무하면서 당 중앙위원회 내부사업 전반을 이해했다. 김정일은 한때 내각 수상 참사실(비서실)로 옮겨 정부의 내부사업도 파악했다. 이때 김정일은 당과 정부 사업의 전반적 상황을 파악했다.

파격적인 조치였다. 24세 밖에 안 된 김정일이 당 조직지도부장인 숙부 김영주 밑에서 당과 정부의 전반적 사업에 관여하기 시작한 것이다. 김정일은 본격적으로 당내 권력기반 장악에 나섰다. 그가 당 조직지도부에 들어온 지 얼마 후인 1967년부터 때마다 노동당 권력 내부에서 일대 소용돌이가 일어났다. 바로 '갑산파사건' 이었다.

김일성 빨치산파에 속하면서 1940~1950년대의 권력투쟁에서 살아남은 갑산파의 선두주자 박금철, 이효순 등은 1967년 5월 중순 노동당 4기 15차 전원회의에서 대대적인 비판을 받고 숙청됐다.

1967년 5월 4기 15차 전원회의에서 혹독한 비판이 있은 후 일단 갑산파는 모두 해임됐다. 박금철과 이효순은 지방 농기계작업소의 부지배인으로 쫓겨났다 노동자로 전락했고, 재차 '종파주의자 집단수용소' 인 특별교양소에 감금됐다. 이들에게 동조한 김도만(金道滿, 선전담당 비서 겸 선전선동부장)과 박용국(朴容國, 국제부장), 허석선(許錫宣, 과학교육부장), 고혁(高赫, 부수상), 하앙천(何仰天, 최고인민회의 상임위원) 등도 숙청되었다.

당시 김정일은 당 조직지도부가 전원회의를 조직·준비하는 과정에서 갑산파 숙청과 유일사상체계 확립에 깊숙이 관여했다. 그때 그의 나이 25세였다.

유일사상체계 확립 방침이 공개된 것은 1967년 7월 4기 16차 전원회의 때였다. '박금철·이효순 사건' 은 김일성의 사상을 당의 지도사상으로 확립하고 모든 당활동에서 이를 관철시켜 나간다는 '유일사상체계' 가 시동을 거는 단초를 제공했다. 김일성의 절대권력이 자리잡는 '수령제' 탄생의 결정적인 계기였던 셈이다. 김정일은 이들의 숙청을 주도해 당내 입지를 강화했다.

1967년에 김정일은 지방의 여러 공장과 기업소들을 둘러보는 기회를 가졌다. 북한은 김정일이 1967년에 용성기계공장을 비롯해 함흥모방직공장, 구성방직공장, 평양제사공장, 대안전기공장, 숙천군협동농장, 청산리 협동농장을 지도했다고 선전한다.

당 조직지도부에서 '박금철·이효순 사건'을 마무리한 김정일은 1968년 노동당 중앙위원회 선전선동부 문화예술지도과장으로 자리를 옮겼다. 노동당 내에서 당의 조직사업을 장악하는 조직지도부와 함께 선전선동부는 당의 선전사업을 장악하는 핵심부서로 손꼽힌다.

당시 사상담당 비서는 양형섭(楊亨燮)이었다. 당전반적인 선전사업보다는 교육·과학 부문에 관한 업무를 주로 담당했고, 김정일의 눈치를 살피는 입장이었다고 한다. 숙청된 선전선동부장 김도만의 후임인 김국태(金國泰)는 김일성의 빨치산 동료 김책의 아들이다. 그는 당시 건강이 좋지않아 병원생활이 잦았다. 실질적으로 선전선동부는 과장에 불과했던 김정일의 수중에 놓인 것이나 마찬가지였다.

1967년 말이 돼서야 박금철·이효순의 당권 도전 여파가 진정되었다. 이때만 해도 노동당 내부에는 '김일성→김영주→다음세대'의 후계구도가 관철되는 듯한 분위기였다.[41]

그러나 이번엔 빨치산 그룹 내의 '군부 강경파'가 노동당의 후계구도에 반발했다. 1968년 중반부터 군부 지도자인 민족보위상 김창봉(金昌奉), 대남사업총국장 허봉학(許鳳學) 등이 김영주에 반기를 들었다. 1968년 10월 노동당은 군 전반에 검열사업을 진행했다. 노동당은 또 한 차례 숙청바람에 휩싸였다.

김정일은 이 사건과 관련해 인민군 당 전원회의의 일정을 준비하고 보고서 작성, 토론 준비, 결정서·문건 작성을 직접 준비했다.

주목할 대목은 이 시기 김정일이 대학에서 배운 것을 실제로 업무에 적용·집행함과 동시에 전국·전당적 범위에서 사업을 조직·지도하는 역할을 했다는 점이다. '박금철·이효순 사건'과 '김창봉·허봉학 사건'을 겪으면서 김정일은 자연스럽게 권력이란 무엇인가에 대한 안목을 갖게 되었다.

김정일이 자신의 전문성을 발휘할 기회를 잡은 것도 바로 이 시기였다. 박금철·이효순 사건은 영화예술 분야에도 파장을 불러일으켰다. 이들 갑산파가 1930년대 항일무장투쟁 당시 갑산공작위원회의 역할을 과대포장하려 했던 것이다. 박금철은 당 선동선동부장이던 김도만을 시켜 자신을 김일성과 동격화하는 '일편단심'이라는 영화를 제작했다. 박금철이 서대문형무소에 있을 당시 그의 처가 남편에게 충성을 다했다는 줄거리였다. 이 부분에 대해 빨치산 출신들은 집중 비판했다. 그 밖에도 여러 편의 영화가 문제시됐다.

이미 고등중학교 시절부터 영화·연극·음악 등에 관심이 많던 김정일의 당시 직책은 문화예술지도과장이었다. 1967년 9월초 평양의 예술영화촬영소에서 열린 영화예술 분야에 대한 박금철·김도만의 '반당적 여독' 청산을 위한 확대정치위원회에서 25살의 김정일이 뒷처리를 자임하고 나섰다. 김일성은 못이기는 체 그에게 영화예술분야에 대한 책임을 맡겼다. 이를 계기로 김정일은 당의 사상사업 전반을 장악하는 실권자로 발

▲ 1970년대 '기악부문 사업'을 지도하는 김정일의 모습

돋움하는 계기를 마련했다.

김정일은 이때 시나리오 창작사인 4·15 창작사를 만들고 현대적 기계와 영화제작 설비를 사들였다. 그리고 작가, 영화인들의 대우를 개선하고 직접 당원증을 교부해 주는 등 회유와 특혜를 베풀어 이들을 사로잡았다. 1970년 6월에는 작가, 연출가들을 모아 놓고 "사회주의현실을 반영한 혁명적 영화를 더 많이 창작하자"는 담화를 했다고 한다. 이 무렵 김정일은 중앙당 사무실은 거의 비우다시피 하고 평양대극장과 조선영화촬영소에서 상근하면서 작가와 영화인들을 독려했다.

1969년부터 김정일은 영화 〈피바다〉, 〈꽃파는 처녀〉, 〈한 자위단원의 운명〉, 〈밀림아 이야기하라〉 등을 영화를 제작했다. 그리고 이 영화들을 5대 '혁명 가극'으로도 만들어 무대에 올렸다. '혁명원로'들은 김정일이 만든 가극과 영화를 보고 큰 감동을 받았다고 한다.

김정일은 1970년 9월 선전선동부 부부장직에 올랐다. 파격적인 승진이었다. 선전선동부장 김국태나 사상담당 비서 양형섭이 있었지만 선전사업에 관한 권한은 이미 김정일에게 집중되어 있었다. 김정일은 조직비서였던 삼촌 김영주가 질병 치료차 주로 외국과 휴양지에서 머물게 되자, 김일성대학 당 위원장을 맡았던 박수동을 조직지도부 제1부부장에 앉혀 놓고 조직지도부의 업무까지 관장했다. 노동당의 양대 핵

▲ 1970년대에 영화제작 분야를 현지지도하고 있는 김정일 비서.

심부서인 선전선동부와 조직지도부를 장악한 김정일은 1970년대 초에 이미 권력 핵심의 강력한 실권자로 떠올랐다.

김정일은 김일성의 권위에 직접 관련된 문제나 노동당의 역사적 의의를 부각시키는 것에 관한 문제는 거의 독자적으로 처리했다. 새로운 노동당 당증 도안·작성·교부하는 문제, 김일성의 초상을 도안·작성·제작·교부하는 문제, 김일성 훈장과 선물에 관한 문제 등을 주관했다.

이 무렵부터 문화·예술 부문 종사자들 사이에서 '영명한 지도자', '친애하는 지도자'라는 호칭이 나오기 시작했다. 또한 김일성의 측근들도 이때부터 김정일을 김일성의 후계자로 간주했다. 김정일 옹호자들은 나아가 문화·예술 부문에서 시작된 김정일 우상화 작업을 차츰 사상사업 부문으로 확대했다.

그들은 "영명하신 지도자 동지는 당사업의 천재요, 수령님의 사상·이론을 완벽하게 재현한 사상·이론의 천재요, 수령님의 영도예술과 고매한 덕성을 완벽하게 재현한 영명하신 지도자"라고 찬양하기 시작했다.

1973년 4월 김정일은 「영화예술론」을 발표했다. 이로써 김정일은 문화·예술을 이론에서 실천까지 지도하고, '종자론'으로 대표되는 자신의 독자적인 이론을 제시함으로써 당 선전선동 부문에서 확고한 위치를 다질 수 있었다.

이 시기에 김정일은 채찍과 당근 즉 강도 높은 조직·사상생활과 선물을 적절하게 구상하며 자신의 능력을 드러내 보였다. 빨치산1세대들은 김정일의 능력과 능숙한 용인술에 만족했다고 한다. 이들이 김정일의 등장에 반대하기보다 오히려 김일성에게 조속히 김정일을 후계자로 공식 확정할 것을 권유하도록 했다는 것이다.

2. 후계자 논의의 배경과 결정 과정

김정일이 후계자로 내정됐을 때 그의 나이는 고작 33세에 불과했다. 무엇이 북한 지도부로 하여금 그렇게 일찍부터 그를 후계자로 결정해 20여 년간 정치훈련을 쌓도록 한 것일까? 당시 북한이 직면했던 안팎의 조건들이 후계자 논의를 불러왔다는 것이 지금까지의 대체적인 결론이다.

실제로 1960년대 후반 권력의 핵을 이루던 김일성과 빨치산그룹이 후계문제를 심각하게 고민한 흔적이 있다. 계승자를 자칫 잘못 내세워 전임자를 배반하거나 하루도 정권을 유지하지 못하는 사태가 생길 수도 있다는 판단이었다.

후계문제가 절박했던 데는 우선 외부요인이 깔려 있었다.[42]

소련에서 스탈린 사후에 권력을 장악한 흐루시초프는 1956년 2월의 소련공산당 제20차 대회에서 대대적으로 스탈린 비판에 나섰다. 그 일은 즉각 북한의 정치권에도 영향을 미쳤다.

1956년 8월 29일에 개최된 당 중앙위원회 8월 전원회의를 앞뒤로 심각한 당내 투쟁이 벌어진 것이다. 연안파의 윤공흠이 같은 파의 최창익, 소련파의 박창옥 등과 공동전선을 펴 김일성의 '개인숭배'와 '중공업 우선정책'을 공공연히 비판하기에 이르렀다.

이들은 전원회의에서 차례

▲ 1984년 10월 3일 만수대 TV를 방문한 김정일 비서가 방송장비를 직접 둘러보고 있다.

로 김일성 비판연설을 감행하려 했다. 중앙위원 다수의 찬동을 얻는 합법
절차를 밟아 '김일성 실각'을 기도했던 것이다. 그러나 윤공흠의 연설이
김일성파에 의해 제지되고 주모자들은 중국으로 망명했다. 이들의 거사계
획은 물거품으로 끝났다. 이른바 '8월 종파사건'이었다.

이 사건으로 김일성의 권력에 대한 도전의 불은 일단 꺼졌다. 그러나
김일성은 큰 충격을 받았음이 분명하다. 박병엽은 "김일성과 빨치산그룹
은 소련의 영향으로 노동당 내에서도 도전세력이 꿈틀거린 것에 심한 충격
을 받았다. 이들은 이러한 소련의 상황이 레닌과 스탈린이 후계자를 옳게
준비하지 못했기 때문이라고 결론지었다"라고 증언했다.

이 사건을 계기로 김일성과 빨치산세력은 내부적으로 후계문제를 심각
하게 고려하기 시작했다.

한편 중국은 1960년대 중반에 문화혁명의 소용돌이에 휩싸였다. 이 와
중에 홍위병이 김일성에게 '수정주의자'라는 올가미를 씌운 것에 대해 북
한 지도부는 격분했다.[43]

이렇게 소련과 중국의 사태가 김일성과 빨치산세력에게 후계문제를 서
둘러 처리하도록 내몰았던 게 분명하다. 박병엽은 "1960년대 중반부터
1971년까지 소련과 중국의 권력동향을 자세히 소개하는 당 내부 「통보자
료」를 발간했다"고 증언했다.[44] 이 자료는 중국과 소련에서 후계문제를 잘
못 처리해 겪은 진통을 상세히 소개한 것이었다. 일주일에 한 차례씩 당 중
앙의 지도원급, 내각 성의 부국장급, 도당의 책임지도원급, 군당의 부장급
까지만 배포됐다. 자료 배포와 함께 간간이 간부들에게 후계문제의 절박성
을 호소하는 토론도 조직했다. 당시 북한 지도부가 얼마나 후계자문제에
부심했는지를 단적으로 보여준다.

그러나 후계문제의 절박성은 단지 외부요인 때문만은 아니었다. 노동

당 안에서도 1960년대 중반에 심각하고 복잡한 권력투쟁의 양상이 나타났다. 김일성파는 1956년 '8월 종파사건' 이후 1년 반에 걸친 '반종파투쟁'을 통해 연안파와 소련파 제거에 성공했다. 그 결과 1961년 노동당 제4차 당대회에서는 김일성 직계 빨치산세력이 당 중앙위원에 대거 등용됐다.

이 대회에서는 범빨치산파로 분류할 수 있는 갑산파의 등장도 눈에 띄었다. 갑산파는 해방 전에 함경북도 갑산지역에서 만주의 김일성 부대와 연결되어 지하활동을 한 갑산공작위원회 관련자들이다. 1961년 제4차 당대회 이후 적어도 6년 남짓은 북한정치가 조용했다.

그런데 1967년에 갑산파가 도전세력으로 나서 후계문제 처리가 더욱 급박해졌다. 1967년 5월에 열린 당 중앙위원회 4기 15차 전원회의의 현안이었던 '박금철·이효순 사건'은 후계문제와 직접 관련된 사건이었다. 1950년대의 8월 종파사건이 김일성 권력에 대한 도전이라면 '박금철·이효순 사건'은 처음으로 2인자 자리를 놓고 벌어진 권력투쟁이었다.

북한 지도부에게 다시 한 번 후계자 문제를 생각케 한 사건이었다. 어떤 형태로든 당내 혼란을 막기 위해 후계자 선정을 서두를 필요성이 제기됐다.

김성애의 치맛바람도 적잖은 역할을 했다. 1969년 2월 조선민주여성동맹 위원장이 된 김성애는 월권행위를 일삼았다. 마치 김성애가 노동당 위에 군림하는 듯한 현상까지 나타났다. 김성애는 김일성이 1971년 1월 전국농업대회에서 "김성애의 얘기는 내 얘기와 마찬가지다"라고 한 말을 빌미로 치맛바람을 휘둘렀다. 그녀는 최고권력을 좌지우지할 정도의 2인자로 행세했다.

김성애는 김일성의 전처 김정숙의 흔적을 역사에서 지우려고 했다. 김정숙을 언급한 문구는 모두 삭제되었고, 김정숙 관련 집필자는 좌천되거나 노동자로 전락되었다. 또한 중국에서 강청이 그랬던 것처럼 김성애는 빨치산 원로들을 무시하는 경향을 노골화했다. 나아가 동생인 김성갑(金聖甲)·김성호(金聖浩)를 중용했고, 이들은 조선시대처럼 하나의 분파를 이뤄 점차 안하무인격으로 행세했다고 한다.

　상황이 이렇게 돌아가자 당연히 빨치산 출신들이 반발하지 않을 수 없었다. 제일 먼저 김성애의 행동에 반기를 든 것은 호위국의 전문섭, 백학림, 조명록 등으로 이들은 빨치산 시절 김정숙과 친밀했던 인물들이다. 이들은 김성애의 치맛바람과 그 일파의 비행을 조사해 당시 영화·가극제작에 정신이 없던 김정일과 함께 1974년 6월 평양시당 대회에서 김성애를 몰락시키게 된다. 몰락한 후 김성애는 두문(杜門)을 당해 6개월간 자모산 별

▲ 1970년대 후반 소련대표단을 맞이하기 위해 김일성 주석과 김성애가 평양공항에 나와 있다. 김성애는 1974년 정치권에서 물러난 후 소련이나 중국의 최고지도자가 방북했을 때 간간이 모습을 드러내기도 했다.

장에 연금되었다.

그 일이 있기 전에는 1973년 9월 후계자로 결정된 후에도 '친애하는 지도자동지'나 '친애하는 당중앙'이라는 존칭을 쓰지 않고 공식 석상이나 여맹회의에서 '정일'이라고 호칭해서 주위 사람들의 지적을 받았다. 이것은 그를 후계자로 인정하지 않았다는 것을 의미했다. 그러나 해금된 후 김정일에 대한 호칭도 바뀌었다고 한다.

마지막으로 당시 당의 조직비서로 당의 참모장격이었던 김영주가 역할을 제대로 못한 것이 후계문제를 서둘러 결정하게 된 또 하나의 원인이었다. 김영주는 1960년대 들어 '김일성→김영주→다음세대'라는 잠정적인 후계구도에서 후계자가 될 수 있는 위치였다.

그러나 김영주가 등장한 이래 '박금철 · 이효순 사건'을 필두로 '김창봉 · 허봉학 사건'이 불거졌고, 이들이 숙청된 뒤에도 김영주가 후계자 역할을 제대로 해 내지 못했다. 그의 능력과 건강 때문이었다. 김영주는 정치안목이 부족해 조직지도부장을 하면서 좌경적 오류를 범했다는 지적을 받기도 했고, 1960년대 중반 이후 잦은 병치레로 휴양소와 소련, 루마니아를 전전했다. 결국 김영주가 제 역할을 못하는 와중에 김성애가 후계구도의 틈을 비집고 치맛바람을 일으켰던 것이다.

위기감을 느낀 빨치산 원로들은 새로운 대안을 모색하기 시작했다. 김일성의 병도 후계문제에 위기감을 더했다. 목 뒤의 혹이 갈수록 커졌던 것이다. 이에 따라 '김일성→김영주→다음세대'의 후계구도는 조정이 불가피해졌다. 당시 북한 권력의 핵심부에서 이뤄졌던 논의에 대해서는 박병엽의 증언이 가장 자세하다.

김일, 최용건, 오진우, 최현 등 빨치산그룹들과 김영주 사이에서는 김영주의 병이 완쾌되기 어렵다면 그 자리를 다음 세대에 주어 정치훈련을 쌓게 하는 것이 좋겠다는 의견이 나오기 시작했다. 어려움이 있더라도 김영주 대(代)라는 중간과정을 생략하고 다음세대로 후계자를 이월하자는 것이었다. 혁명 1세대가 활동할 때 다음세대의 후계자, 즉 김정일에게 실권을 이양해 후계자로 옹립한다는 취지였다. 주로 빨치산그룹에서 나오기 시작한 이런 얘기들은 1970년 제5차 당대회 준비 과정에서부터 본격화되었고, 김정일을 후계자로 옹립하기 위한 수순이 밟아졌다.

제5차 당대회를 전후해 김일, 최용건, 최현 등 빨치산 원로들은 김정일을 당 중앙위원으로 선출해야 하고 '중앙위원이 곤란하면 후보위원으로라도 올려놓아야 한다'고 주장했다. 당시 선전선동부 부부장이었던 김정일은 직급으로 보아 당 중앙위원회 후보위원으로 선출될 수 있었다. 그러나 김일성은 김정일이 28세로 나이가 어리고 안팎의 비난을 받을 소지가 있다고 판단, 이들의 제안을 일단 보류했다.

김일성은 '김정일이 아직 서른밖에 안됐다'며 반대의사를 보였다. 좀더 넓은 범위에서 후계자를 찾아보자는 얘기도 있었다. 그래서 혁명1세대 가운데 소장격인 백학림, 전문섭, 2세들 가운데는 오극렬, 오용방, 최상욱, 김두남 등이 후계자로 면밀한 검토대상에 포함됐다. 그러나 그동안 지켜본 결과 '김정일과 견줄 사람은 없다'는 최종 결론이 내려졌다.

1973년 4월 15일 김일성의 61회 생일을 계기로 8월 30일 개최된 정치위원회 확대회의에서 김정일을 후계자로 결정하되 우선 조직·선전 부문에 대한 전권을 부여하기로 내부합의를 보았다. 이어서 9월 4일부터 17일까지 열린 제5기 7차 전원회의에서 이미 3월부터 시작된 3대혁명소조운동을 점검하면서 3대혁명소조를 이끌고 있던 김정일을 당 중앙위원회 조직담당 비서 겸 조직지도부장, 선전담당 비서 겸 선전선동부장으로 선출했다.

1973년 9월 제5기 7차 전원회의에서는 3대혁명소조운동 수행상황 문제, '대안(大安)의 사업체계'에 맞는 독립채산제 실시문제, 김정일의 당 비서 확정문제가 다뤄졌지만, 김정일의 비서 선출은 비밀로 감춰졌다.

김정일은 노동당의 핵심인 조직과 선전 부문에 관한 무소불위의 당권을 넘겨받아 후계자로서 탄탄대로에 설 수 있게 됐다. 4명이 하던 일을 한 사람이 맡아 하도록 권력을 집중했던 것이다. 당시 노동당 내부 분위기는 급속하게 김정일 쪽으로 기울었다. 누구도 김정일의 권력세습에 반기를 들거나 이의를 제기할 수 없는 분위기였다고 한다.

북한은 형식적인 추대결의문을 쌓아놓고서 1974년 2월 당 중앙위원회 제5기 8차 전원회의를 개최했다. 8차 전원회의는 하부에서 올라온 결의문에 기초해 김정일을 김일성의 유일한 후계자로 공식 결정했다. 빨치산 1세대가 내부논의를 시작한 지 4년만에 김정일이 공식후계자로 확정되었던 것이다. 이 회의는 김정일에게 당 정치위원회 위원 자리를 주는 동시에 '공화국영웅' 칭호를 안겨주었다.

이때부터 북한 언론은 김정일을 '당중앙'으로 호칭하기 시작했다. 일본인 이시카와 쇼오(石川昌)는 김정일을 정치위원으로 뽑던 날 국가 부주석 김일이 주저하는 김일성을 설득해 김정일을 정치위원에 선임되도록 했다고 주장했다.[45]

빨치산1세대들이 김정일을 후계자로 적극 내세웠다는 주장에 대해서는 반론이 없는 것은 아니다. 그 한 사례로 황장엽은 "일부 사람들은 김일성과 함께 항일무장투쟁을 전개한 원로들이 김정일을 후계자로 내세운 것으로 오해하고 있는데, 그건 그렇지 않다. 항일투사 가운데 그런 견해를 내놓을 만한 인물도 없었고, 무엇보다 설사 그런 의견을 내놓은 사람이 있었다고

하더라도 김일성이 조금이라도 반대의사를 표시했다면 그렇게 될 리가 없었기 때문이다"라고 주장했다.[46]

반면 김일성은 김정일을 후계자로 선정하는 데 '항일혁명투사'들이 선구적 역할을 했다고 그의 회고록에서 밝혔다.

> 김정일 동무를 받드는 데는 항일혁명투사들이 예나 지금이나 변함없이 앞장에 서 있습니다. 항일혁명투사들이 김정일 동무를 수령의 유일한 후계자로 내세운 것은 그가 당과 국가, 군대를 령도해야 민족의 장래가 담보되고 백두산에서 개척한 주체의 혁명위업이 한치의 편차도 없이 대를 이어 빛나게 계승·발전될 수 있다는 확고한 신념을 가지고 있었기 때문입니다. 항일혁명투사들이 그를 수령의 후계자로 추대했다는 것은 곧 군대가 그를 민족의 령수로 내세웠다는 것을 의미합니다. 김일, 최현, 오진우와 함께 임춘추는 김정일 동무를 우리 당과 국가의 수위에 추대하는 데서 선구자의 역할을 한 사람입니다.[47]

어느 주장이 정확한지는 분명하지 않다. 다만 김정일의 성장 과정에서 항일빨치산 세대가 든든한 후원자 역할을 했다는 점, 그 뒤 김정일이 일관되게 '혁명 선배', 즉 빨치산 우대정책을 취하고 있다는 점에서 이들이 김정일이 적극 밀었을 가능성이 크다고 하겠다.

후계자로 선정된 김정일은 정치위원, 조직지도 비서와 부장, 선전선동 비서와 부장이라는 1인 5역의 중책을 맡게 되었다. 이어 1976년 10월에 열린 당 중앙위원회 제5기 12차 전원회의는 김정일을 '김일성 수령의 유일한 후계자', '영명한 지도자', '친애하는 지도자'로 공식 결정했다. 김정일에게 남은 일은 조직지도부와 선전선동부에 측근들을 채워 넣고 권력 장악력을 높여가는 일뿐이었다.

유일지도체제(후계체제)의 확립

1980년 10월 10일 평양에서 개막된 노동당 6차대회에 김정일은 처음으로 외부세계에 얼굴을 드러냈다. 이날 김정일은 주석단 맨 앞줄 왼쪽 끝에 자리를 잡았으며 대회집행부 명단 상으로는 김일성, 김일, 이종옥, 오진우에 이어 다섯 번째였다. 이어 14일에 그는 정치국 상무위원, 정치국 위원, 당 비서, 군사위원으로 선출됐다. 김일성, 김일, 오진우 다음으로 서열 4위였다. 정치국, 비서국, 군사위원회의 모든 지위에 임명된 유일한 경우였다.

한마디로 6차 당대회는 김정일이 후계자임을 내외에 천명하는 행사였다. 6차당대회는 준비에서 회의 진행에 이르기까지 모든 것이 김정일의 책임 아래 진행된 것으로 알려져 있다.

그러나 김정일이 후계자로 확정된 1974년 2월 이후 6차 당대회가 있기까지 6년 동안 북한에서 어떤 일이 벌어졌고, 김정일이 어떻게 자신의 통치체제를 마련했는지는 거의 알려져 있지 않다.

김정일은 후계자로 공식화되자마자 본격적으로 자신의 통치체계를 구축해가기 시작했다. 김정일은 노동당, 군대, 정부, 대남사업의 순서로 차근차근 자신의 후계체제를 확립했다. 1973년 하반기부터 1976년 중반기까지였다. 이때에 이르러 후계체제의 구축은 일단 완료됐다. 김정일은 후계체제(북한은 이를 '유일지도체제' 라 부른다) 확립을 처음부터 강력하게 추진하면서도 시기적인 단계와 과정을 거쳐 더 집중적으로 조직, 진행시켰다.[48]

1. 유일사상체계의 확립

김정일은 당 조직비서, 사상비서를 맡아 당권을 쥐고 자신의 체제 구축의 방법으로 '당의 유일지도체제 확립' 을 새롭게 제기했다. 유일지도체제의 확립은 곧 김정일 후계체계의 구축을 의미했다. 한마디로 김정일이 김일성과 동등한 위신과 권위를 갖도록 하는 것이다. 당과 국가의 크고 작은 모든 일을 김일성과 김정일에게 집중시키고, 그의 결정에 따르는 체계였다.

1960년대 초반까지 김일성세력은 반대파를 제거하면서 당적 사상체계 확립을 내세웠다. 여기서 한 걸음 더 나가 '당의 유일사상체계' 확립을 새롭게 들고 나온 사람은 김영주 당 조직지도부장이었다. 김영주는 '당의 유일사상체계 확립 10대 원칙'을 만들어 1967년 8월 제4기 16차 전원회의에서 토의, 채택했다.

10대 원칙을 모든 사업과 생활에서 지침으로 삼고 행동하며 그에 준해서 당생활을 총화하도록 강제했다. 여기서 유일사상이란 김일성의 사상을 의미한다. 유일사상체계 확립이란 김일성의 사상으로 무장하고 김일성이 숨 쉬고 말하는 대로 같이 숨 쉬고 말하는 것이었다.

이때부터 김일성에 대한 우상화작업이 본격화되고, 김일성의 혁명역사를 새롭게 쓰고, 김일성 역사연구실을 전국 마을마다 만들며, 도처에 동상을 세우고 김일성이 가는 곳마다 사적비, 사적관, 현지지도 교시판 등을 대대적으로 만들었다.

이때 만들어진 10대 원칙은 김정일이 1974년에 만든 '10대 원칙'과는 내용이 약간 다르다.

김정일은 후계자로 확정되자 당 유일사상(김일성 사상)의 유일한 해석자, 계승자임을 명확히 했다. 김정일은 1974년 2월 25일 실시된 '당 선전선동부문 일꾼들의 회의와 강습'에서 '당 사상사업에서 제기되는 몇 가지 기본문제에 대하여'라는 제목의 강연을 통해 "나는 수령님이 창시하신 주체사상·주체혁명이론·주체의 사업방법의 절대적 신봉자이며, 이것을 더욱 발전·풍부화시켜 나갈 유일한 계승자다"라고 선언했다.

이 말은 자신의 지도이념·지도이론과 방법이 주체사상의 이론과 방법이라는 사실을 공표한 것이다. 특히 이 자리에서 김정일은 '김일성주의'를 최초로 공포했다. 이로써 김일성은 마르크스주의나 레닌주의, 모택동주의처럼 공산주의운동 역사에 몇 안 되는 하나의 사상조류를 형성한 '위대한 혁명가'로 추대된 셈이다.

김정일은 "주체사상과 주체의 혁명이론과 주체의 방법론 세 가지를 전일적으로 체계화한 것이 김일성주의"라고 규정하며 혁명적 수령관으로 김일성주의를 뒷받침해야 한다고 강조했다. 김일성에 대한 신격화·신념화, 충성의 절대성·무조건성이 강조되었다.

▲ 1970년대 중반 김정일 비서가 함경북도 선봉군종합농장경영위원회의 『김일성동지혁명사상연구실』을 현지지도하고 있다.

그는 김일성주의를 실천할 방안으로 '유일지도체제론'을 처음으로 제창했다. 김정일은 "나에게 모든 것을 집중시키는 것이 곧 수령님에게 집중시키는 것이다. 나의 결론과 결정과 비준은 곧 수령님의 그것이다. 유일지도체제 확립이 당의 유일사상체계 확립의 기본핵이 된다"고 주장했다.

김정일은 김일성이 세운 '당의 유일사상체계' 확립의 기본내용에 자신의 '유일지도체제' 확립문제를 제기해 권력승계의 이념을 계승·발전시켰다.

김정일은 당의 유일사상체계 확립의 기본수단으로 1967년 김영주가 만든 '당의 유일사상체계 확립 10대 원칙'에 유일지도체제 확립문제를 포함시켜 1974년 4월 4일 당 중앙위원회 정치국회의에서 토의·결정해 공식 발표했다. 그 후 9월에 열린 제5기 9차 회의에서 공식 채택했다. 이 9차 회의는 비밀회의로 일체의 공식적인 보도가 없었다. 황장엽도 "김정일이 김영주가 예전에 작성한 유일사상체계 확립 10대 원칙을 김일성을 더욱 우상화하는 방향에서 개작했다"고 회고했다.[49] 북한이 공개한 10대 원칙은 다음과 같다.

1) 위대한 수령 김일성 동지의 혁명사상으로 온 사회를 일색화하기 위하여 몸 바쳐 투쟁해야 한다.
2) 위대한 수령 김일성 동지를 충성으로 높이 우러러 모셔야 한다.
3) 위대한 수령 김일성 동지의 권위를 절대화하여야 한다.
4) 위대한 수령 김일성동지의 혁명사상을 신념으로 삼고 수령의 교시를 신조화하여야 한다.
5) 위대한 수령 김일성 동지의 교시 집행에서 무조건성의 원칙을 철저히 지켜야 한다.
6) 위대한 수령 김일성 동지를 중심으로 하는 전당의 사상의지적 통일과 혁

명적 단결을 강화하여야 한다.

7) 위대한 수령 김일성 동지를 따라 배워 공산주의적 품모와 혁명적 사업방법, 인민적 사업작풍을 소유하여야 한다.

8) 위대한 수령 김일성 동지가 안겨준 정치적 생명을 귀중히 간직하며, 수령의 크나큰 정치적 신임과 배려에 높은 정치적 자각과 기술로써 충성으로 보답하여야 한다.

9) 위대한 수령 김일성 동지의 유일적 지도 밑에 전당·전국·전군이 한결같이 움직이는 강한 조직규율을 세워야 한다.

10) 위대한 수령 김일성 동지가 개척한 혁명위업을 대를 이어 끝까지 계승하며 완성해 나가야 한다.

'10대 원칙'이란 다름 아닌 김일성의 신격화와 그에 대한 무조건적이고 절대적인 충성과 복종, 김일성의 주체사상으로 온 사회를 일색화하는 등 온통 김일성 우상화의 내용뿐이었다. 전당, 군, 국가가 김일성, 김정일만의 영도와 지도, 교시와 결론만으로 움직여야 하며, 유일한 후계자인 김정일에게도 목숨을 바쳐 충성해야 한다는 내용이었다.

주도적으로 10대 원칙을 작성, 공표함으로써 김정일은 북한사회의 이념 해석권을 장악했다. 반당적·반혁명적인가 아닌가의 판별이 오직 김정일 자신만이 독점적으로 행사할 수 있는 권리가 된 것을 의미했다. 북한의 당원을 포함한 모든 사람들은 이 10대 원칙에 따라 살고 일해야 하며, 이를 위반할 경우 곧바로 반당적·반혁명적 행위로 규정되어 단호하게 처벌받게 됐다.

이제 남은 문제는 채택된 '유일사상체계 확립 10대 원칙'을 어떻게 전당, 전군, 전국에 침투시키는가 하는 문제였다. 김정일은 이 일을 일련의 단계와 과정을 거쳐 치밀하게 추진했다.

　우선 김정일은 자신의 독특한 지도이론과 방법론을 수립하고 이를 전당·전부문에 지도적 지침으로 확산해 나갔다. 이를 위해 김정일은 직접 관련 문건들을 작성해 배포했다.

　김정일은 1973년 8월 「새로운 당생활체계를 전당으로 일반화할 데 대하여」란 문건을 작성해 정치국에 제출해 통과시킨 뒤 생활체계 확립의 근거로 삼았다. 같은 해 11월에는 「항일유격대식 학습방법으로 김일성주의 학습을 더욱 강화할 데 대하여」를 써서 배포했다.

　다음해 1974년에는 더욱 본격적인 양상을 보였다. 2월에는 「온 사회가 김일성주의를 계승할 데 대하여」를, 4월에는 「주체철학의 리해에서 제기되는 몇 가지 문제에 대하여」와 「당내 유일사상체계를 확립할 데 대한 몇 가지 문제에 대하여」를 내놓았다. 5월에는 「출판·보도부문에서 주체를 세우고 유일사상을 관철할 데 대하여」를, 8월에는 「당사업을 근본적으로 개선하고 온 사회의 김일성주의화를 더욱 다그칠 데 대하여」를 출간했다.

　주체사상에 기초해 새롭게 작성된 이 문건들은 그 뒤 노동당의 이론적·실무적 지침이 됐다. 김정일이 쓴 논문들은 대부분 정치국에 제출됐고, 공식 결정으로 채택됐다.

　김정일은 이 같은 결정을 관철시키기 위해 전례가 없는 방법을 사용했다. 대규모의 강습회를 조직해 진행한 것이다. 과거에도 주요 결정이 내려질 때 해당 부분 관련자들에 대한 강습회가 열린 사례가 있었다. 그러나 김정일이 주도한 대강습회는 참가 대상이나 강습 기간에서 많은 차이점이 있었다.

　과거와는 달리 중앙당이나 지방당의 간부들만을 참가시킨 것이 아니라 전국의 해당 부문 일군들 모두를 대상으로 했던 것이다. 도당·군당 비서들은 물론 군당·공장·기업소의 지도원까지 조직·선전·경제부문의 유급 일꾼 모두가 대상이 됐다. 최고부문에서 최하 말단까지 전국·전부문의 당 조직 구성원들을 대상으로 하는 전례 없는 규모의 강습회였다.

강습 기간도 종전에는 5일 정도였으나, 이번에는 15~20일로 늘었고, 심지어는 한 달씩 계속되기도 했다. 강의방식도 달라졌다. 과거에는 강의만 진행했으나 이번 강습회에서는 하루는 강의하고 다음 날은 집체토의를 진행하는 방식으로 이루어졌다.

이런 방식으로 1974년 2월에는 전당적인 '당 선전선동부문 일꾼들의 회의와 강습', 3월에는 '당 조직 부문 일꾼들의 회의와 강습', 4월에는 '경제 부문 일꾼들의 회의와 강습', 5월과 6월에는 '도·시·군당 및 공장·기업소 당위원회 책임비서들의 회의와 강습'을 진행했다. 김정일은 직접 참여해 강의하고 회의를 주재했다.

다음해인 1975년 2~3월에는 다시 도·시·군당 책임비서들과 중앙당 간부들을 한자리에 모아 회의와 강습회를 열었다. 박병엽은 유일사상체계와 유일지도체제의 확립방안에 회의의 초점이 맞춰졌다고 증언했다. 이 회의가 끝난 후 3대혁명소조의 지도를 전면 개편하는 결정이 내려졌다.

그해 11월에는 도당 책임비서와 중심 군당 책임비서, 중앙당의 부부장급 이상의 간부들을 대상으로 회의와 강습이 벌어졌다.

같은 달 도당책임비서, 도행정경제위원회 위원장, 도인민위원회 위원장, 중앙당의 부부장급 이상 간부, 정무원의 장차관급 간부 등을 한자리에 모아 '항일유격대식·김일성 수령님식 사업방법을 몸으로 체득·관철하자'는 제목으로 강습회가 조직됐다.

나머지 일반 당원 및 대중들에게도 이러한 방식과 체계가 적용됐음은 물론이다. 북한주민들에게 강습이 어떻게 이루어졌는가는 박병엽의 증언이 유일하다.

김정일은 우선 선전선동사업 부문에서 사업체계와 지도체계를 전면적으로 재조정했다. 그 주요한 방식은 학습 · 강습 · 대중강연체계로 구체화됐다. 예를 들어 대중강연체계는 대중들을 한자리에 불러 모아 선전선동부의 지도원들이 연사로 나와 강연하는 것이다. 사안의 중요성에 따라 중앙당 · 도당 · 군당의 지도원들이 연사로 파견된다.

학습은 당원일 경우 당에서, 비당원들은 자신들이 속한 근로단체에서 정기 · 부정기로 시행하며, 당 정책과 혁명역사에 관해 자습했다. 학습성과는 '학습 총화 과정'을 통해 검증받아야 했다. 강습은 대개 일반강습과 집중강습으로 나눠진다. 중요한 당 정책의 전환이나 중요 문건들이 발표될 때 집중강습을 실시했다.[50]

김정일의 지시나 문건이 일반 대중들에게까지 조직적으로 침투되도록 강습과 학습을 일상화한 것이다.

김정일은 이러한 선전선동체계를 도입하는 데 그치지 않았다. 이 체계를 규범화, 정기화했다. 예를 들어 수요 강습시간에는 실무기술을 위주로 강습이 진행됐고, 금요일에는 노동이나 군사학습을, 토요 학습시간에는 당 정책과 혁명역사를 위주로 정치학습이 시행됐다. 한마디로 당 간부부터 일반주민까지 쉴 새 없이 강습과 학습을 하도록 했다.

김정일은 당원들에게 '10대 원칙'의 생활화를 요구하는 한편, 자신이 직접 구호를 제창하기도 했다. '생산도 학습도 생활도 항일유격대식으로!', '수령의 높은 정치적 신임에 보답하자!' 등이 그것이다. 당연히 이러한 구호와 정책들이 제대로 집행되는지를 확인하기 위한 체계가 뒤따라 만들어졌다. 김정일이 직접 '검열그룹'를 이끌고 지방으로 검열을 다닐 정도였다. 1974년부터 75년 초까지 김정일은 거의 지방에 체류하는 일이 잦았으며, 그 집행 여부를 점검해 지방 선전 부문 일군들을 대거 교체했다.

이처럼 김정일은 1973~1974년까지 2년 동안 10대 원칙 및 당 사상사업 체계 확립 등 이론과 방침을 만들어 시달했고, 1975년에는 그것이 집행, 실현되고 있는지의 여부를 지도, 검열했다. 김정일이 당과 국가안전보위부를 통해 강하게 밀어붙인 결과 '10대 원칙'이 확고하게 섰고, 당사업 제도와 규율이 일사분란하게 확립됐다고 한다. 항일유격대식 전통과 사상체계의 토대 위에 주체의 사상체계, 김일성·김정일 사상체계가 확립된 것이다.

남은 과제는 1980년 11월 노동당 제6차 대회에서 김정일 후계체제를 대외적으로 공식 선언하는 정치일정 뿐이었다. 대회에서 김정일은 노동당 규약 개정을 통해 자신의 지도이론을 반영하여 명문화했다. 그는 당의 기본성격을 김일성주의 당으로, 당의 목표를 온 사회의 주체사상화로 규정했고, 자신의 지도이론인 '유일사상체계 확립 10대 원칙'을 당 규약에 포함시켜 당원의 권리와 의무를 규정했다.

2. 노동당의 개편

김정일은 노동당에서 1967년부터 추진해온 '유일사상체계' 확립이 어느 정도 가닥을 잡자 당·정·군 내에 '후계체제(유일지도체제)' 확립을 동시에 추진했다. 김정일은 1970년대 중반부터 1970년대 말까지 '10대원칙'에 기초해 1973년 9월부터 1974년 중반까지는 노동당에, 1974년 후반부터 1975년 중반까지는 군대 안에, 1975년 후반부터 1976년 중반까지는 정권 부분과 대외·대남 부문에 유일지도체제를 수립했다.

김정일은 이미 1973년 9월 조직사상비서로 선출된 이후 유일지도체제에 전념해 왔다. 유일지도체제란 한마디로 김정일의 지시만을 따르는 지도체계, 보고체계, 사업체계를 구축하는 것을 의미한다.

사전에 조직체계를 재편하고 지도서를 배포해 방법을 가르쳐주었으며, 강습을 통해 사상무장을 시켰고, 그 후로는 자신이 직접 다니며 확인, 검열하는 일에 주력했다.

그렇다면 도대체 이 시기에 김정일은 구체적으로 어떻게 북한사회를 변모시켰고, 무엇이 달라졌는가?

박병엽이 1990년대 초 처음 언론에 입을 열기 전에는 외부세계에서는 전혀 알 길이 없었다. 박병엽은 이 시기에 김정일이 한 일들을 다음과 같이 압축했다.

> 김정일이 후계자로 등장한 후 1974년에는 지도이론과 방침을 작성·수립했으며, 1975~1976년에는 이를 실천에 옮기도록 지도, 강습에 나섰다. 특히 1974년 말부터 1975년 중반까지 김정일은 말 그대로 번개처럼 여기에 나타났다 저기에 나타났다 하는 식으로 함경남북도, 평안남북도, 심지어는 양강도 산골에까지 모습을 드러내며 유일지도체제 확립을 쉴 새 없이 다그쳤다. 김정일은 기차, 비행기 안에서 수면을 취하는 일이 잦았다. 그러는 가운데서도 1975~1976년에는 각종 회의와 강습을 주재하느라 김정일은 매우 바쁜 나날을 계속됐다.[51]

유일지도체제 확립문제는 1974년 10월의 당 제5기 9차 전원회의에서 다루어졌다. 9차 전원회의에서 김정일은 '당·군·정권의 모든 문제를 나에게 집중시키고 나의 결정과 지시에 따라 처리·집행되고 보고되는 일사불란한 지도체계와 무조건 복종하는 조직규율을 세워야 한다'고 제시했다. 이것이 바로 유일지도체제의 핵심이었다. 김정일이 조직·사상·구체적 실무에 이르기까지 모든 문제를 관장하겠다고 선언한 셈이다.

김정일은 당 내부사업지도서와 당 조직, 부서, 직능 조정 등을 통해 당 사업체계를 대폭 수정해 당 조직을 꽉 조였고, 이 과정에서 자신의 통치기반을 강화했다. 김정일은 조직지도부의 권한을 대폭 강화해 간부들에 대한 인사권을 장악했다. 또 중앙과 지방에 대한 검열사업을 대폭 강화함으로써 자신이 간부사업을 좌지우지할 수 있게 만들었다.

김정일이 유일지도체제 확립에서 기본 중심문제로 제기한 것은 ▲당 조직기구 체계의 개편문제, ▲당사업의 기본핵인 당·군·국가 간부사업체계를 재정비 수립하는 문제, ▲당사업 지도검열체계의 정비와 당 간부대열의 정화, ▲지도이론과 방침·방식의 침투, ▲간부·당원들의 당 조직생활과 그의 지도체계의 정비 강화, ▲당선전 사업체계의 정비 수립문제 등이었다.

김정일은 우선 노동당 내 유일지도체제 확립을 위해 당 핵심참모부서들인 조직지도부와 선전선동부를 위시한 당 조직기구들을 자기의 요구에 맞춰 정비하고 간부사업체계를 보강했다. 즉 당사업의 기본문제인 당·정·군 간부의 선발기준과 임명·해임, 양성 훈련의 절차와 질적 문제 등을 규정한 것을 기본내용으로 간부사업체계를 세우는 데 관심을 집중했다.

그는 당의 핵심 참모부서인 조직지도부가 당·정·군 등 전반적인 간부문제(인사권)를 장악·전담할 수 있도록 조직지도부의 기구를 개편하고 간부사업체계를 새로 만들었다. 과거에는 간부문제를 당 간부의 지도아래 각 부서별, 기관별로 분산 취급했다. 김정일은 이를 당 조직지도부가 직접 장악·전담할 수 있도록 기구를 신설했다.

조직지도부 간부사업담당 기구로서 간부 1·2과와 3과(군대 간부담당), 4과(사법·검찰·사회안전·국가보위 간부), 5과(정권 간부), 6과(경제 부문 간부), 7과(교육·과학·문화·예술 부문 간부), 8과(언론·출판·보도 부문 간부)가 신설됐다. 이를 통해 김정일은 모든 간부문제를 조직지도부에 집중시키고 조직지도부장 겸 조직비서인 자신의 직접적인 지도·통제아래 간부사업이 진행되도록 했다.

특히 김정일은 인사원칙을 세우기 위해 간부사업지도서(지침서)를 직접 만들었다. 여기에는 모든 간부의 선발·임명 기준과 절차, 간부의 승진과 해임, 교육훈련의 절차 방법 등이 규정돼 있다. 인사 지침서를 만들고 여기에 따라 모든 인사가 이뤄지도록 한 것이다. 당내 경제 부서 등을 제외한 부서에는 간부과를 신설하고 조직지도부 해당 간부담당과와 협의해 산하 경제·교육·과학·문화·예술·언론·보도·출판 부문의 간부문제를 사무적으로 다루도록 변경했다. 그것도 최종 임명 결정권은 조직비서에게 집중시켰다.

간부사업지도서는 간부의 임명·해임에 대한 비준을 어느 수준에서 검토할 것인가에 관한 규정이었다. 정치국 비준대상은 장관급 직위 및 기타 중요 요직이다. 당 중앙위원회 부장·부부장, 정무원의 부장·부부장, 군대의 사단장·독립여단장·정치위원, 도급의 도당책임비서·행정경제위원장·각 기관의 도급책임자, 도급 공장기업소의 당 위원장·지배인, 외교부의 대사급 이상 직책이 여기에 해당된다.

비서국 비준대상은 그 이하의 직책으로 중앙당 과장·책임지도원·지도원, 지방당의 군당위원회 비서·도당의 부장급 이상 간부들, 행정기관의 정무원 국장·부국장, 도인민위원회 부장·국장들이 포함된다. 그 밖의 간부들은 자체기관의 당 위원회에서 마지막으로 비준하도록 규정했다. 비준 받은 인물을 최종적으로 임명권자가 임명했다.

한 인물의 임명·해임 비준은 철저히 집단적 토의과정을 거쳐 다수결로 결정하도록 했다. 즉 해당 인물에 대한 인사기록철인 '주민요해(了解)대장'과 관련문건들을 놓고 찬반토론을 벌여 최종 결정이 내려진다. 임명권자는 집체적 토의 결과인 비준에 대해 거부할 수 없다. 따라서 임명권자의 권한행사는 다분히 형식적 성격을 띠게 됐다.

모든 간부들에 대한 인사서류는 당 중앙위원회 조직지도부에 보존된다. 인사서류에는 출신성분부터 당생활 기록 및 각종 평가서 등 한 인물에 대한 모든 기록이 담겨져 있다. 조직지도부는 인사기록을 검토해 정치국 및 비서국으로 자료를 송부한다. 간부 임용 때 이미 조직부에서 1차 심사가 진행되는 것이다.

그러나 경제 관련 부서의 임명·해임 등 인사문제는 조금 다르게 규정됐다. 정무원의 경제 관련 부서에 대응해 중앙당에 설치된 경제부서들, 즉 기계공업부·중공업부·경공업부·농업부·재정경리부 등은 정무원의 해당 경제부서의 '행정 관계' 간부들에 대한 인사권을 보유하도록 했다. 물론 최종적으로는 조직부의 승인을 받아야 했다.

정무원의 경공업위원회의 간부들, 즉 행정관련 부장·국장·과장 등에 대한 인사권은 당 중앙위원회 경공업부에서 관할하지만 정무원 경공업위원회에 소속돼 있는 당 간부들에 대한 인사권은 조직부에서 행사하도록 한 것이다.

인민무력부도 동일하다. 인민무력부 내의 사단장·참모장 등 군사간부들에 대한 인사권은 당 군사위원회 간부과에서 관할하지만 총정치국 산하 정치관련 간부들(주로 정치부 요원들)은 당조직부에서 인사권을 행사하도록 규정했다.

다음으로 김정일은 유일지도체제 확립을 위해 지도검열을 강화했다. 당·군·정·경제·과학·교육부문할 것 없이 모든 부문과 단위의 전반사업을 직접 지도·검열할 수 있는 지도검열체계를 세운 것이었다. 김정일은 자신이 장악하고 있던 당 조직지도부가 전권을 쥐고 지도검열을 할 수 있는 사업체계를 만들었다. 지도검열사업지도서와 지도검열사업요강도 새로 만들었다. 이에 준해 지도검열이 이뤄지도록 지도검열체계를 세웠다.

우선 조직지도부에 중앙검열 1·2과와 지방검열 1~5과를 신설하고 측근들을 간부로 임명했다. 지도검열은 김일성·김정일의 현지지도 전후를 비롯해서 필요에 따라 수시로 조직, 진행하며 당·정·군 모든 부문의 정형(定型)을 자기에게 집중시키도록 지도검열체계를 뜯어 고쳤다.

이때 만들어진 지도검열체계의 특징은 '검열의 이원화'였다. 한 가지 사안에 대해 당과 국가기관에서 교차 점검할 수 있도록 한 것이다.

검열의 체계화를 위해 검열의 종류를 일상검열·집중검열·특수검열 등 세 가지로 분류했다. 일상검열은 정기적으로 행해지는 검열이고, 집중검열은 특정시기, 특정문제에 대한 집중적인 검열을 의미한다. 특수검열은 김일성이나 김정일이 현지지도를 나가기 전에 대상지역의 실상을 전반적으로 파악하기 위해 검열하는 것으로 사전조사의 성격을 띤다.

김정일은 특별히 집중검열을 위해 노동당 안에 '집중검열 그룹'를 신설했다. 1960년대에도 일반적인 집중검열은 있었다. 그러나 김정일이 만든 '집중검열 그룹'은 중앙당간부들로 구성돼 유일지도체제(후계체제)가 제대로 확립되고 있는가를 검열하는 특별한 목적을 갖고 있었다. 전국가적·당적 지도사업에 관한 검열권한을 갖고 있는 막강한 존재였다. 당과 국가의 간부들에게는 공포의 대상일 수밖에 없었다.

김정일은 유일지도체제 확립을 위해 모든 간부들과 당원들의 당 조직, 근로단체 조직의 조직생활체계와 지도체계를 새로 만들었다. 여기서 지도체계란 지휘계통을 의미하는 것이 아니라 상급기관의 하급기관 지도방법론을 의미한다.

김정일은 각급 당 조직들이 매일 2시간 학습과 주간 집체학습·학습총화, 주간 강연회 참가 등을 내용으로 하는 당생활과 당 조직규율을 강화하는데 지도적 기능과 역할을 하도록 지도체계를 개편했다. 당생활은 모든 간부와 당원들이 당적 분공(분담해 맡은 일)의 집행·보고, 당조직에 의거 2일·주간·월간 당생활 총화를 기본으로 하도록 했다.

　　원래 조직지도부의 기본기능과 임무는 간부들과 당원·맹원들의 당·근로단체 조직생활을 직접 지도하는 것이었다. 여기에 부가해 김정일은 조직지도부의 당생활 지도기구들인 당생활지도과를 확대개편해 책임지도제를 강화했다.

　　오늘날의 북한사회를 파악하는데 주민 5명 중 1명꼴로 당원이고, 당원들은 꽉 짜인 당생활체계 아래 놓여있다는 사실이 중요하다. 그 단적인 예를 각 조직단위별로 일상적으로 수행하는 당생활 총화제도에서 찾아볼 수 있다. 물론 1960~1970년대 초반에도 당 기관에서 당생활 총화제도가 실시됐다. 박병엽은 "1960년대는 당생활 총화가 형식적인 데 그쳐 불참자가 많았고 문제를 일으킨 당사자들만 모여 앉아 상호비판하는 식이었다"고 증언했다.

　　그러던 것을 김정일이 1970년대 중반부터 당 기관의 모든 사람들이 일정기간의 생활 전반을 털어놓고 총결(總結)하는 형태로 바꾸어 놓은 것이다. 당생활 총화 때 '당세도', '관료주의', '행정대행주의' 등이 주로 표적이 됐다고 한다.

　　이를 통해 김정일은 간부와 당원·맹원들의 당·근로단체 조직생활을 일층 강화했다. 이것은 김정일이 간부와 당원·맹원들에 대한 조직적인 통제를 강화해 모든 당원·맹원들의 조직생활을 파악할 수 있도록 자신에게 집중되는 조직생활과 지도체계를 세운 것을 의미한다.

김정일은 당원들의 조직생활을 원활하게 감독하기 위해 생활체계의 확립을 위해 상당한 신경을 썼다. 북한에서 생활체계란 모든 간부·당원·근로자들이 자신들이 속한 당과 근로단체에서 어떻게 조직생활과 사상생활을 할 것인가에 관련된 체계이다. 구체적으로 조직생활과 사상생활을 의미한다.

김정일은 어떻게 당 조직으로부터 임무를 받으며, 그 집행은 어떻게 하고 보고는 어떻게 하는가, 생활 총화는 어떻게 하는가 등 조직생활과 관련된 모든 절차와 내용을 세세히 규정했다. 즉 당에서 받은 임무를 정확히 완수했는지, '유일사상 10대 원칙'에 위반되는 행동을 하지는 않았는지 등을 모여 상호비판, 토론하는 모임을 정기화한 것이다.

박병엽은 "1977~1978년쯤에 이르면 모든 당원이 정규화된 당생활에 참가하게 돼 전혀 '빈짬이 없는 상태'로 됐다"고 증언했다.[52] 모든 당원들이 당생활 과정에서 회의, 강연, 학습, 군사훈련 등에 빠짐없이 참가하는게 의무가 돼 '딴맘 먹기'가 어렵게 됐다는 것이다.

당활동이 빈틈없이 짜이다 보니 폐단 또한 적지 않았다. 박병엽은 "당원들이 지나치게 규범화된 틀에 얽매여 기계적으로 행동함으로써 창조적 활동을 제약하는 측면이 있었다"고 증언했다.[53] 능동적 자세를 취해야 할 간부들이 당의 지시만 외곬으로 실행하는 경향 때문에 사회·경제적 발전에 지장을 초래하는 한계를 피할 수 없다는 것이다.

김정일은 유일지도체제 확립을 위해 북한 전역의 모든 부문과 단위들에서 일어나는 크고 작은 상황들을 신속히 자신에게 집중하게 하는 보고·통보체계를 세웠다. 김정일은 정보가 힘이란 점을 꿰뚫어 보았던 것이다.

김정일은 전당·전군·전국의 모든 단위와 부문의 기관, 기업소들에서 일어나는 모든 상황을 파악할 수 있도록 노동당 중앙위원회 조직지도부에

'3선(線)·3일(日) 보고·통보체계'와 자신에게 직접 보고·통보하는 '직보(直報)체계'를 만들었다. 3선(線) 또는 3통(通)이란 당 조직계통·행정계통·국가보위부계통을 의미한다. 이 조치가 있은 후 이들 기관은 3일만에 한 번씩 북한전역에서 일어난 상황을 정기적으로 중앙당 조직지도부에 보고·통보해야 했다.

직보체계란 비상사고 발생시, 인명피해 발생시, 유일사상체계·유일지도체제 위반과 관련된 문제가 발견된 즉시 전화·전신 등 통신수단을 이용해 김정일에게 직접 보고하는 체계를 말한다. 군대에서 3선·3일 통보체계는 군대 안의 당 조직계통(정치부)·참모부계통·군대보위부계통을 말한다.

김정일은 이처럼 전당·전군·전국에 걸쳐 3통(3선)·3일 통보체계와 직보체계를 철저히 세우고 엄격하게 실시하는 질서와 규율을 준수하도록 강요했다. 통보체계와 직보체계를 통해 김정일은 평양의 집무실에 앉아 있으면서도 북한 전역에서 일어나는 사소한 일까지 모두 파악할 수 있게 됐다고 한다.

중앙조직을 장악한 김정일은 다음으로 하부조직에 유일지도체제를 확립해 나갔다. 이는 이른바 당 하부지도사업체계를 세우는 일이었다.

김정일은 모든 하부지도사업은 당 위원회 주관 아래 조직·진행하도록 지시했다. 당 위원회에서는 조직지도부가 중심이 되며, 한 부문별로 이루어지는 지도사업은 해당 부서가 주동이 되어 조직·진행하되, 조직지도부의 통제를 받도록 규정했다.

김정일은 하부지도사업의 계획서와 지도사업요강의 작성과 비준절차, 지도사업의 방법, 지도사업의 결속 총화 방법을 세세히 규정했다. 중앙기관에서 모든 사업을 설계·계획하고 집행하고자 할 때에는 반드시 '제의서'를 작성해 자신에게 제출하여 승인을 받아 조직·집행하도록 규정했다.

'제의서'의 작성과 제출·절차·방법 등에 대해서도 새로 지침서를 만들도록 했다. 이를 통해 김정일은 하부지도사업을 규정된 절차와 방법에 따라 조직·집행할 것을 강력하게 지시했다고 한다.

중앙기관에서 하부기관을 지도 할 때에는 어떻게 해야 한다는 지침서를 만들고, 그에 따라 모든 일을 집행하도록 개편한 것이다.

일단 규정을 만들어 시행하도록 지시한 김정일은 전반적인 지도검열을 진행했다. 1973년 말부터 조직지도부 검열 부문이 중심이 된 지도검열그룹을 유능한 성원들로 구성, 전국의 모든 부문과 단위의 당 조직에 파견됐다. 이때의 지도검열은 김정일 자신이 새롭게 제시한 방침들과 구호, 지도서들이 하급 당 조직들에서 어떻게 접수되고 실행되며 간부들의 사상적 준비 정도, 특히 1973년 9월의 노동당 제5기 7차 전원회의의 결정의 집행상황에 중점을 두고 진행했다.

2개월간의 검열 결과 당시 함경남도당 선전선동부장을 비롯한 많은 지방당 간부들이 김정일이 제시한 방침과 구호를 사상적으로 접수하고 충실히 집행하지 않고 있다고 하여 해임됐다. 김정일은 이들을 탄광으로 보내 생산노동을 통해서 사상적으로 단련시켰다. 이렇게 검열을 통해서 김정일은 자신에게 충성하는 측근들로 간부대열을 충원할 수 있었다.

앞에서도 언급했지만 김정일은 조직과 기구의 재편으로 인한 과도기적인 시행착오를 방지하고 능률적인 업무추진을 위해 각종 지도서를 발간했다.

우선 당 부문사업과 관련해 1974년 9월 『당사업 독본(讀本)』을 발간했다. 이 책은 중앙당 '간부 고급당학교' 당 건설 강좌 교수들과 함께 수개월 동안 준비작업을 거쳐 만들어졌다. 이 독본은 사람과의 사업, 정치사업, 배치사업 등 모든 사업체계와 방법에 관한 내용을 포괄해 당 간부들의 당활동 교과서로 활용됐다.

이보다 구체적인 지침서로 『간부사업지도서』가 작성, 배포됐다. 이 지도서에는 모든 간부의 선발ㆍ임명의 기준과 절차, 간부의 승진과 해임, 교육훈련의 절차 등이 규정돼 있었다. 아울러 각 부서별 담당업무의 내용, 과장ㆍ책임지도원ㆍ지도원ㆍ보조지도원 등 간부의 직능이 각각 세세하게 규정됐다. 박병엽은 "이 지도서에 조회(朝會)는 어떻게 하고, 과외업무는 어떻게 하는가, 담화방법과 추천서 작성법 등 간부사업과 관련된 모든 내용이 담겨 있었다"고 증언했다.

김정일은 당생활, 즉 조직생활과 사상생활의 실천방법ㆍ참석범위ㆍ총화ㆍ진행방법 등을 규정하는 『당생활지도서』도 발행, 배포했다.

사업을 진행하다 보면 문제가 가장 많이 발생하는 지도ㆍ검열부문도 업무를 표준화ㆍ제도화할 필요가 있었다. 김정일은 이러한 목적을 위해 『지도검열사업지도서』와 『지도검열요강』을 만들었다. 이는 모든 부문과 단위에 대한 검열체계를 확립하고, 검열방법과 체계를 명확히 함으로써 지도검열의 효율성과 만일에 발생할지도 모르는 월권시비를 미리 막으려는 조치였다.

김정일의 유일지도체제 확립방식이 북한말로 '권력을 내려 먹이는 식'은 아니었다는 증언도 있다.

김정일은 유일지도체제를 확립하면서 무조건 강제하는 것이 아니라 아주 상세한 규정을 마련하고, 그에 따라 그대로 시행하도록 했다. 독본ㆍ지도서ㆍ요강의 발간은 이를 위해 필요한 지침서였다. 김정일은 사전에 조직체계를 재편하고 지도서를 배포해 방법을 가르쳐 주었으며, 강습을 통해 사상무장을 시켰고, 그 후로는 자신이 직접 다니며 확인, 검열하는 일에 주력했다.[54]

유일지도체제의 확립에서 빼놓을 수 없는 것이 '3대혁명소조운동'이다. 김정일은 1973년부터 진행되고 있던 '3대혁명소조운동'을 후계체제 확립의 친위대로 개편했다. 3대혁명소조운동 대열을 확대 개편하기 위해서 3대혁명소조운동 중앙지도부가 신설됐다. 당 조직지도부에는 3대혁명소조운동 지도과가 신설됐다.

　이때부터 3대혁명소조운동이 김정일의 직접적인 지도·통제·장악 아래 유일지도체제 확립의 선봉장 역할을 담당하게 됐다.

　이로써 김정일은 유일지도체제 확립에서 기본이 되는 당 조직기구의 개편, 간부사업체계, 검열사업체계, 당원·간부들의 당생활체계와 지도체계, 통보·보고체계, 국가보위부의 신설, 3대혁명소조운동의 확대 개편 등 주요한 조치들을 마무리했다. 이어 전반적인 검열을 진행, 그 결과를 갖고 간부층의 물갈이 작업이 진행됐다. 그런 다음 김정일은 유일지도체제의 다음 단계로 모든 간부를 자기 식의 지도이론과 지도방법·방침으로 무장시키기 위한 대강습을 조직·진행했다. 회의와 강습에도 김정일이 직접 참가해 강의도 하며 지도했다

　김정일은 또한 노동당 중앙위원회 내에 총무부, 사적부, 주석부를, 도·시·군당위원회는 사적부를 신설했다. 또 경제부서들을 경제1·2·3부로 조직 개편해 경제 부문 전반에 대한 당적 지도·통제를 더욱 강화했다.

　당시 이러한 움직임을 외부에서 감지하기는 어려웠다. 이러한 일련의 조치를 통해 노동당이 모든 부문을 장악하는 '당적 영도체계'가 일사불란해졌다. 당의 영도가 거의 무조건적이고 절대적인 것으로 바뀐 것이다. 일련의 변화를 지켜본 박병엽의 증언이 참고가 된다.

1970년대 전반기만 해도 당적 지도에 허점이 많아 각 부문에 영향력이 확고히

뿌리내리지 못한 감이 있었다. 정권기관·군·사회안전기관 등에서 당적 지도가 지금처럼 강하지 못했고, 더러는 반발도 있었다. 군 행정위원장이 군당의 지도를 안 받으려 하는 분위기나 군당 책임비서가 대가 약하면 군 단위의 사회안전부, 국가보위부가 당을 깔보는 경향도 나타났다.

1970년대 중반 이후 김정일에게 모든 권한이 집중된 유일사상체제·유일지도체제 강화로 1977년쯤 되어서는 이런 경향은 거의 사라졌다. '당적 영도체계'를 세우는 과정에서는 조직생활·사상생활에 대한 지도체계, 행정경제사업에 대한 지도체계의 확립이 중시됐다.[55]

김정일 후계체제의 확립과 함께 당의 영도가 강화되자 '당 권위의 절대화'에 따른 부작용도 적지 않게 나타났다. 이른바 당의 '행정대행주의(行政代行主義)'가 광범위하게 나타났다. 당의 지위·역할이 높아지면서 당 간부들의 행세주의, 관료주의, 행정대행주의라는 악습도 커진 것이다. 당이 정권기관의 업무를 대행하거나 권력기구화될 소지가 높아진 것을 의미했다. 특히 좋은 성분 덕에 학교 졸업 후 바로 당 간부로 배치된 사람들에게서 이런 경향이 더 심했다고 한다.

부작용이 나타나자 김정일은 권력을 당에 집중시키는 한편 당 간부들의 행세주의, 관료주의, 행정대행주의를 뿌리 뽑는 일에 착수했다. 그렇게 하지 않으면 당 자체가 주민들에게 불신당하고 끝내 자신에게 비난의 화살이 날아올 가능성이 컸기 때문이었다. 그러나 당 간부들의 악습을 바꾸는 것은 간단치는 않았다고 한다. 지속적 교양과 내부투쟁이 동반될 수밖에 없는 상황이었다.

당시 중앙당에도 각 과별로 '당 분조', '당 세포'가, 부별로 '부문 당'이 있고, 그 위에 '초급당', '당 위원회'라는 사슬구조가 엉켜 있었다. 김정일은 당 분조·당 세포에서 소속 당원의 관료주의, 행정대행주의, 세도를 막는 사상투쟁을 전개하였다.

처벌도 강화되었다. 예전에는 관료주의나 세도로 적발되더라도 비판으로 마무리하는 경향이었는데 1970년대 후반부터는 상황이 달라졌다. 김정일은 지위고하를 막론하고 누구라도 각급 당 회의에서 당 세도나 관료주의, 행정대행주의로 3차례만 비판받으면 일단 현 직책은 그대로 둔 채 '노동직장'으로 쫓겨가 노동활동으로 단련을 받은 뒤 복귀하게 했다. 쫓겨온 간부들은 '습성이 바뀌었다'는 판정을 받을 때까지 계속 노동·상호비판으로 몇 개월 혹은 몇 년을 지내야 했다.

당의 '행정경제기관 업무' 대행이라는 불합리를 막는 과정에서 1970년대 후반 이래 당 중앙의 집행부서 중 경제 관련 부서가 유독 자주 바뀌기도 했다. 불필요한 기구와 사람이 많을수록 행정대행과 '행세부리기'가 잦다고 판단해 잇달아 기구의 통폐합과 간부의 축소 조치가 취해졌기 때문이었다.

당 기관 내의 당 조직을 강화하는 조치도 동시에 이루어졌다. 하나의 예로 중앙당 '당 위원회비서'는 예전에 조직지도부 부부장이 겸하던 것을 1975년부터 제1부부장급의 전임 당 위원장을 따로 임명했다. 마찬가지로 '부문당 비서'는 중앙부서 과장이 겸하던 것을 부서 내 간부사업담당 부부장이 전임하도록 급을 높였다.

그 밖에 주민들이 몸으로 느끼는 군당 비서·부장들의 부정행위에 대한 대책도 뒤따랐다. 주민들에게 공급해야 할 물자를 지방당 간부들이 빼돌리는 일이 잦아 원성을 샀기 때문이었다. 1970년대 중반 이전에 된장, 간장 등 주민들의 실수요품을 공급하는 상점은 군 소매관리소·군 상업부에서 관할했는데 물자배정표는 군당 경제부가 작성하는 폐단이 있었다. 자연히 군당 쪽에서 배정표를 멋대로 작성해 간부들의 '물자 빼돌리기'에 이용했다.

이를 시정하기 위해 김정일은 군 사업부장·군 소매관리소장이 물자배정표를 직접 작성케 하고 상점을 직접 관리하도록 하는 조치를 취하기도 했다. 군당 등 하급당이 행정 경제 부분의 업무를 대행하면서 부정행위를 일삼는 곳에서는 대개 유사한 조치가 취해졌다고 한다. 이 과정에서 직권남용·부정으로 처벌당한 사람들이 적지 않았던 것으로 알려져 있다.

3. 군대 조직의 개편

김정일은 노동당 개편이 마무리단계에 들어가자 바로 이어서 군대 안의 유일지도체제 확립에 힘을 집중했다. 군 유일지도체제 확립의 첫 단계로서 1974년 하반기에 군대 내 당 조직에 대한 일제 검열지도를 조직·진행했다.

노동당의 '군 통제' 강화정책은 1969년을 전환점으로 하고 있다. 1969년에 발생한 '김창봉·허봉학 사건'이 계기였다. 1969년 1월 6일~14일에 열린 인민군당 제4기 4차 전원회의 확대회의가 이를 위한 자리였다.[56] 이 회의에서 인민군 총정치국장 오진우가 나서 민족보위상 김창봉 등을 비판했다.

김창봉 등은 군대 내의 유일사상체계의 확립 방해, 혁명전통 계승에 대한 반대 및 저지, 군대 안에 가족주의적 종파 형성, 훈련보다 부업과 축성작업 강조 등의 오류를 범한 것으로 비판받았다. 대남공작 책임자인 허봉학도 같은 신세가 됐다.

이 여파로 군총참모장 최광 등 군수뇌 일부와 부수상 김광협, 사회안전상 석산 등이 실각했다. 이들에게는 당 정책의 불이행과 군벌관료주의 등의 비난이 쏟아졌다. 예를 들어 김정일은 1969년 1월 19일 "군벌관료주의자들이 얼마나 당 조직을 무시하고 전횡을 부렸는가 하는 것은 당 회의들에서 사령관이 결론을 하게 하고 정치부가 당 정치사업에 대한 통보를 참모부를 통해서 하도록 강요한 것만 보아도 잘 알 수 있다"면서 "그들은 당 조직과 정치기관들을 자기 손에 틀어쥐고 좌지우지하였을 뿐 아니라 총정치국이 당 중앙위원회의 해당 부서들과 련계를 가지지 못하도록 함으로써 당 중앙위원회의 지도와 통제를 거부해 나섰다"고 지적했다.

인민군 당 전원회의를 계기로 군당 위원회와는 별도로 당의 정책결정을 집행하는 정치기관인 인민군 '총정치국'을, 대대급 이상의 부대에 '정치부'를 신설하는 한편, 인민군 내에 정치위원제를 도입했다. 즉 사단·연대 단위에는 정치위원을, 대대·중대 단위에는 정치지도원을 중앙당에서 직접 파견 배치하는 조치를 취했다.

또한 군 정치 간부를 당 중앙 조직지도부가 관장하는 형태로 바뀌었다. 이로써 인민군 내에는 노동당 조직이 중첩돼 통제가 강화됐다. 예를 들어 사단의 경우 사단 당 위원회 책임비서, 정치위원, 정치부장 등이 있는 셈이다. 당의 통제가 2중 3중의 형태로 이뤄지도록 한 것이다.

특히 군대 내의 모든 교육계획, 명령서는 군사간부에 이어 정치위원의 서명이 있어야 효력이 발생하게 됐다. 장교들의 독자적인 군사행동을 사전에 봉쇄하려는 조치였다. 이 조치는 북한에서 소장 장교들의 군부쿠테타를 어렵게 만든 근본요인의 하나였다. 만일 소련유학파 군 영관급 장교들의 사소한 군사적 움직임만 있어도 즉각 당의 개입이 가능한 구조인 것이다.

그 결과 1970년 5차 당대회의 당 규약에 "당 중앙위원회 군사위원회는 당 군사정책 집행방법을 토의·결정하며 군수산업과 인민군대와 모든 무력의 강화를 위한 사업을 조직하며 우리나라의 군사력을 지도한다"는 규정 (3장 27조)이 삽입돼, '직업군인에 의한' 군사활동의 결정을 실제로 배제하는 후속조치가 취해졌다. 모든 군사문제에 대한 사항은 당 대표 격인 정치위원과 군지휘관 양자의 합의 결정으로 전환, 군지휘관의 단독 지휘권 행사를 불가능하게 했다.

김일성은 그 뒤 1972년 사회주의헌법을 발표하면서 군 최고지휘조직으로 중앙인민위원회 국방위원회를 신설했다.

북한에서 1974년이 갖는 의미는 각별하다. 김일성에 의해 3대혁명소조운동이 1973년에 전개되기 시작했으며, 1974년 들어 이 운동은 계속혁명론과 혁명의 '계승론'의 맥락에서 실천됨으로써 사실상 혁명의 '세대교체'라는 새로운 흐름을 만들어갔다. 군대 검열지도에 대한 박병엽의 증언이다.

> 1974년 하반기 김정일은 군의 당 조직에 대한 일제 검열지도를 개시함으로써 군대에도 손을 뻗었다. 김정일 예하의 조직지도부 검열성원들이 인민군 당 위원회, 총정치국, 각 군종(軍種)·병종(兵種) 사령부 당 위원회, 군단·사단·연대·대대 당 위원회와 심지어 중대 세포 단위까지 파견됐다. 한마디로 저인망식 싹쓸이를 한 셈이다.
>
> 검열기준은 "유일사상체계와 유일지도체제를 군에서 잘 따르는가, 김정일이 제시한 방침·구호가 제대로 접수되고 있는가"였다. 즉 얼마나 김일성·김정일 부자의 사병 노릇에 충실한가가 기준이었다.
>
> 이를 통해 김정일은 군대 내부에도 자신의 기반을 닦을 수 있었다. 게다가 김정일은 군 '정치위원회'를 강화하면서, 정치위원의 임명권을 장악했다. 각 단위 부대에 파견되어 군에 대한 당의 통제창구 역할을 하는 정치위원의 인사권을 장악함으로써 김정일은 군 간부들의 운명을 좌우할 수 있게 됐다.[58]

1974년 11월 7일 김정일은 "중대 군인들을 정치사상적으로 군사기술적으로 튼튼히 준비시키자"는 담화를 발표했다.

김정일은 1974~75년간에 당사업 개선에 주력하는 한편 1975년 11월에 '3대혁명 붉은 기 쟁취운동'을 발기하였으며 "사상도 기술도 문화도 주체의 요구대로!"라는 혁명적 구호를 제시, 3대혁명을 주도해 나가기도 했다. 바로 이 기간에 혁명의 계승과 관련된, '세대교체'의 바람이 인민군 내부를 강타했다.

중대장은 종전 30~40세에서 32세 미만으로, 대대장은 40~50세에서 32~35세로, 연대장은 50~60세에서 35~40세로 연령을 낮추면서 연대장급 이하 지휘관의 상당 부분과 일부 사단장급 지휘관을 교체했다. 군 원로의 상당부분이 군에서 은퇴해 다른 부문으로 자리를 옮겨 가거나 은퇴했다.

이 시기에 김정일과 정치적 운명을 같이하는 혁명 2세대 군부 지도자들이 두각을 나타내기 시작했다. 그들의 대표주자로는 오극렬, 김두남, 김강환, 최상욱 등이 두각을 나타내기 시작했고 만경대혁명학원 출신들이 상당 부분 포함됐다.

김정일이 군에 대해 지도력을 발휘할 수 있게 해 주는 창구는 당 조직지도부 등 당 조직이었다. 군을 정치적으로 통제하는 인민군 총정치국은 당 조직지도부와 당 선전선동부의 직접 지휘 아래 놓여있었기 때문에 김정일은 총정치국을 장악할 수 있었다. 이를 통해 김정일은 인민군을 '후계자의 군대'로 만들어 나갔다.

이것은 1967년 이후 군 내부에 당의 유일사상체계가 확립되고 1969년 이후 군내의 당 조직과 정치기관의 역할이 높아졌기 때문에 가능했다.

현재 인민군 내의 각급 당 조직은 ▲전군의 주체사상 교양, ▲당의 유일사상체계 확립, ▲간부대열 강화와 간부 후비대 육성 및 당생활 지도, ▲공산주의 교양과 사회주의 애국 교양 강화 및 당원·군인들의 혁명화, 노농계급화, ▲군내의 사회주의 노동청년동맹 조직 강화 지도, ▲군사사업에 대한 당 위원회의 집단적 지도 강화 및 군내의 3대 혁명 붉은기쟁취운동과 붉은기증대운동의 적극 전개 등의 기능을 수행하는 것으로 되어 있다(노동당 규약 7장 48조).

이 같은 군내의 당 조직 기능은 1970~1980년대를 통해 지속되어 왔으며 앞으로도 상당 기간 계속될 것으로 보인다. 특히 흥미로운 점은 인민군 내의 당생활 총화회의에서 지휘계통이나 계급과는 관계없이 '동지적 관계'에서 활발하게 토론을 벌이고 있다는 사실이다.

김정일은 1975년에 2개의 집단군을 폐지함으로써 중앙이 군단을 직접 지휘할 수 있도록 군 조직을 개편했다. 1975년부터는 모든 인민군대 병영과 사무실에 일제히 김정일의 초상화가 걸렸다. 김일성 초상화와 똑같은 크기로 같은 위치에 30센티미터의 간격만 두도록 엄격한 지시가 내려졌다. 일반 사회보다 군대에 김정일의 초상화가 먼저 걸리기 시작했다는 점이 주목된다.

김정일은 1975년부터 군대 안에 새로운 보고체계를 만들어 시행했다. 김정일은 이때부터 군대가 김일성에게 보고문건, 비준문건을 직접 올리지 못하게 하고 반드시 자신을 통하도록 체계를 바꿨다. 1979년에는 이를 한 단계 더 강화시켜 김일성에게 올라가던 모든 보고문건을 선별하기 시작했다. 전 인민군 상좌 최주활은 "중요한 것만 자신이 직접 김일성에게 보고하고 나머지는 자신의 선에서 처리했다"고 증언했다.[59]

또한 김정일은 군대 내의 정치·군사간부들을 대상으로 회의와 강습을 실시해 유일지도체제 확립에 박차를 가했다. 박병엽은 "군대 내 유일지도체제가 확립되면서 '못 한 개 옮기는 것도 지도자 동지의 결심이 없으면 못 한다'는 기풍이 군대 내에 생겼다"고 증언했다.

김정일은 군내 유일지도체제를 확립한 이후에도 1979년 들어 2월과 5

월 두 차례에 걸쳐 '전군의 주체사상 방침' 관철 및 군에서의 3대혁명 붉은 기쟁취운동 심화에 관한 과업을 제시했다. 12월에는 "모든 장병들이 항일혁명 시기에 김일성에게 끝없이 충실했던 오중흡, 김혁 동지(북한이 항일혁명 시기에 김일성에게 끝없이 충실했던 대표적 인물로 선전하는 인물)를 따라 배우는 운동을 전개하라"는 과업을 제시함으로써 군에 대한 '사업지도'의 첫발을 내디뎠다.

이 운동은 최고사령관 김일성의 명령, 그리고 당중앙 김정일의 명령에 대한 절대성과 무조건성, 그리고 규율의 확립, 조직력 등을 배우는 것을 목적으로 한다.[60] 박병엽은 "김정일은 수시로 군부대를 방문했는데, 공군의 말단 비행단은 물론이고 육군의 포병대대까지도 방문대상에 포함됐다"고 밝혔다.

이듬해인 1980년 10월의 제6차 당대회에서 김정일을 당 정치국 상무위원 겸 비서의 자리에 올랐을 뿐 아니라 당 중앙위 군사위원회의 '군사위원' 직위까지 맡기에 이르렀다. 군사위원장인 김일성을 제하면 18명의 군사위원 중 유일한 '비군사 지도자'가 김정일이었다. 위원 명단에서도 오진우에 이어 두 번째였고 최현, 오백룡, 백학림, 김철만 같은 쟁쟁한 빨치산 세대는 물론 오극렬, 김강환 같은 혁명 2세대 군지도자들보다 앞자리를 차지하고 있어 김일성의 '후계자', 미래의 '수령'으로서 김정일의 지위를 상징적으로 보여 주었다.

최주활은 "1982년부터 김정일이 군 장악력을 더 높였다"면서 "군사사업 뿐만 아니라 정치사업·보위사업·군사외교사업까지 중요하고 원칙적인 문제들은 하나도 빠짐없이 자신의 지시와 결론에 따라서만 처리하도록 했다"고 증언했다.

실제로 김정일은 1985년 9월 인민군 지휘관 및 정치일군 대회에 김일성과 함께 참가해 지도하고, 1990년 4월 군 창건 58주년을 맞아 김일성과 함께 제837군부대를 방문, 지도했다.

김정일은 1980년대의 10년간 인민군에 대한 자신의 지도력을 강화하기 위한 노력을 기울였고, 그 결과 1990년대 들어 군사 부문의 직위를 장악할 수 있었다.

1990년 5월의 국방위원회 조직에서 가장 두드러진 특징은 역시 김정일이 제1부위원장을 맡은 사실이다. 이로써 김정일은 실제 군사 최고지도자들인 오진우, 최현, 김철만, 이을설, 주도일 등 혁명 1세대를 능가하는 자리를 차지했다. 더욱이 위원장 김일성, 부위원장 오진우, 최광이 연로한 상태여서 김정일이 사실상 국방위원회 뿐만 아니라 인민무력부, 총참모부 등에 대한 지도력을 행사할 수 있게 됐다.

1991년 12월 김정일은 마침내 인민군 최고사령관에 추대됐다. 1991년 12월 25일 열린 중대 정치지도원 대회에서 김일성은 "내가 이제는 팔십 고령이므로 최고사령관으로서 밤을 지새우며 전군을 지휘하고 통솔하기 곤란"하다면서 "이제부터 나는 당 중앙위원회 군사위원회 위원장으로서 고문의 역할을 할 것"이라고 밝혔다. 군권 이양의 의지를 분명하게 천명한 것이다.

김일성은 "전체 인민군 장병들이 김정일 최고사령관의 명령을 나의 명령과 같이 여기고 그의 명령에 절대복종하며 최고사령관의 령도를 충성으로 높이 받들어 나갈 것을 기대"한다는 당부도 빠뜨리지 않았다.[61]

김정일은 1992년 4월 23일에 조선인민군 창건 60주년을 맞이해 최고사령관 자격으로 622명에 달하는 군 장령(장군)급의 승진인사를 단행하고 군사 칭호를 수여했다. 또한 이틀 뒤인 25일의 군사퍼레이드에서는 김정일이 오진우 인민무력부장의 열병보고를 직접 받았다. 이로써 김정일은 명

▲ 1992년 4월 25일 조선인민군 창건 60주년 행사에 나온 김정일 비서가 군중의 환호에 답하고 있다.

실상부한 군의 최고지도자로 인정받은 셈이다. 인민군이 '후계자의 군대'
가 된지 1년만인 1993년 4월 김정일은 국방위원회 위원장에 선출돼 모든
무력 통수권을 장악했다.

4. 정권기관의 개편

당·군대를 장악한 김정일은 정무원을 비롯한 행정기관 개편에 나섰
다. 1974년 6월 김정일은 「정무원위원회, 부 당 조직의 사업을 개선 강화
할 데 대하여」란 내용의 담화를 발표했다. 정무원에 대한 당적 지도를 강화
한 직접적 계기였다. 김정일은 1975년 중반부터 그해 말까지 북한의 정권
기관인 정무원 각 부(部)·위원회, 도 행정경제기관들을 장악해 들어갔다.
정무원 개편의 핵심은 정무원 내 당 조직의 기능 및 역할 향상, 정무원 기
구 개편, 정무원 당위원회 신설, 정무원 사무국 및 참사실 기구 개편이었

다. 정무원 개편에 대한 박병엽의 증언은 대단히 구체적이다.

1975년 중반 이전까지 김정일은 정무원 업무에 개입하지 않았다. 정무원측에서 자발적으로 보고해 오면 보고 받는 정도였다. 그러다가 집중지도검열, 해당조직 기구 개편, 강습조직 등을 통해 1975년 중반부터 정권기관을 직접 관장하기 시작했다.

이전에는 정무원 내의 당 조직으로 정무원 당 위원회, 각 위원회·부 당 위원회가 병렬적으로 존재했다. 정무원 당 위원회가 각 위원회·부 당 위원회를 통괄 지도하는 구조가 아니었다. 이때는 정무원 당 위원회의 비서를 정무원 사무국 부국장 또는 참사실장, 제1부실장이 맡았다. 그러던 것을 김정일이 정무원 당 위원회의 격을 높여 각 위원회·부 당 위원회를 직접 지도할 수 있게 바꾸었다.

정무원 당 위원회가 김일성의 교시와 정치국 결정 등을 구체적인 경제정책으로 작성해 집행하면서 생산활동을 지도했다. 그렇기 때문에 당 지도위원회로 불리기도 했다. 정무원사업에 대한 당적 지도를 강화한 조치였다.[62]

정무원 당 위원회에는 정무원 산하 각 부와 위원회 간부가 소속돼 있다. 정무원 당 위원회의 책임비서는 지도력과 효율을 고려해 정무원 총리가 겸하도록 했고, '전임' 제2비서를 따로 두게 했다.

다음으로 김정일은 정무원 사무국과 참사실 조직의 대대적인 개편을 단행했다. 정무원 사무국은 총리실 직속기구로서 개편 전에는 정무원의 각 부·위원회를 각각 2개 부서씩 담당하여 지도하는 12개 과로 나뉘어 있었다. 이것을 제1·2·3사무국으로 통합하고, 그 기능도 업무지도로부터 행정조정까지를 주요 임무로 하도록 바꾸었다. 특히 제1사무국 산하에 총리비서실이 만들어졌다. 신설된 비서실은 부관과 서기로 구성돼 있었다. 부관은 대개 신변보조를 주업무로 하고 서기는 잡무처리를 담당했다. 기획업무나 업무조정은 참사실이나 사무국에서 다루게 됐다.

정무원 참사실의 기능과 역할도 강화하는 조치가 뒤따랐다. 이를 통해 참사실은 정책을 입안하고, 하부 부서들의 사업상황을 파악하며 새로운 집행대책을 수립함으로써 총리와 장관들을 정책적으로 보좌하는 정책기관으로 변모했다.

정무원 참사실이나 사무국은 남한의 국무총리 직속 행정조정실과 유사한 기능을 담당한다고 볼 수 있다. 그러나 남한의 정부 부서와는 뚜렷한 차이점이 있다. 남한의 경우 행정부의 각 부 자체가 정책을 입안하고 집행하는 독자적인 기능을 갖고 있다.

반면 북한은 정책의 입안과 집행이 구분돼 있다. 즉 당의 노선·정책을 관철하기 위해 구체적인 정책을 입안하고 부서간에 업무조정을 하며 추진방법을 모색하여 이를 제시하는 일은 정무원 참사실과 사무국의 고유기능이다. 각 부·위원회는 결정된 정책과 추진방법을 단지 집행만 한다. 이런 점에서 참사실과 사무국이 정치·경제적 보좌를 담당한다면, 각 부·위원회는 기술조직사업을 담당함으로써 행정적 보좌를 한다.

정무원 내 각 부서들에 대한 당 조직의 역할도 강화됐다. 이를 위해 정무원의 각 부·위원회 내에 기획조정업무를 담당하는 '조직계획과'가 신설됐다. 이 부서의 주요한 임무는 각 위원회의 당 정책의 집행상황을 파악해 당과 상부에 보고하는 일이었다.

이러한 조직개편과 정무원 당 위원회가 강화되면서 '당의 영도' 관철 통로가 다층적으로 바뀌었다. 예를 들어 정무원 산하의 특정부서 당 위원회는 이중통제를 받게 됐다. 즉 정무원 당 위원회의 직접적인 지도와 중앙당의 조직지도부 및 해당 경제부서의 지도가 그것이다. 특정 부서 당 위원회는 정책 결정 · 집행을 임무로 하는 정무원 당 위원회와는 달리 당생활 지도를 통해 생산을 앙양시키는 것이 주임무였다. 그 뿐만이 아니다. 정무원 산하의 특정 부서 당 위원회에 소속된 당원들은 자신의 당적이 있는 소속 행정 단위의 구역당(평양시당 산하)의 통제를 별도로 받게 됐다. 이때는 행정경제활동과 무관하게 당 조직사상생활에 대한 통제가 이루어진다. 중앙당 비서라도 당적은 평양시당 중구역당에 속해 있어서 개별 당원으로서 당 조직생활에 참가해야 했다.

정무원의 각 부처와 하부 공장기업소들이 '2중 지도'를 받는 것이 똑같은 당적 지도를 2개의 당 위원회로부터 받게 됐다는 것을 의미하지는 않는다. 사상 · 조직생활은 평양시 당 위원회로부터 받되, 당 노선 및 경제정책과 관련해서는 정무원 당 위원회로부터 받는다는 의미였다.

이상의 조치들이 시행된 결과 정무원은 행정적 · 당적으로 각 부 · 위원회에 대한 훨씬 강력한 지도력과 통제력을 보유하게 됐다. 아울러 노동당의 검열, 지도도 강화됐다.

김정일은 유일지도체제 확립에 저항하는 세력을 제거하기 위해 체제보위기구인 국가보위부를 신설했다. 사회안전부에서 하던 체제보위 및 진압 업무 부문을 분리, 기구를 확대했던 것이다.

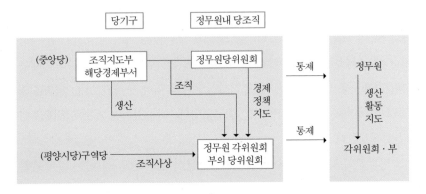

국가보위부는 김정일 체제를 옹호·보위하고 체제의 확립과 유지에 저해되는 모든 장해요소들을 사전에 적발·색출·제거하는 것을 기본임무로 하고 있다. 국가보위부는 도·시·군, 특급기업소, 1급·2급기업소까지 보위부를 두고 리(里)와 2급기업소 이하 공장기업소 등에는 보위주재원을 배치했다.

군대에는 인민무력부 안전국을 정치보위국으로 개칭·개편하고 산하 군부대·구분대까지 보위부를, 중대에는 보위지도원을 두었다.

국가보위부는 김정일이 직접 장악, 직속시키고 중앙과 지방당 조직들과 간부들의 간섭을 금지시켰다. 종래에는 지방의 안전부는 해당 지방의 당 조직들의 지도·통제를 받았다. 그러나 김정일은 자기 외에 국가보위부에 대한 간섭을 금지시키고 오히려 국가보위부로 하여금 지방당 간부들의 일거일동까지 감시하게 했다. 지방의 보위부는 자기 직속상급 보위부의 지도·통제만 받고 중앙 보위부는 김정일이 직접 장악·통제하는 구조로 변화됐다.

　당·정·군에 대한 개편이 완결된 후 소집된 1980년 제6차 당대회는 김
정일을 위한 당대회였다. 1970년대에 유일지도체제를 완결지은 김정일이
6차 당대회를 통해 후계체계를 공식화한 것이다. 김정일은 6차 당대회의
준비, 진행을 전적으로 주도했다. 이후 김정일은 김일성으로부터 권한을 하
나씩 이양받아 소위 '영도(領導)의 계승체계'를 구축해 나가기 시작했다.

　1980년대를 넘어서면 이미 모든 일은 김정일의 결심에 따라 진행됐고,
국가의 중대사조차도 김정일의 발기로 진행되는 일이 잦았다. 김일성은 단
지 김정일이 제출한 안건과 의제를 추인해 거기에 무게를 실어 주는 일을 담
당했다. 얼굴마담으로서 외풍을 막아 주는 역할을 한 것이다. 그러나 이것이
김일성이 아무런 권위나 권한을 보유하고 있지 않았다는 의미는 아니다.

　제2인자의 등장으로 권력의 분할이라든가 도전세력의 등장 같은 문제
가 심각하게 벌어지지 않았다는 점에서 정치권력의 일반적인 속성으로 보
면 북한의 경우는 매우 이례적인 일이라 할 수 있다.

　1980년대 초반 김정일은 사상부문에서 새로운 지도이론·당건설이론
과 당 정책을 수립 제시했다. 동시에 정책과 노선의 집행을 위한 집행방식
에 관해 지도 과정을 거쳐 '정치적 수령'의 권한을 자연스럽게 승계했다.

　후계체계 수립 때까지 김정일은 실무권한과 인사권을 행사했고, 김일
성은 통치권한을 갖고 있었다. 후계체계가 구축되었으니, 이제는 영도권을
계승해 이를 실습해 보아야 한다는 논리였다. 김일성의 영도권을 계승한다
는 의미이기도 했다.

　김일성은 노동당·군대·정권 분야에 대한 실질적인 통치권을 하나씩
넘겨주었다. 주로 군대와 정권 부문에 대한 실질적 통치권이 넘어갔다. 가

▲ 김정일 비서가 림춘추 · 이종옥 부주석 · 강성산 총리와 이야기를 나누고 있다.

장 중요한 것은 전반적인 사업에 관한 노선 · 정책을 창안하는 실질권한이 김일성에게서 김정일에게로 넘어갔다는 사실이다. 이에 따라서 모든 사업이 후계자 김정일의 방침 · 지령에 따라서 이뤄지게 되었다.

1980년대 초반부터 1988년경까지 이뤄진 사업은 대부분 김정일의 '영도'에 따라 이루어진 것이다. 1984년 9월 제정된 합영법(合營法)을 비롯해 이른바 북한이 '통이 크고 판이 넓은' 사업으로 자랑하는 서해갑문을 비롯한 여러 갑문 건설, 인민대학습당 건립 등이 그의 주도로 이루어졌다.

먼저 사상 · 이론측면에서 김정일은 1982년 3월 21일 전국주체사상토론회에「주체사상에 대하여」를 보내 발표했다. 1986년 7월 15일에는 당 중앙위원회 책임일군들과 담화하는 자리에서「주체사상교양에서 제기되는 몇 가지 문제에 대하여」를 발표했다.

당의 노선 · 정책분야와 관련해 김정일은 논문 · 연설 · 서한을 통해 끊임없이 정책과 노선을 제시했다. 이 시기에 김정일은 「인민생활을 더욱 향상시킬 데 대하여」(1984년 2월 16일), 「직업동맹사업을 더욱 강화할 데 대하여」(1984년 5월 3일), 「교육사업을 더욱 발전시킬 데 대하여」(1984년 7월 22일), 「보건사업을 더욱 개선 강화할 데 대하여」 등을 발표했다. 그 밖에 군대 정치간부 및 지휘간부 회의에서의 연설을 통해 새로운 군사정책을 제시하기도 했다.

주목할 점은 이 기간 동안 김일성이 이러한 활동을 일체 중지했다는 사실이다. 김일성은 신년사 발표나 현지교시를 계속했지만 정책과 노선을 천명하는 연설이나 문건들을 발표하지는 않았다.

인사권문제도 김정일이 거의 전권을 행사했다. 김정일이 사전에 의견을 묻거나 인사결과를 빠짐없이 보고했지만 김일성은 인사문제에 점차 관여하지 않았다. 심지어 정치국 위원이나 정치국 후보위원 선정문제까지도 김정일이 단독으로 결정했다. 김정일이 결정하고 김일성의 동의를 받아 정치국 회의에서 토의, 결정하는 절차를 밟았다. 정치국 회의 운영이나 당·정·군에 대한 실무·기술적 문제들 또한 김정일이 단독으로 결정할 수 있도록 됐다. 김일성의 적극적인 방조가 없이는 불가능한 일이었다. 1984년 4월 11일 김일성은 당시 정치국 위원이었던 허담과의 대화에서 다음과 같이 말했다고 한다.

혁명의 세대는 끊임없이 바뀌여지고 있습니다. 혁명의 세대가 바뀌여지는 데 따라 간부대열도 갱신하여야 합니다. 이제는 간부대열을 김정일 조직비서에게 충실한 사람들로 꾸려야 합니다.

김정일 조직비서에 대한 충실성은 결국 나에 대한 충실성입니다. 김일성과 김정일은 사상도 같고 목표도 같으며 뜻도 같습니다. 김일성의 사상이자 김정일의 사상이며, 김일성의 뜻이자 김정일의 뜻입니다. 나와 김정일 조직비서는 모든 것이 다 같습니다. 사상도 같고 마음도 같으며 생각도 같습니다.

오늘 할 일은 오늘로 끝내야 합니다.……다른 나라 대표단들을 만나 담화를 하는 것은 김정일 동지가 나에게 준 분공입니다. 그는 나에게 힘든 일은 자기가 다 맡아서 하겠으니 쉬엄쉬엄 다른 나라 대표단과의 사업을 하여 주면 좋겠다고 하였습니다. 그래서 나는 그의 말을 당적 분공으로 생각하고 다른 나라 대표단들과의 사업을 맡아 하고 있습니다.

현시대는 김정일 시대입니다. 총비서로부터 평당원에 이르기까지 모든 당원들이 김정일 동지에게 충실하여야 합니다. 이것은 현시대의 요구입니다.……특히 로혁명가들과 간부들이 김정일 동지가 주는 과업을 제때에 철저히 집행하여야 하며 당원들의 거울이 되어야 합니다.[63]

이처럼 1980년대 중반에 이르면서 전반적인 국가·당 사업은 김정일이 관장하고 외교와 '잘 안 되는 분야'는 김일성이 챙기는 형태로 변화됐다.

김정일은 1989년에 이르면 후계체계 구축, 지도이론·체제 확립, 영도의 계승체계 구축단계를 지나 실질적으로 '영도의 계승체계'를 완성했다고 볼 수 있는 것이다. 1990년 5월 국방위원회 제1부위원장을 신호탄으로 해서 1991년 12월 인민군 최고사령관, 1992년 4월 원수 칭호 수여, 1993년 4월 국방위원장이란 직함이 김정일에게 부여됐다. 사실상 모든 계승체계가 완성된 셈이다.

예를 들어 김일성은 1992년 4월 15일 자기 생일잔치 때 외국 손님들 앞에서 "80평생의 총화는 혁명의 유일한 후계자, 혁명의 계승문제를 완벽하게 해결한 것"이라고 말했을 정도였다. 이때부터 김일성은 김정일의 영도가 잘되어 당·군·나라가 잘된다는 식의 얘기를 하기 시작했다. 김일성은 "김정일 비서가 직접 모든 사업을 관장한다"는 말을 공공연하게 했다. 심지어 자신이 쓴 회고록 『세기와 더불어』에도 "김정일 조직비서가 나의 사업을 많이 대신해주어 어느 정도 짬을 얻게 되었다"고 쓰고 있다.

그러나 황장엽의 다음과 같은 증언은 다소 과장된 것으로 보인다.

(김일성은) 그저 사람들 만날 때마다 '나도 김정일의 지시에 의해서 움직인다. 당신들도 다 김정일을 받들어야 된다'라고 계속 얘기했어요. 한편으로는 그것이 역시 아들하고 좋은 관계를 유지하는 능숙한 방법이기도 했고요.……그때는 이미 모든 것이 김정일에게 넘어갔기 때문에 어떻게 할 재간이 없었겠지요.……죽을 때 어떻게 됐다는 추측은 다 믿지 못할 얘기입니다.[64]

김일성은 마지막 순간까지 완전히 일선에서 물러나지는 않았다. 김일성은 외교사절을 만나면서 경제 분야 현지지도를 계속했다. 사망하기 이틀 전인 1994년 7월 6일에도 경제지도협의회를 열고 당면한 식량난과 경제위기 타개책을 토의했다.

이와 같이 김정일은 1960년대 후반부터 김일성의 후계자로 부상하기 시작해, 1973년 공식후계자로 내정되었고, 그 이후 1970년대 말까지 후계체제의 완성을 향해 달려왔다. 북한은 1980년 6차 당대회에서 대외적으로 후계체계 완성을 선포했다. 1980년 이후 김정일은 김일성의 영도체계를 계승하기 시작했고, 김일성이 사망하기 4~5년 전에는 이미 모든 권한을 완전히 계승했다. 이로써 북한은 30여년에 걸친 후계자 승계 과정을 완결 지었다.

김일성은 사망했지만, 그의 아들 김정일은 오랜 기간 아버지의 그늘 밑

에서 모든 권한과 더불어 통치술을 전수받았으며 현재 전면에 나서 북한의
최고 권력자로 활동하고 있다.

| 자료 3 | 김정일 주요 경력 |

1942년 2월 16일	옛 소련 보로실로프 출생설 (북한은 백두산밀영 출생 주장)
1945년 11월 말	귀국
1946년	남산유치원 입학
1948년 9월	남산인민학교 입학
1952년 11월 22일	만경대혁명자유자녀학원(만경대혁명학원) 4학년에 편입
1953년 9월 1일	삼석인민학교 5학년 편입
1954년 2월 1일	평양 제4인민학교에 전학
1954년 9월 1일	평양 제1중학교 입학
1956년 12월	조선민주청년동맹 가입
1957년 9월 1일	평양 제1중학교 고급반(1959년 4월 평양 남산고급중학교로 개칭) 입학
1959년 1월	김일성수상의 모스크바 방문 동행
1960년 9월 1일	김일성종합대학 경제학부 정치경제학과 입학
1961년 7월 22일	조선노동당 입당
1964년 3월 18일	대학졸업논문 「사회주의건설에서 군(郡)의 위치와 역할」 발표
1964년 6월 19일	노동당 중앙위원회 조직지도부 지도원
1965년 4월 9일~21일	김일성수상의 인도네시아 방문 수행
1960년대 후반	노동당 중앙위원회 과장

1970년 9월	노동당 중앙위원회 선전선동부 부부장
1972년 10월	노동당 중앙위원
1973년 7월	노동당 중앙위원회 조직지도부장 겸 선전선동부장
1973년 2월 16일	'김일성상' 수상. 『영화예술론』 발표
1973년 9월 17일	노동당 조직 및 선전담당 비서
1974년 2월 13일	노동당 정치위원 (후계자 확정)
1975년 2월 15일	'공화국 영웅' 칭호 수여
1978년 9월 6일	'김일성 훈장' 수상
1980년 10월 14일	노동당 정치국 상무위원, 노동당 중앙위원회 비서, 노동당 중앙군사위원
1982년 3월 31	『주체사상에 대하여』 발표
1982년 4월 7일	'김일성 훈장' 수상
1983년 6월 1일~13일	중국 비공개 방문
1990년 5월	국방위원회 제1부위원장
1991년 12월	인민군 최고사령관
1992년 4월	인민공화국 원수 칭호
1993년 4월	국방위원장 취임
1997년 10월 8일	조선노동당 총비서 취임
1998년 9월 5일	국방위원장 재추대
2010년 9월 28일	조선노동당 총비서 재선출
	현재 조선노동당 총비서, 조선노동당 정치국 상무위원, 노동당 중앙위원회 조직담당 비서, 노동당 중앙군사위원장, 조선인민군 최고사령관, 공화국 원수, 최고인민회의 대의원

1) 『중앙일보』의 유승삼(劉承三) 논설위원은 김일성이 사망한 직후인 1994년 7월 12일 「총체적 북한 무지(無知)」란 제목의 칼럼에서 다음과 같은 자성과 의문을 던졌다. "우리가 북한 사정에 이렇게 무지하고 어두울 수가 있을까. 땅을 맞대고 있고, 북한의 일거수일투족이 그대로 우리의 운명과 직결되는 환경에 있으면서도 우리의 대북한 정보가 이토록 얄팍하고 전문가라는 사람들의 견해도 그처럼 천차만별일 수가 있는 것일까.……이 기막힌 현실은 북한에 대한 우리 사회의 총체적 무지를 드러내준 것 이외에 아무 것도 아니다. 김정일이 후계자가 될 것이 확실해진 이 시점에서도 과연 우리들이 김정일이란 인물에 대해 알고 있는 것이 얼마나 되나."

2) 김당, 「김정일-정주영·정몽헌 부자 대화록-"남쪽 발전한 것은 올림픽 유치했기 때문"」, 『신동아』 1999년 11월호.

3) 진성계 편저, 『김정일-그는 누구인가』, 동화연구소, 1990, 32쪽.

4) 「북한 당국, 김정일 출생지 조작했다-'백두산 태생'은 거짓, 소 하바로프스크서 낳아」 『중앙일보』, 1991년 10월 4일자 ; 이기봉, 『김정일, 그는 어떤 인물인가』, 남북문제연구소, 1993 ; 서대숙 저, 徐大肅저, 古田博司 역, 『金日成과 金正日』, 암파서점, 1996 등이 모두 김정일의 브야크츠 출생설을 주장했다.

5) 이종석, 『현대 북한의 이해』, 역사비평사, 1995, 284쪽.

6) 허만위, 「김일성가의 극비 김정일 출생지의 허구성」, 『북한』 4, 5, 6월호.

7) 허만위, 앞의 책, 158쪽.

8) 실제로 김선은 1997년 3월 연길 자택에서 만난 필자에게 자신의 증언이 왜곡돼 일본과 남한의 언론에 소개됐다며 불만을 토로했다. 김선은 김정숙과 한때 같이 생활한 것은 사실이지만 김정일이 언제 어디서 태어났는지는 직접 보지 못했고, 그에 대해서는 기억하지 못하고 있다고 말했다.

9) 진성계, 앞의 책, 33쪽 ; 이종석, 앞의 책, 285쪽.

10) 김일성, 『세기와 더불어』 8권, 1998, 159쪽.

11) 1997년 3월 심양 서순옥 자택에서 인터뷰.

12) 와다 하루키, 『김일성과 만주항일전쟁』, 창작과 비평사 ; 신주백, 「김일성의 만주항일유격운동에 대한 연구」, 『역사와 현실』 12호, 1994.

13) 중국당안관·요녕성당안관·길림성당안관·흑룡강성당안관, 『동북지구 혁명역사문건휘집』 甲 65, 1992, 297쪽.

14) 신주백, 앞의 글, 187~188쪽.

15) 김일성의 1차 파견 출발일인 4월 10일을 신주백은 음력으로 추정했다. 이 경우 양력으로는 5월 10일경이 된다. 그래도 정상적인 출산보다는 한 달 이상의 차이가 있다. 필자는 중국 문헌에 나오는 날자가 양력이라고 판단하고 있다. 김일성이 중소국경을 넘은 것은 1942년 10월 22일, 23일경인 것은 많은 자료에서 확인된다. 그런데 김일성의 1차 파견 날자가 기록된 중국문헌에도 김일성이 중소국경을 넘은 것이 10월 22일로 기록돼 있다. 결국 중국문헌에 기록된 4월 10일은 양력일 가능성이 크다.

16) 중국당안관, 요녕성당안관, 김림성당안관, 흑룡강성당안관, 앞의 책, 182쪽.

17) 『금수강산』 1999년 2월호.

18) 문명자, 「김일성, 김정숙, 김정일을 말한다」, 『말』 1994년 9월호, 48쪽.

19) 『조선신보』 1994년 10월 3일자.

20) 해방 후 김정일을 돌봤던 강길복은 재미언론인 문명자와 인터뷰에서 이렇게 밝혔다. "제가 어머니(김정숙)께 듣기로는 친애하는 지도자 동지가 백두산 밀영에서 탄생했을 때 두분의 이름을 한 자씩 따서 정일이라 지었답니다. 그 후 소련에 들락날락하면서 형제의 이름을 유라, 슈라라고 했는데, 해방 후에 어머니께서 정일이라고 부르라고 해도 주변에서 정일이 입에 올라 계속 유라라고 불러 걱정하셨지요. 어머니 돌아가시고 나서 수령님이 강하게 나가셨어요. 그래서 유라, 정일 반반쯤 부르다가 종전되고 나서 완전히 정일로 불렀습니다." 문명자, 앞의 글, 49쪽. 1960년 7월 발행한 김정일의 남산고급중학교 졸업앨범에는 김정일의 이름이 '김유라'로 적혀있다는 견해도 있다. 『중앙일보』 특별취재반, 『한반도 졸반의 상속인 김정일』, 중앙일보사, 1994, 53쪽.

21) 정창현, 『곁에서 본 김정일』, 김영사, 2000, 64쪽.

22) 이와 관련 김일성은 호위사령관 이을설(李乙雪) 원수를 예로 들었다. "해방후 그가 부관으로 일할 때 아침 일찍 일어나서는 경비상태를 돌아보고 우리 집 부엌에서 김정일과 함께 식사를 하던 일이 눈에 선합니다. 그런 정도로 리을설은 어린 김정일과 친밀한 사이였습니다. 내가 현지지도를 나갈 때마다 리을설은 김정일을 곁에 앉히고 다니었습니다. 그는 김정일을 언제나 잘 리해해주고 보살펴 주었습니다.……김정일 동무가 왜 지금도 리을설을 믿고 고맙게 생각하는가. 그것은 어머니가 세상을 떠난 후 리을설이 부관장으로 있으면서 자기를 따뜻이 돌보아주었기 때문입니다.……세상을 떠난 어머니를 그리워하며 어린 시절을 쓸쓸하게 보내고 있을 때 부모와 친척들을 대신하여 그를 육친의 정으로 세심하게 보살펴준 사람이 바로 리을설과 같은 나의 전우들이였습니다." 김일성, 앞의 책, 311쪽.

23) 김일성, 앞의 책, 448쪽.

24) 김일성, 앞의 책, 450~455쪽.

25) 문명자, 앞의 글, 48쪽.

26) 『중앙일보』 특별취재반, 앞의 책, 86쪽.

27) 강길복은 당시 김정일이 슬픔을 이기려는 모습을 보였다고 증언했다. "어머니가 돌아가셨을 때 친애하는 동지는 여덟 살이고 경희 동지는 세 살이었습니다. 경희 동지가 엄마를 찾으며 울면 친애하는 동지가 '경희야, 울지 마라, 아버지 앞에서 울면 어카겠나' 하고 달래고 우리들에게도 '경희가 자꾸 울면 아버지가 가슴 아파 하시니 경희 앞에서 눈물 보이지 마오' 라고 신신당부해 저도 울고 싶어도 울 수가 없었습니다. 그러면서도 자신은 자기 방에서 혼자 웁니다. 제가 가서 '동생 또 들어오면 어카겠나' 하면 눈물 쏙쏙 씻습니다. 친애하는 동지는 아버지 앞에서나 동생 앞에서 눈물 안 보이려고 혼자 울었습니다." 문명자, 앞의 글, 49쪽.

28) 정창현, 앞의 책, 76쪽.

29) 재일본조선인총련합회 중앙상임위원회, 『김정일 장군 략사』, 조선신보사, 1994, 5쪽에서 재인용.

30) 스즈키 마사유키는 김일성과 김성애가 1956년에 재혼했다고 주장한다. 공개시점은 차이가 있을 수 있지만 김경진, 김평일(1948년 사망한 김평일과 동명이인)이 1953년, 1954년경에 태어난 것으로 보아 두 사람은 1952년경에 사실상 결혼했다고 보아야 할 것이다. 스즈키 마사유키 저, 유영구 역, 『김정일과 수령제 사회주의』, 중앙일보사, 1994, 104쪽.

31) 정창현, 앞의 책, 78쪽.

32) 정창현, 위의 책, 80쪽.

33) 황장엽, 『나는 역사의 진리를 봤다』, 한울, 1999, 126쪽.

34) 황장엽, 위의 책, 126~127쪽.

35) 허담, 『김정일의 위인상』, 조선신보사, 1996.

36) 황장엽, 앞의 책, 127쪽.

37) 『중앙일보』 특별취재반, 앞의 책, 65~66쪽.

38) 『중앙일보』 특별취재반, 앞의 책, 66~67쪽.

39) 『중앙일보』 특별취재반, 앞의 책, 67쪽.

40) 스즈키 마사유키, 앞의 책, 103쪽 참조.

41) 김광용, 『북한 '수령제' 정치체제의 구조와 특성에 관한 연구』 한양대학교 대학원 박사논문, 1995, 95쪽.

42) 김광용, 『북한 '수령제' 정치체제의 구조와 특성에 관한 연구』 한양대학교 대학원 박사논문, 1995 ; 『중앙일보』 특별취재반, 앞의 책 ; 김광인, 『북한 권력승계에 관한 연구』, 1998 등의 글을 주로 참고했다.

43) 당시 북한의 정세인식에 대한 박병엽의 증언. "북한지도부는 강청(江青), 왕홍문(王洪文)을 비롯한 4인방이 유소기(劉少奇), 등소평(鄧小平)을 공격하는 걸 보고 부르주아에 대한 문화혁명이 아니라 혁명 노간부들의 뿌리를 흔드는 행위로 인식했다. 모택동이 중국공산당의 오랜 전통을 무시하고 후계문제를 비원칙적으로 처리해 폐단이 나타났다고 단정했다. 더욱이 문화혁명 과정에서 혼란을 진정시키는 데 앞장서 후계자로 결정된 임표(林彪)가 쿠데타를 시도하다 발각돼 죽은 것도 후계문제를 제대로 처리하지 못한 탓으로 돌렸다." 정창현, 앞의 책, 109쪽.

44) 정창현, 위의 책, 151~152쪽.

45) 石川昌, 『金正日 書記その人と業績』, 雄山閣出版社, 1987, 82쪽.

46) 황장엽, 앞의 책, 172쪽.

47) 김일성, 앞의 책, 310쪽.

48) 김광용, 앞의 논문, 106쪽.

49) 황장엽, 앞의 책, 173쪽.

50) 정창현, 앞의 책, 138~139쪽.

51) 정창현, 위의 책, 142~143쪽.

52) 정창현, 위의 책, 150쪽.

53) 정창현, 위의 책, 150~151쪽.

54) 정창현, 위의 책, 154쪽.

55) 정창현, 위의 책, 156쪽.

56) 극동문제연구소, 「인민군 당 제4기 제4차 전원회의 시의 김일성 결론 연설」, 『북괴 군사전략 자료집』, 극동문제연구소, 1974, 329~331쪽.

57) 김정일, 「조선로동당 중앙위원회 조직지도부 및 조선인민군 총정치국 일군들과 한 담화」, 『김정일선집』 1, 조선로동당출판사, 1992, 416~417쪽.

58) 정창현, 앞의 책, 162~163쪽.

59) 최주활, 「실록 조선인민군(1)」, 『WIN』 1996년 6월호, 164~165쪽.

60) 자세한 내용은 유영구, 「북한의 정치, 군사관계의 변천과 군내의 정치조직 운영에 관한 연구」, 『전략연구』 제11호 국제전략문제연구원, 1996, 참조.

61) 유영구, 앞의 글, 95~96쪽.
62) 정창현, 앞의 책, 168~169쪽.
63) 허담, 앞의 책, 142~145쪽.
64) 황장엽, 앞의 책, 361쪽.

10

김정일(2)

김정일

시대의 북한

—

'새로운 사고'와

'우리식 사회주의'의

공존

김정일 시대의 북한
― '새로운 사고'와 '우리식 사회주의'의 공존

　　북한은 1998년 9월 5일, 김일성 주석 사망 후 4년여의 공백 끝에 최고
인민회의 제10기 제1차 회의를 열고 1992년 최고인민회의 제9기 3차 회의
에서 채택되었던 사회주의헌법을 수정·보충하였다. 헌법 개정을 통해 북
한은 주석제를 폐지하고 김정일 총비서를 국방위원장에 재추대함으로써
권력승계를 마무리했다. 김정일 체제의 공식출범은 '혁명 2세대(빨치산 2
세대)'의 시대가 본격화된 것을 의미한다.

　　그러나 1974년 김정일이 후계자로 임명된 후 사실상 인사권을 행사해
왔기 때문에 북한의 최고수뇌부와 당, 군의 핵심간부들은 큰 변화가 없다.
그만큼 북한 핵심간부층은 안정돼 있다.

　　공식 출범한 김정일 체제는 권력구조 면에서 '권력의 분산과 이중성'이
라는 특징을 보여준다. 실제로는 김정일에게 권력이 집중돼 있으면서도 제
도상으로는 대외적 국가수반인 최고인민회의 상임위원장, 국내 행정 전반
의 최고책임자인 내각총리 등으로 권력을 분립하는 형태를 가미했다. 즉

▲ 1998년 9월 김정일은 권한이 한층 강화된 국방위원장에 취임했다.

국방위원회가 "국가주권의 최고군사지도기관"에서 '전반적 국방관리기관'으로 강화됐고, 최고인민회의 상임위원회가 국가를 대표하는 대외업무를 관장하게 됐다. 또한 정무원을 내각으로 개편해 행정부의 권한을 정상화하였다.

한마디로 국방은 국방위원회가, 외교는 최고인민회의 상임위원회가, 내정은 내각이 맡는 권력분산이 이뤄졌다. 물론 노동당이 이를 총체적으로 지도한다.[1]

▲ 1995년 김정일 위원장을 비롯한 북한 최고간부들이 '김일성 주석 1주기 추도식'에 나와 있다.

김정일 체제의 본격 개막과 함께 북한이 내세운 첫 선전구호는 '사회주의 강성대국 건설'이다. 북한의 당 기관지 『노동신문』(1998년 9월 7일자)은 강성대국의 의미를 "나라는 작아도 사상과 총대가 강하면 세계적인 강대한 나라가 될 수 있다"는 뜻으로 풀이하고, "강성대국을 건설하는 것이 김정일의 사상과 영도를 구현하는 길"이라고 강조하였다. 당(사상)과 군(총대)을 두 축으로 국가를 운영해 나가겠다는 의도가 엿보인다.[2]

'강성대국'이라는 구호를 내세움으로써 김정일 체제의 자신감과 안정성을 대내외적으로 과시하면서 북한 주민들의 충성단결 분위기를 한층 고조시키려는 계산도 깔려있다. 극심한 경제난으로 인한 '고난의 행군'에서 어느 정도 벗어나면서 김정일 체제가 김일성 사망 후 체제 생존의 위협에서 벗어난 것이 내부 변화를 모색할 수 있게 된 요인이다. 북한에게 가장 절실한 문제는 짧은 시간 안에 경제회생과 북미관계 개선이라고 할 수 있다. 이를 위해 2000년 남북정상회담에도 합의하였다.[3]

북한은 '개혁·개방은 곧 사회주의 정권의 붕괴'라는 걱정에 사로잡혀 개혁·개방을 한사코 피하면서도 '경제사업 개선'을 강조함으로써 변화를 모색하고 있다. 동해안의 나진·선봉 경제무역지대가 난관을 거듭하자 서해안쪽으로 눈을 돌려 신의주·남포 등을 경제특구로 지정하려고 모색하고 있다.

▲ 1999년 1월 첫 현지지도 장소로 국가과학원을 찾은 김정일 국방위원장이 과학원을 둘러보고 있다. 김정일 위원장은 2000년대에 들어 과학기술의 중요성을 부쩍 강조하고 있다.

과학기술의 중요성이 부쩍 강조되는가 하면 교육 분야에서 해외교류 확대책이 모색되는 등 변화의 물결은 광범위하다. 인터넷·컴퓨터 바람도 일기 시작했다. 특히 2001년에 들어서면서 북한은 김정일 국방위원장의 지시에 따라 새로운 관점과 사고방식으로 강성대국 건설을 본격 추진하고 있다.

북한은 경제 부문의 발상전환을 통해 21세기 정보화시대에 맞는 첨단 기술 도입 등 대담한 기술개발 촉진을 강조하고 있다. 김정일 국방위원장은 비공식 중국 방문 다음 날인 2001년 1월 21일 평안북도 신의주시에 건설된 화장품 공장, 기초식품 공장 등을 현지지도하면서 "모든 간부가 낡은 관념을 버리고 새로운 사고를 가져야 하며, 일하는 기풍과 태도를 근본적으로 고쳐야 한다"고 지시했다.

최근 북한에서는 어느 때보다도 경제강국 건설과 '과학기술 중시 사상'을 강조하고 있다. 이와 관련해서 북한의 언론은 "우리는 기존관념에 사로잡혀 과거의 낡고 뒤떨어진 것을 떠안는 것이 아니라 잃을 것은 대담하게 잃어 기술개조를 하지 않으면 안 된다"라는 김정일 위원장의 발언을 자주 보도하고 있다.

'새로운 관점'과 '새로운 혁신'을 거침없이 이야기하는 그의 모습은 외부세계에 비친 과거 이미지와는 영 딴판이다.[4]

요즘 북한이 부쩍 경제 분야에서 강조하는 것은 '개선(改善)'과 '개건(改建)'이다. 북한에서 개선은 주로 경제구조, 기업관리, 경제운영을 실용적 합리적으로 바꾸는 것을 뜻하고 개건은 기술혁신, 첨단 설비화를 의미한다. 북한이 개선이라는 이름 아래 시행해 온 조치는 노동자·농민에게 성과급을 제공하는 개인소유의 확대, 협동농장의 분조관리제 강화, 기업관리의 합리화 및 독립채산제 강화 등이 대표적이다. 반면에 개건은 공장·기업소의 기술혁신과 첨단 산업시설 도입을 포함한다.

결국 선군정치(先軍政治)[5]를 앞세워 체제 안정을 보장하고 속도를 조절하면서 점진적으로 경제개방을 확대해 나가겠다는 변화의 의지가 개선과 개건이란 말 속에 담겨 있다. 개선과 개건이 옛 소련의 '페레스트로이카', 중국의 '개혁·개방', 베트남의 '도이모이'처럼 북한식 변화의 핵심어로

▲ 1990년대 중반 김정일 국방위원장이 판문점 '정전협정조인장'을 방문해 둘러보고 있다.

자리잡아 가는 것이다.

　개방경제를 뒷받침하기 위해 '자본주의 학습'도 강화하고 있다. 김정일 위원장은 2000년에 "자본주의 생존방식과 대기업의 관리능력을 습득할 필요가 있다"는 교시를 경제간부들에게 하달했다고 한다. 내각 무역성 산하에는 '자본주의제도 연구원'이라는 기구를 신설해 자본주의 및 시장경제에 대한 정보수집에 주력하고 있다.[6]

　물론 북한이 전면적인 경제개방으로 나설 것 같지는 않다. 북한은 "남북관계와 국제관계의 호전이 북한 경제재건에 유리한 환경을 조성할 것"이라는 지적을 '잘못된 생각'이라고 반박한다. 여전히 자립적 민족경제에 의거해 자체의 힘과 기술로 '경제강국'을 이루겠다는 의지를 공공연히 표명하고 있기 때문이다.

그러나 북한주민들의 사고방식은 많이 바뀌어 갈 것으로 예상된다. 주민들의 사고까지 변할 수밖에 없는 것은 사회의 컴퓨터화와 밀접하게 연관돼 있다. 모든 것을 수작업에 의존하던 주민들에게 컴퓨터의 도입은 가히 '혁명적' 변화가 아닐 수 없다. 북한의 간부들이나 일반 주민들도 컴퓨터를 모르면 생활하기 어려운 시대에 접어들고 있는 것이다.

북한은 이러한 시대적 상황에 맞게 간부들에게 '실력가형 일군'이 될 것을 강조하고 있다. 정권 창건에 전력투구한 '혁명 1세대'만큼 다음 세대는 '사회주의 강국 조선' 건설에 열정적으로 헌신해야 하며, 이를 위해서는 각자 맡은 분야에서 전문성을 가져야 한다는 것이다. 특히 북한은 강성대국 건설의 세 분야(사상·군사·경제) 가운데 가장 취약한 경제강국 건설을 위해 과학 분야 일꾼들이 최신지식을 습득할 것을 끊임없이 요구하고 있다.

이에 따라 북에서도 자연스럽게 세대교체, 역할교체가 이뤄지고 있다. 세월의 흐름과 함께 노세대가 일선에서 물러나고 각 분야의 전문가, 그 중에서도 경제 분야 전문가들의 부상이 두드러진다.

북한이 1999년부터 본격적으로 추진하고 있는 전국적인 토지정리 사업은 북한사회의 변화를 또다른 차원에서 보여 주는 대역사이다. 많은 전문가들이 토지정리사업을 농업생산성 측면에서 주목하고 있지만, 여기에는 농촌의 소유구조를 근본적으로 바꾸려는 북한 당국의 의지가 담겨 있기 때문이다.

2001년 1월 13일 조선중앙방송은 "협동적 소유를 전인민적 소유에로 넘기는 것은 농촌에서 사회주의 경제관계를 완전히 개변하는 또 하나의 역사적인 사변"이라고 밝혀 집단주의 영농을 포기하지 않겠다는 뜻을 분명히 밝혔다. 이것은 중국이 인민공사에 의한 집단영농을 포기하고 가족생산책임제를 도입한 농업개혁을 추진했던 것과는 전혀 다른 방향이다. 이러한 추세는 소유구조의 변화로까지 번질 조짐을 보여주고 있다. 공유 개념을 갖고 있는 협동농장의 토지소유구조를 궁극적으로 국유 개념인 '전인민적 소유' 구조로 전환시키자는 것이다.

▲ 북한은 2001년에 평양 제1고등중학교, 금성 제1고등중학교 등에 컴퓨터수재반을 편성해 청소년들의 컴퓨터 교육을 강화하고 있다.

　북한은 이미 김일성 주석의 지시에 따라 1994년 12월 평양시 만경대구역 협동농장과 평안남도 숙천군 20여 개 협동농장을 국영농장으로 전환시켰다. 1998년의 개정헌법에서도 "협동단체 소유를 점차 전인민적 소유로 전환시킨다"(23조)고 분명히 못박았다. 북한은 대외개방이나 공업 부문에서는 중국의 경험을 도입할 뜻을 갖고 있으면서도, 농업만은 사회주의체제를 더욱 강화하겠다는 입장을 취하고 있는 것이다. 이것은 과도기적으로 자본주의 소유형태의 경제특구와 협동적 소유, 전인민적 소유가 북한사회에 공존할 가능성을 보여주는 현상이다.

그러나 북한의 이러한 부분적인 변화에서라도 성공을 거두기 위해서는 무엇보다 한반도의 긴장완화와 국제사회의 대북 경제봉쇄가 풀려야 한다. 북한도 이 점을 잘 알고 있는 듯하다. 북한은 2000년 6월 남북정상회담을 통해 남북관계에서 해빙 분위기를 조성했고, 마지막 순간에 무산되긴 했지만 미국과의 전면적인 관계정상화에 힘을 쏟았다.

2000년에 남북정상회담을 수용한 이래 북한의 대외자세는 전광석화로 비유되는 선제공세 정책이다. 북한은 유럽연합(EU)이나 중국·러시아를 활용하는 등 대외환경의 변화를 위해 적극 외교에 나서고 있다. 북한은 '외세공조'를 반대하며 '민족공조'를 강조하지만 북미관계의 개선 없이는 남북관계도 제한될 수밖에 없다는 것을 잘 알고 있다.

따라서 2000년 북한은 북미관계를 정상화하기 위해 총력을 기울였다. 북한은 미국 대선을 코앞에 두고 조명록 국방위원회 제1부위원장 겸 인민군 총정치국장을 특사로 워싱턴에 파견했다. 조명록은 10월 12일 백악관을 예방, 클린턴 대통령과 회담하고 양국의 관계개선 의지를 담은 「10·12 조미공동코뮈니케」를 이끌어 냈다. 이어 올브라이트 미 국무장관이 10월 23일 평양을 방문, 김정일 국방위원장과 회담함으로써 양국은 1994년 제네바합의 이래 가장 근접한 관계를 맺는 데 성공했다.

그러나 미국과 미사일협상을 마무리 짓고 미국의 대통령을 평양에 불러들여 관계정상화를 이루겠다는 북한의 구상은 막판에 부시 행정부가 등장함으로써 좌절됐다. 사상 초유의 북미정상회담을 성사시키기 위해 장거리 미사일의 개발과 수출을 중단하고 단거리 미사일 제한문제까지 논의할

▲ 2001년 김정일 국방위원장이 황해남도의 토지정리사업 현장을 둘러보고 있다.

수 있다는 선까지 양보했던 북한으로선 아쉬운 대목이 아닐 수 없다.

이에 따라 '강성대국 건설'이라는 국가 목표 아래 경제재건에 총력을 기울이고 이에 유리한 국제환경을 조성한다는 북한의 정책방침은 상당한 장애에 봉착해 있는 상태이다.

북한은 이러한 상황을 유럽연합을 비롯한 나라들에 대한 적극적인 서방외교를 통해 돌파하려고 시도하였다. 북한은 1999년을 기점으로 외교정책상의 변화를 보이기 시작했으며 2000년부터 전방위 외교에 나섰다.

북한은 2000년 1월 초 이탈리아와 전격 수교함으로써 외교 다각화에 시동을 걸었다. 이후 북한은 호주, 캐나다, 필리핀 · 태국 등 동남아국가연합, 영국 · 독일 등 유럽연합국가 등과 관계개선에 나서는 한편 한반도 주변 4강 외교에도 적극 나섰다. 특히 2001년 5월 유럽연합대표단의 방북과 뒤이은 수교는 북한의 외교자세의 변화를 보여 주는 상징적인 사건이기도 하다. 이제 세계 주요국가 중에서 북한과 수교하지 않은 나라는 미국, 일본, 프랑스밖에 남지 않았다.

북한은 적극적인 서방외교에 앞서 안보와 경제 실리 양 측면에서 가장 직접적인 이해관계를 갖고 있는 전통적인 우방인 중국, 러시아와의 관계도 빠르게 복원했다.

▼ 2001년 4월 김정일 국방위원장이 용성기계연합기업소를 방문해 공장상황에 대해 보고받고 있다.

특히 2000년 5월의 김정일·강택민(江澤民) 정상회담은 김정일 위원장이 '은둔외교'에서 벗어나 일선에 적극 나선다는 의미를 갖는다. 김 위원장의 방중은 1992년 8월 한·중 수교와 김일성 주석 사망 이후 느슨해진 '혈맹관계'를 예전 수준으로 복귀시켰다는 평가를 받았다. 2001년 1월 김정일 위원장은 다시 중국을 방문, 중국의 개방지구인 상해(上海)를 둘러봄으로써 변화된 모습을 극적으로 보여 주었다. 강택민 국가주석도 2001년 9월 평양을 방문해 북한의 '개방 움직임'에 대해 지지입장을 보였다.

북·러 관계도 1999년 '조·러 친선·선린 및 협조에 관한 조약'에 합의하면서 우호관계를 복원하기 시작해 2000년과 2001년 두 차례의 정상회담을 통해 군사·경제적 협력을 강화했다.

그러나 북한이 기본적으로 미국의 MD(미사일방어체제) 구축에 부정적이고 부시행정부도 북한의 핵과 미사일에 대한 철저한 검증을 강조하고 있어 대화창구가 마련되더라도 상당 기간 첨예한 공방이 예상된다.

현재 진행되고 있는 북한의 전방위 공세외교는, 한반도만이 냉전의 굴레를 벗어나지 못하고 오늘날까지 군사적 대치와 사상적 대결을 지속하고 있는 상황을 타개하려는 노력이라는 측면에서 볼 필요가 있다.

남한은 국제적 냉전구도의 와해되면서 러시아와 중국과 수교한 반면 북한은 아직도 미국과 일본을 비롯한 서방국가들과 수교하지 못하고 있다. 더구나 미국으로부터 테러국가로 낙인찍혀 철저한 경제봉쇄를 당하고 있고, 첨예한 군사적 대치상태에 처해 있다.

따라서 북한이 추구하고 있는 미국·일본과의 외교관계 정상화나 서방국들과의 수교는 엄밀한 의미에서는 뒤늦은 냉전 청산 절차라고 보아야 할 것이다. 그런 의미에서 2000년부터 이루어지고 있는 한반도의 평화 기류와 북한의 국제무대 복귀는 냉전 청산의 마지막 절차라는 세계사적 의미를

▲ 2001년 중국을 방문한 김정일 국방위원장은 주룽지 총리의 안내로 상해의 주요 시설들을 둘러보고 '상해가 천지개벽됐다'라고 발언했다.

▲ 2000년 평양을 방문한 러시아 푸틴 대통령이 공항에서 사열을 받고 있다.

갖는 당연한 귀결이다.[7]

북한은 유럽연합 등 서방국가들과의 연이은 수교와 중국·러시아와의
정상 교환방문에 대해 '세계적 판도에서의 북한의 국제적 지위 향상', '자
주적 대외정책의 확증'이란 표현으로 높은 평가를 내리고 있다. '고립된
평양'의 이미지에서 벗어나 '빗장을 푼 평양'이라는 이미지를 얻어내는 데
성공해 미국의 일방적인 대북 강경책을 무력화 시키는 커다란 성과를 낸
것이다.

이처럼 북은 '변화'와 '수성'의 이중적 모습을 보여주고 있다. 새로운
시대에 맞게 낡은 것을 타파하고 모든 것을 바꾸자는 '새로운 관점'과 수
령·당·대중의 일심단결을 더욱 강화하자는 '우리식 사회주의노선'이 공
존하고 있는 것이다. 다만 북한이 21세기 정보화 사회에 맞는 사고와 체계
를 갖추기 위해 나름대로 변화하고 있다는 점은 분명하다.

'김정일 시대의 북한'이 궁극적으로 개혁·개방으로 나올 것인가 하는
점에 대해서는 크게 두 가지 견해가 대립돼 있다. 한쪽은 "궁극적으로 북한
은 바뀌지 않을 수 없다"는 희망적인 견해를, 다른 한쪽은 "그래도 북한은
바뀌지 않는다"라는 견해를 내놓고 있다.

중요한 것은 현재 북한이 어떤 생각을 갖고 있는가 하는 점이다. 많은
북한전문가들은 북한의 향후 행보가 '박정희식 개발독재 모델'이나 '중국
식 개혁·개방정책'을 따를 수밖에 없을 것으로 전망한다. 그러나 박정희
식 개발전략이 됐든, 중국식 개혁·개방정책이 됐든 대전제는 북한이 전면
적인 개혁·개방과 시장경제 체제를 도입해야 한다는 것이다.

북한의 입장에서 이것은 받아들이기 어려운 명제이다. 북한은 전면적
인 개혁·개방이 전면적인 체제 위협이라는 부메랑이 되어 돌아올 것을 무
엇보다 두려워하고 있기 때문이다. 북한이 계속 "사회생활의 모든 분야에

서 모기장을 든든히 쳐야 한다"고 강조하는 이유가 여기에 있다.

따라서 북한은 '조선식 혹은 우리식 사회주의 경제' 모델을 추구할 것으로 전망된다. 개혁·개방과 체제 안정이라는 이율배반적인 양 극단 사이의 균형점을 끊임없이 찾아가는 방식, 정치적 부담이 덜한 분야에서 최대한 실리주의를 추구하되 '수령제 정치체제'를 위협하는 요소에 대해서는 단호하게 거절하는 방식이 될 가능성이 크다.

▲ 2000년 10월 미국을 방문한 조명록 특사가 빌 클린턴 미 대통령과 만나 회담한 후 기념촬영을 하고 있다.

자료-4 **'6 · 15남북공동선언'(2000년 6월 15일 평양)**

조국의 평화적 통일을 염원하는 온 겨레의 숭고한 뜻에 따라 대한민국 김대중 대통령과 조선민주주의인민공화국 김정일 국방위원장은 2000년 6월 13일부터 6월 15일까지 평양에서 역사적인 상봉을 하였으며 정상회담을 가졌다.

남북 정상들은 분단 역사상 처음으로 열린 이번 상봉과 회담이 서로 이해를 증진시키고 남북관계를 발전시키며 평화통일을 실현하는 데 중대한 의의를 가진다고 평가하고 다음과 같이 선언한다.

1. 남과 북은 나라의 통일문제를 그 주인인 우리 민족끼리 서로 힘을 합쳐 자주적으로 해결해 나가기로 하였다.

2. 남과 북은 나라의 통일을 위한 남측의 연합제안과 북측의 낮은 단계의 연방제안이 서로 공통성이 있다고 인정하고 앞으로 이 방향에서 통일을 지향시켜 나가기로 하였다.

3. 남과 북은 올해 8 · 15에 즈음하여 흩어진 가족, 친척 방문단을 교환하며 비전향 장기수 문제를 해결하는 등 인도적 문제를 조속히 풀어 나가기로 하였다.

4. 남과 북은 경제협력을 통하여 민족경제를 균형적으로 발전시키고 사회, 문화, 체육, 보건, 환경 등 제반 분야의 협력과 교류를 활성화하여 서로의 신뢰를 다져 나가기로 하였다.

5. 남과 북은 이상과 같은 합의사항을 조속히 실천에 옮기기 위하여 빠른 시일 안에 당국 사이의 대화를 개최하기로 하였다.

김대중 대통령은 김정일 국방위원장이 서울을 방문하도록 정중히 초청하였으며 김정일 국방위원장은 앞으로 적절한 시기에 서울을 방문하기로 하였다.

2000년 6월 15일

대한민국   조선민주주의인민공화국

대 통 령   국방위원장

김 대 중   김 정 일

자료-5 조선민주주의인민공화국과 미합중국 사이의 공동콤뮤니케

조선민주주의인민공화국 국방위원회 김정일 위원장의 특사인 국방위원회 제1부위원장 조명록 차수가 2000년 10월 9일부터 12일까지 미합중국을 방문하였다.

방문기간 국방위원회 김정일 위원장께서 보내시는 친서와 조미관계에 대한 그이의 의사를 조명록 특사가 미합중국 윌리암 클린톤 대통령에게 직접 전달하였다. 조명록 특사와 일행은 매덜레인 알브라이트 국무장관과 윌리암 코헨 국방장관을 비롯한 미 행정부의 고위관리들을 만나 공동의 관심사로 되는 문제들에 대하여 폭넓은 의견교환을 진행하였다.

쌍방은 조선민주주의인민공화국과 미합중국 사이의 관계를 전면적으로 개선시킬 수 있는 새로운 기회들이 조성된 데 대하여 심도 있게 검토하였다. 회담들은 진지하고 건설적이며 실무적인 분위기속에서 진행되었으며 이 과정을 통하여 서로의 관심사들에 대하여 더 잘 리해할 수 있게 되었다.

조선민주주의인민공화국과 미합중국은 력사적인 북남 최고위급상봉에 의하여 조선반도의 환경이 변화되었다는 것을 인정하면서 아시아태평양지역의 평화와 안전을 강화하는데 리롭게 두 나라사이의 쌍무관계를 근본적으로 개선하는 조치들을 취하기로 결정하였다. 이와 관련하여 쌍방은 조선반도에서 긴장상태를 완화하고 1953년의 정전협정을 공고한 평화보장체계로 바꾸어 조선전쟁을 공식 종식시키는데서 4자회담 등 여러 가지 방도들이 있다는데 대하여 견해를 같이하였다.

조선민주주의인민공화국측과 미합중국측은 관계를 개선하는 것이 국가들 사이의 관계에서 자연스러운 목표로 되며 관계개선이 21세기에 두 나라 인민들에게 다 같이 리익으로 되는 동시에 조선반도와 아시아태평양지역의 평화와 안전도 보장하게 될 것이라고 인정하면서 쌍무관계에서 새로운 방향을 취할 용의가 있다고 선언하였다. 첫 중대 조치로서 쌍방은 그 어느 정부도 타방에 대하여 적대적 의사를 가지지 않을 것이라고 선언하고 앞으로 과거의 적대감에서 벗어난 새로운 관계를 수립하기 위하여 모든 노력을 다할 것이라는 공약을 확언하였다.

쌍방은 1993년 6월 11일부 조미공동성명에 지적되고 1994년 10월 21일부 기본합의문에서 재확인된 원칙들에 기초하여 불신을 해소하고 호상신뢰를 이룩하며 주요관심사들을 건설적으로 다루어 나갈 수 있는 분위기를 유지하기 위하여 노력하기로 합의하였다.

이와 관련하여 쌍방은 두 나라 사이의 관계가 자주권에 대한 호상존중과 내정불간섭의 원칙에 기초하여야 한다는 것을 재확언하면서 쌍무적 및

다무적 공간을 통한 외교적 접촉을 정상적으로 유지하는 것이 유익하다는
데 대하여 류의하였다.

쌍방은 호혜적인 경제협조와 교류를 발전시키기 위하여 협력하기로 합
의하였다. 쌍방은 두 나라 인민들에게 유익하고 동북아시아전반에서의 경
제적 협조를 확대하는데 유리한 환경을 마련하는데 기여하게 될 무역 및
상업 가능성들을 탐구하기 위하여 가까운 시일 안에 경제무역 전문가들의
호상방문을 실현하는 문제를 토의하였다.

쌍방은 미싸일 문제의 해결이 조미관계의 근본적인 개선과 아시아태평
양 지역에서의 평화와 안전에 중요한 기여를 할 것이라는데 대하여 견해를
같이하였다. 조선민주주의인민공화국측은 새로운 관계구축을 위한 또 하
나의 노력으로 미싸일 문제와 관련한 회담이 계속되는 동안에는 모든 장거
리미싸일을 발사하지 않을 것이라는 데 대하여 미국측에 통보하였다.

조선민주주의인민공화국과 미합중국은 기본합의문에 따르는 자기들의
의무를 완전히 리행하기 위한 공약과 노력을 배가할 것을 확약하면서 이렇
게 하는 것이 조선반도의 비핵평화와 안전을 이룩하는데 중요하다는 것을
굳게 확언하였다. 이를 위하여 쌍방은 기본합의문에 따르는 의무 리행을
보다 명백히 할 데 대하여 견해를 같이하였다. 이와 관련하여 쌍방은 금창
리 지하시설에 대한 접근이 미국의 우려를 해소하는데 유익하였다는데 대
하여 류의하였다.

쌍방은 최근 년간 공동의 관심사로 되는 인도주의 분야에서 협조사업
이 시작되었다는 데 대하여 류의하였다. 조선민주주의인민공화국측은 미

합중국이 식량 및 의약품 지원 분야에서 조선민주주의인민공화국의 인도주의적 수요를 충족시키는데 의의 있는 기여를 한데 대하여 사의를 표하였다. 미합중국측은 조선민주주의인민공화국이 조선전쟁시기 실종된 미군 병사들의 유골을 발굴하는데 협조하여 준 데 대하여 사의를 표하였으며 쌍방은 실종자들의 행처를 가능한 최대로 조사 확인하는 사업을 신속히 전진시키기 위하여 노력하기로 합의하였다. 쌍방은 이상의 문제들과 기타 인도주의 문제들을 토의하기 위한 접촉을 계속하기로 합의하였다.

쌍방은 2000년 10월 6일 공동성명에 지적된 바와 같이 테로를 반대하는 국제적 노력을 지지 고무하기로 합의하였다.

조명록 특사는 력사적인 북남 최고위급 상봉 결과를 비롯하여 최근 몇 개월 사이의 북남대화 상황에 대하여 미국측에 통보하였다. 미합중국측은 현행 북남대화의 계속적인 전진과 성과 그리고 안보대화의 강화를 포함한 북남 사이의 화해와 협조를 강화하기 위한 발기들의 실현을 위하여 모든 적절한 방법으로 협조할 자기의 확고한 공약을 표명하였다.

조명록 특사는 클린톤 대통령과 미국인민이 방문 기간 따뜻한 환대를 베풀어 준데 대하여 사의를 표하였다.

조선민주주의인민공화국 국방위원회 김정일 위원장께 윌리암 클린톤 대통령의 의사를 직접 전달하며 미합중국대통령의 방문을 준비하기 위하여 매덜레인 알브라이트 국무장관이 가까운 시일에 조선민주주의인민공화국을 방문하기로 합의하였다.

2000년 10월 12일

워 싱 톤

주

1) 정창현, 「세대교체와 당·정·군의 관계변화」, 『통일경제』 1998년 10월호.

2) 최원기·정창현, 『남북정상회담600일』, 김영사, 2000 참조.

3) 남북정상회담에 응한 북한의 요인과 정상회담 합의사항에 대해서는 최원기·정창현, 앞의 책 참조.

4) 정창현, 「정상회담 이후 김정일의 선택 : 세계 조류 따라잡아 강성대국 이루겠다」, 『월간 말』, 2000년 6월호.

5) 북한은 선군정치를 "군대를 중시하고 그를 강화하는 데 선차적 힘을 넣는 정치", "인민군대를 강화하는데 최대의 힘을 넣고 인민군대의 위력에 의거하여 혁명과 건설의 전반사업을 힘있게 밀고 나가는 정치"라고 규정하고 있다. 선군정치에 대해서는 김진환, 「북한의 선군정치 연구」, 동국대학교 대학원 석사학위논문 ; 김철우, 『김정일장군의 선군정치』, 평양출판사, 2000 참조.

6) 정영철, 「'새로운 사고'와 '조선식 사회주의'의 공존」, 『민족21』 2001년 4월호.

7) 정영철, 「북의 부시 돌파작전 : "중·러·EU로 미·일을 포위하라"」, 『민족21』 2001년 5월호 ; 정창현, 「북한의 전방위 공세외교－한반도 냉전해체 전략」, 『한국역사연구회WEBZINE』 3호 (www.koreanhistory.org), 2001.

11

연형묵

북

'혁명2세대'의

맏형 홍명희 선생

곁에

잠들다

.

.

.

.

.

.

.

.

.

북 '혁명2세대'의 맏형 홍명희 선생 곁에 잠들다

2005년 10월 22일 연형묵 국방위원회 부위원장이 사망했다. 연 부위원장은 북이 해방 후 국가적으로 키운 '혁명2세대'로서 1970년대 김정일 국방위원장의 후계체제 확립, 김 위원장 주도의 사회주의 경제건설에 핵심적 역할을 수행해온 인물이다. 특히 1990년대 후반 '고난의 행군' 시기에 창조된 '강계정신'의 주역이기도 하다.

김 위원장 직접 조문

북 연형묵(73) 노동당 정치국 후보위원 겸 국방위원회 부위원장이 10월 22일 12시 10분 불치의 병으로 사망했다. 국방위원회는 이날 발표한 부고에서 "연형묵 동지는 당과 혁명에 대한 끝없는 충실성과 조국과 인민에 대한 헌신적 복무정신, 혁명적 원칙성과 겸손한 품성으로 우리 당의 높은 신임과 인민의 사랑을 받았다"며 "당과 조국과 인민 앞에 세운 공적은 길이 남아 있을 것"이라고 밝혔다.

10월 23일 밤 김정일 국방위원장도 연 부위원장 시신이 안치된 서장회관을 직접 찾아 조문했다. 북 당국은 24일 고(故) 연 부위원장의 장례식을 국장으로 치르고 시신을 신미동 애국열사릉에 안장했다. 그의 묘는 소설 『임꺽정』의 저자이자 내각 부수상을 지낸 홍명희 선생과 내각설계총국 참의를 지낸 최성세 묘 사이에 자리를 잡았다.

연 부위원장은 김정일 국방위원장의 각별한 신임을 받아온 최측근이자 북의 중공업을 이끌어온 주역이며, 1990년대 초 열린 남북 고위급회담에

▲ 2005년 10월 24일 평양 애국열사릉에 묻힌 연형묵 국방위원회 부위원장의 묘. 김정일 국방위원장은 전날 국방위원회 주요 간부들과 함께 직접 빈소인 서장회관을 찾아 조문을 했다.

서 북측 수석대표로 남북기본합의서를 합의해 남측에도 잘 알려진 인물이다. 췌장암으로 2004년 11월 러시아에서 수술을 받기도 한 것으로 알려진 그는 2005년 10월 10일 열린 노동당 창건 60주년 열병식에도 참석하는 등 왕성하게 활동했다.

1931년 11월 함경북도 경원군에서 태어난 연 부위원장은 조선노동당 중앙위원회 중공업부 부부장과 부장, 정무원(현재 내각) 부총리와 총리 등을 역임했으며 1998년 9월 최고인민회의 제10기 1차회의에서 국방위 위원으로 선출된 데 이어 2003년 9월부터 국방위원회 부위원장으로 활동해왔다.

그가 30대 초반의 젊은 나이에 노동당 중앙위원회의 부부장으로 등용되고, 40대 초반에 중앙위원회 부장, 비서, 정치위원으로 파격적인 승진을 계속할 수 있었던 데는 김일성 주석과의 특별한 인연과 뛰어난 실력 때문이었다.

1990년대에 나온 김일성 주석의 회고록에 보면 그와 김 주석의 인연을 알 수 있는 대목이 나온다.

"나는 항일혁명시절의 경험에 기초하여 지난 조국해방전쟁시기에도 10대의 혁명가유자녀들로 친위중대를 무어 최고사령부를 호위하게 하였다. 친위중대원들은 나의 신변을 호위하느라고 수고도 많이 하고 위험한 고비도 많이 겪었다. 어느해 겨울인가 나는 련합작전을 위해 성천에 있는 중국인민지원군 부대에 갔다 오다가 적폭격기편대의 기습을 받은 일이 있다. 그때 그들은 나를 밭고랑에 억지로 넘어뜨리고 모두가 방탄벽이 되어 두겹, 세겹, 네겹으로 내우에 엎드리였다. 이와 비슷한 일은 그 후에도 여러번 있었다."

연형묵 국방위원회 부위원장이 바로 이 '친위중대'의 일원이었다.

연 부위원장은 김일성 주석의 '친위중대' 출신

　　김일성 주석과 연 부위원장의 첫 인연은 일제시기로 거슬러 올라간다. 1931년 함경북도 경원에서 태어난 연 부위원장은 어려서 아버지를 따라 만주로 이주했다. 만주로 건너가 포수 생활을 하면서 어렵게 가정을 꾸려가던 연 부위원장의 부친은 이곳에서 우연히 항일무장투쟁을 하던 김 주석을 만나게 된다.

　　한 증언에 따르면 연 부위원장의 가족이 북만주의 노야령 깊은 산골에서 살던 어느 해 겨울, 혹한 속에서 김 주석이 독감에 걸려 노야령을 넘다가 사경에 빠졌을 때 우연히 연 부위원장의 집을 찾게 됐고, 가족들의 간호로 김 주석이 건강을 회복해 첫 인연이 맺어졌다고 한다. 이후 김 주석이 자주 연 부위원장의 집에 들러 피신해 묵어도 가고, 어린 연 부위원장도 김 주석의 심부름을 해주는 등 어려서부터 인연이 있었다는 것이다.

　　또 다른 증언에 따르면 그의 부모는 김일성 빨치산 부대 소속으로 활동하다 연 부위원장이 9살 때 사망했다고 한다. 부모 사망 후 만주에서 고아처럼 떠돌던 연 부위원장은 1946년 6월 빨치산 출신의 박영순, 림

▲ 1998년 1월 2일 김정일 국방위원장이 만경대혁명학원을 방문해 학원생들을 격려하고 있다. 연형묵 부위원장은 혁명자 유자녀를 교육하는 이 학원의 1기 출신이다.

춘추, 김좌혁 등이 주축이 돼 일제시기 빨치산 희생자 가족들을 찾아 나선 북 대표단을 만나 평양에 들어올 수 있었다. 이때 40여 명의 유가족이 처음으로 귀국했다고 전해진다. 대표단이 찾아 보낸 유가족들은 대개 볼보는 사람들이 없었기 때문에 거지생활이나 그보다 못한 비참한 생활을 했다.

이들은 위한 평양혁명자유자녀학원(현재 만경대혁명학원의 전신)이 문을 연 것은 1947년 10월 12일 평양에 첫 눈이 내리던 날이었다. 제1기생은 320명. 학생들의 연령은 최저 9살부터 23세까지로 남자 296명, 여자 24명이었다. 입학생들의 부모는 이토 히로부미(伊藤博文) 암살에 참가한 사람부터 3·1운동, 단천농조사건, 원산태평양노조사건 등 국내에서 반일운동을 전개한 사람, 항일무장투쟁에 가담해 희생된 사람 등 다양했다. 당시 생존해 있던 김책, 강건 등 빨치산 출신의 아들들도 입학했다.

학생들은 대부분 자기 가정을 가지지 못했으므로 학원이 학생들의 유일한 생활근거가 됐고, 자연스럽게 혁명자유자녀로서 공감대를 형성할 수 있었다. 1947년에 평양서 발간된 『순간북조선통신』(11월 중순호)에 따르면 그들은 "선대의 유훈을 이어서 정치가나 군인이 되기를 원했다"으며 '충실성 교양'을 통해 사회주의, 공산주의 계속혁명의 계승자로 육성됐다.

여기에는 현재 조선노동당과 조선인민군의 최고위층에 포진돼 있는 주요 인물이 다수 포함돼 있었다. 김영춘 국방위원회 부위원장 겸 인민무력부장, 오극렬 국방위원회 부위원장, 최고인민회의 의장 최태복, 중앙재판소장 김병률, 노동당 비서인 전병호, 김국태 등이 대표적이다.

연 부위원장은 당시 16세로 빨치산 관련자 중에서는 맏형격이었고, 당시 5살이었던 김정일 국방위원장과도 자주 어울렸다.

김 위원장은 러시아 관계자들을 만난 자리를 비롯해 평소 연 부위원장을 '나의 동지', '나의 친구'라고 부르면서 각별한 신임을 표시한 데는 이 같은 가족간, 개인적 인연이 깔려있는 셈이다.

1950년 전쟁이 나자 연 부위원장은 김 주석이 1937년 신입대원과 아동단 출신으로 경위대를 조직한 경험을 살려 구성한 최고사령부 친위중대에 입대했다.

한 증언에 따르면 연은 김 주석과 체격이 비슷하고 키가 같으며 신발 크기도 똑같아 "신발을 바꿔 신어봤다"고 자랑하면서 마치 친아버지처럼 따랐다고 한다.

1952년 전쟁이 소강상태에 들어가자 김 주석은 만경대혁명학원 출신과 김일성종합대학 재학생 등을 선발해 해외유학을 보냈다. 전후에 필요한 인재양성을 위한 포석이었다. 연 부위원장은 체코 프라하대학에 유학했다. 체코에 도착한 그는 1년간 어학공부를 한 후 다시 1년간 예비과를 거쳐 1955년 기계학부에 입학했고, 11학기를 마친 후 1959년 평양에 돌아왔다. 두뇌가 명석해 유학생들 가운데서 가장 공부를 잘 했다고 한다. 유학 중 그는 유학생들로 구성된 학생위원회의 위원장으로 활동했고, 당성이 강하고 원칙적이며 조직력과 리더십이 있다는 평가를 받은 것으로 전해진다.

만경대혁명학원 수학, 전쟁 중에 유학을 보낼 정도로 그는 북 당국이 체계적으로 키운 엘리트인 셈이다. 혁명세대들의 상당수가 이러한 과정을 밟아 북의 당, 정, 군의 지도일꾼으로 성장했다.

귀국 후 연형묵은 대포를 주로 생산하는 군수공장인 65호 공장의 기사장으로 사회생활을 시작했다. 당시 연 부위원장의 됨됨이를 알 수 있는 일화 하나는 널리 알려져 있다.

3대혁명소조운동 중앙책임자로 활동

연 부위원장이 65호 공장 기사장으로 있을 때 그곳 공장장이 성분이 좋지 않았다. 그런데 생산하는 포탄 가운데 불량품이 많다는 보고가 올라갔고, 무언가 트집을 잡아야겠다고 생각한 사람들이 공장장이 의도적으로 불량품을 만들고 있다고 모함하는 의견을 올렸다. 그 즈음 김 주석이 직접 현지조사를 내려왔다. 그때 연 부위원장이 공장 실태 보고를 했는데 불량품을 만든 것은 잘못이지만 의식적으로 그런 것은 아니라고 공장장을 옹호하는 발언을 했다. 김 주석이 보고를 받고, "연형묵은 사람은 함부로 깎아 내리지 않고 아첨하지 않는 제대로 된 간부"라고 칭찬했다고 한다.

이후 연 부위원장은 노동당 중앙당 부부장으로 발탁돼 승승장구한다.

1970년대에 들어서 연 부위원장은 김 위원장이 후계자로 부상하는데 중요한 역할을 담당한다. 1970년대 초 김 위원장이 후계자로 부상하자 '혁명2세대' 들이 이를 뒷받침했고, 그 중심에 연 부위원장이 있었다. 그는 1970년에 열린 제5차 당대회에서 김혁의 아들인 김환과 함께 '혁명2세대'로서는 처음으로 노동당 중앙위원회 비서에 선출됐다. 특히 1973년 2월 시작돼 다음해부터 김정일 위원장이 주도한 3대혁명소조운동에서 연 부위원장은 3대소조운동 중앙지휘부의 책임자로 활동했다. 3대혁명운동소조운동은 '사상·문화·기술의 3대혁명을 계속적으로 다그치기 위한' 대중운동으로, 1973년부터 1984년까지 기간에 10만 8,700명이 이 운동에 참여했으며, 그중 대학생 1만 1,600명이 입당했고, 1명의 공화국영웅과 23명의 로력영웅을 배출했다. 3대혁명소조원의 지방 및 각 생산단위로의 파견은 북 사회에 세대교체의 거센 바람을 몰고 왔고, 각 생산현장에서는 새로운 세대의 혁명적 열의를 생산력 증대와 연결시키려는 일련의 운동들이 전개됐다.

한 증언에 따르면 연 부위원장은 1970년대 후반 3대혁명소조운동 과정에서 '개인적 과오'를 범해 함경북도의 한 공장 지배인으로 좌천되는 '혁명화과정'을 거치기도 했지만 1979년경 다시 중앙무대에 복귀해 1980년 10월 6차당대회에서 중공업담당 비서 겸 당 정치국 위원으로 선출됐다.

이후 연 부위원장은 북의 사회주의 경제건설의 '선봉장' 역할을 수행한다. 1980~1990년대 김일성주석과 김정일 위원장의 업적을 선전하는 화보

▲ 1980년대 중반 김일성 주석, 김정일 비서의 평양 창광거리 현지지도에 동행한 연형묵(오른쪽에서 2번째).

집을 보면 두 사람의 옆에는 항상 연 부위원장이 동행한 모습을 확인할 수 있다.

1988년 12월부터 1992년 12월까지 4년간 총리로 재직하면서 북의 경제건설을 이끈 연 부위원장은 그후 자강도당 책임비서로 자리를 옮겼다. 이때부터 중공업전문가이자 대중과 함께 한 연 부위원장은 '고난의 행군' 시절에 '강계정신'을 창조하는 진면목을 드러냈다.

"동지가 없으면 김정일이도 없다."

자강도 사람들이 창조한 '강계정신'은 '고난의 행군'을 끝내고 강성대국 건설을 내세우고 있는 북을 상징하는 단어로 자리잡고 있다. 강계도 자강도의 도청소재지다. 공업지대도 농업지대도 아닌 자강도는 사실 고난의 행군 시기 최악의 경제난에 봉착할 것으로 예상되는 취약 지역이었다. 그런데 자강도에서는 이 같은 예상과는 달리 오히려 발전시설이 하나둘씩 늘어나고 공장이 돌아가는 상황이 나타났다. 다른 지역처럼 이른바 '당 일군이 동면하거나 나사못을 떼가는 현상'(아무 일도 하지 않고 상황을 방치하거나 오히려 인민의 재산을 착복하는 행위)이 없었다. 강계정신의 반대말은 오분열도식 사업기풍이다. 고난의 행군 시기 당 일군들 사이에서 나타난 고질적인 병폐로 지적된 이 말은 사업을 처음의 자세로 끈기 있게 밀고 나가는 것이 아니라 중도에 그만두거나 이것저것 해보는 식으로 추진하는 것을 말한다.

당시 김 위원장은 자강도의 어느 공장에 가서 "바다를 이룬 현대적인 기계설비들"을 보고 "이것이 다 우리 것인가"고 물었다. 공장의 한 책임자는 "그것이 다 우리의 기술자, 로동계급이 만든 100% 우리의 것"이라고 대답하였다. 그러자 김 위원장은 "어떤 사람들은 우리의 기술만으로는 이런 설비들을 만들지 못한다고 했는데 보시오, 그러나 로동계급은 해내질 않았소라고 감개에 넘치여"말했다고 한다.

강계정신에 대해 김 위원장은 2000년 2월 16일 자강도 현지지도 때 이렇게 설명했다.

"강계정신은 우리 혁명의 가장 어려웠던 고난의 행군 시기에 창조된 정신이다. 사실 그때 난국을 이겨내기가 매우 어려웠는데 우리의 일부 일군들은 동면할 생각만 하고 있었다. 그때 강계 지역 일군들은 우리에게 주체라는 좋은 말이 있는데 왜 동면할 생각만 하는가 하고 일깨워주었다. 자강도를 잘 꾸려놓은 다음 자강도를 본보기로 하여 전국이 따라 일어서도록 온 나라에 호소하겠다고 말했다. 지금 생각 해보면 고난의 행군 시기에 나에게 가장 큰 힘을 준 것이 강계정신이다. 나는 강계정신을 영원히 잊지 못할 것이다."

'강계정신'이 창조되던 시절 연 부위원장의 품성을 보여주는 일화가 하나 있다. 한 해외동포의 전언.

"1997년 노동당의 고위간부가 두 차례 자강도를 방문해 사전 예고없이 연 부위원장의 집무실과 사저를 방문해 사생활과 당사업 전반에 대해 검열을 한 적이 있다고 합니다. 이때 연 부위원장이 집무실에서 노동자와 똑같이 식사를 하는 모습, 집에서 옥수수밥을 먹는 모습 등을 보고 검열 나온 간부가 그의 검소한 생활에 눈물을 흘렸다고 해요."

1997년 가을 연 부위원장은 김 위원장으로부터 "국내외의 중소형발전소 건설실태를 구체적으로 료해할 데 대한 과업"을 받아 "자강도가 중소형발전소를 건설하는데서 선행단위"로 만드는 작업에 착수했다. 중소형발전소에 많이 건설돼 있는 스위스를 다녀온 것도 그 일환이었다. 자강도에서는 1998년 3월 8월까지 다섯 달 동안 70여 개의 중소형발전소를 건설하고 1만5400kw의 발전능력을 조성하는 성과를 올렸다.

1998년 1월 연 부위원장은 그간의 공을 인정받아 '로력영웅' 칭호를 받았다. 2000년 8월 30일 8번째로 자강도를 방문한 김 위원장은 강계경진방적공장을 방문해 무더운 실내 온도 때문에 땀을 흘리면서도 공장 내부를 샅샅이 둘러본 후 "책상주의자들은 더 말할 것도 없고 당 일군들이 어쩌다 공장에 들러 현장에는 가보지 않고 사무실에 앉아 지배인과 몇 마디 이야기를 나누다가 돌아가는 현상이 있다"고 강하게 비판했다.

▲ 1999년 자강도를 방문한 김정일 위원장을 수행한 연형묵 자강도당 책임비서 겸 국방위 부위원장.

북한의 세대별 주요 특징

1 세 대	• 주요 연령 70~90대
교육시기	• 일제강점기 • 해방 전후 성장
교육기관	• 일제시기 소학교 · 중학교 · 공장기사
주요특징	• 항일빨치산 참여 • 일부 소련파
현재직위	• 대부분 사망 • 당 정치국원 • 인민군 원수, 일부 차수급 • 최고인민회의 상임위원회 명예부위원장, 기타 명예직
주요인물	김일성 / 김책 / 최용건

2 세 대	• 주요 연령 60~70대
교육시기	• 전쟁 전후 ~ 1960년대 중반
교육기관	• 만경대혁명학원 • 김일성종합대학 • 소련 및 동구권 유학
주요특징	• 항일빨치산 직 · 방계 2세 • 전후 천리마운동 참여
현재직위	• 당 정치국 후보위원 • 당비서 및 일부 당 부장 • 국방위원 • 내각 총리, 부총리 • 인민군 차수급, 일부 대장급
주요인물	박봉주 / 연형묵 / 김영춘

3 세 대	• 주요 연령 40~50대
교육시기	• 1960년대 후반 ~ 1980년대
교육기관	• 만경대혁명학원 • 김일성종합대학 • 각 군관학교
주요특징	• 유일사상체계와 후계지도체제 수립 참여 • 3대혁명소조운동과 3대혁명붉은기쟁취운동 참여
현재직위	• 당 부부장, 과장급 • 각 도당책임비서 및 비서 • 내각 상, 부상, 국장급 • 특급기업소 지배인, 부지배인 • 인민군 대장 · 상장 · 중장급, 군단장 · 사단장급

4 세 대	• 주요 연령 20~30대 전반
교육시기	• 1990년대 ~ 현재
교육기관	• 만경대혁명학원 • 김일성종합대학 • 김책공업종합대학 • 평양외국어대학 • 각 군관학교 • 김형직사범대학
주요특징	• 고난의 행군 체험 • 제2의 천리마대진군운동 참여
현재직위	• 당 부과장, 당중앙위 부원 • 내각 과장, 책임부원급 • 인민군 여단장급, 영관급

이런 점에서 연 부위원장은 현장을 중시하는 김 위원장의 활동방식에 충실한 '외유내강형'의 인물이었다. '강계정신'은 그가 살아온 삶의 총화인 셈이다. 김 위원장이 '동지가 없으면 김정일이도 없다'는 말을 했다는 소문이 그냥 나온 것은 아닌 듯하다.

연 부위원장의 사망으로 북은 실력 있는 '노 간부'를 잃었다. 이 외에도 혁명2세대인 한성룡 비서, 조명록 국방위원회 제1부위원장, 이용무 국방위원회 부위원장 등이 건강이 좋지 않은 것으로 전해진다.

반면 내각을 중심으로 한 행정·경제기관이 실무형 중심의 3~4세대로 대대적인 세대교체가 이뤄지고 있고, 일선의 각 군단 사령관 대부분을 40~50대로, 여단급 지휘관의 경우 거의 30대로 교체하는 군부인사가 단행됐다.

서서히 혁명2세대의 시대가 저물고, 젊은 3~4세대의 시대가 열리고 있는 것이다. 북은 전통적으로 노·장·청을 적절하게 안배하는 간부정책을 펴 왔다. 따라서 앞으로 당·정·군의 수뇌부(영도핵심)에는 혁명2세대들이 포진하고, 새로운 세대가 속속 주요 직책에 임명돼 지도핵심 간부층을 형성하게 될 것으로 예상된다.

12

김정은

'포스트
김정일체제'
북한의
후계자

.

.

.

.

.

.

.

.

.

'포스트 김정일체제' 북한의 후계자

북한이 2010년 9월 28일 조선노동당 대표자회를 열고 후계자 김정은 대장을 노동당 중앙군사위원회 부위원장으로 선출했다. 북은 예상을 깨고 후계자의 얼굴을 공개했다. 후계자로 노동당 창건 65주년 행사에도 참석한 김정은 중앙군사위원회 부위원장은 공식적으로 김정일 국방위원장의 현지지도에 동행하기 시작했다. 1974년 정치위원 임명→3년간 당·정·군 유일지도체계 확립→3년간 과도기→6차당 대회에서 공개로 이어진 김정일 위원장의 후계승계과정을 압축적으로 진행하고 있는 것이다.

항일빨치산들 해방 직전 김일성 주석을 책임자로 추대

역시 북은 '항일빨치산의 나라' 였다. 2010년 9월 28일 44년 만에 열린 조선노동당 대표자회가 끝난 직후 후계자로 모습을 드러낸 김정은 중앙군

▲ 2010년 9월 말 북한 김정일 국방위원장이 평양 금수산기념궁전에서 당 중앙기관 성원 및 제3차 노동당 대표자회 참가자와 기념촬영을 하고 있다. 맨 앞줄에 앉은 인물들 맨 왼쪽부터 주상성·리용무·양형섭·최태복·전병호 정치국 위원, 리을설 원수, 김영춘 인민무력부장, 김정은 부위원장, 리영호 총참모장, 김정일 국방위원장, 김영남 최고인민회의 상임위원회 위원장·최영림 내각 수상·김철만 중앙위원·김국태·김경희·김기남·강석주·변영립·홍석형 정치국 위원.

사위 부위원장이 평양 금수산기념궁전에서 당 중앙기관 성원 및 제3차 노동당 대표자회 참가자와 기념촬영을 한 사진은 이것을 분명하게 보여준다. 이 사진은 《로동신문》 9월 20일자 1면에 실렸다.

그 사진 속에는 금수산기념궁전에 걸려 있는 김일성 주석의 사진, 1열에 앉아 있는 리을설 원수 등 '항일빨치산 1세대', 1세대들이 2세대들을 키워내기 위해 세운 만경대혁명학원 출신의 '2세대'들, 새로 북의 중심으로 부상하고 있는 '3세대'들이 자리를 함께 하고 있다.

맨 앞자리에 앉아 있는 인물 중 우선 리을설(90) 원수가 눈에 띈다. 1930년대 김일성 주석이 만주지역에서 항일빨치산 활동을 할 당시 소년 전령병으로 활약한 리 원수는 북 정권 수립 후 인민무력부와 호위사령부 등 줄곧 군에 몸담아 왔고 1984년부터 10년간 김정일 국방위원장의 호위

사령관으로 활동했다. 북에서 그는 1949년 세상을 떠난 어머니를 그리워하며 어린 시절을 쓸쓸하게 보내고 있을 때 부모와 친척들을 대신하여 김정일 국방위원장을 육친의 정으로 세심하게 보살펴준 인물로 평가된다. 김일성 주석은 회고록에서 "리을설은 나를 위해 일생을 바쳐온 것처럼 김정일 동무를 위해서도 충성을 다하고 있습니다"라고 평가한 바 있다.

그가 김정은 부위원장의 오른쪽 2번째에 자리잡고 있다. 아직까지 생존에 있는 항일빨치산 1세대가 김정은 후계자를 지지하고 있다는 것을 상징적으로 보여주기 위한 자리배치다.

항일빨치산들은 1945년 7월 해방되기 한 달 전에 조선공작단을 결성했다. 그리고 김일성 주석을 책임자로 추대했다.

1996년 9월 중국 흑룡강성 하얼빈에 있는 항일빨치산 출신의 진뢰·리민 부부를 자택에서 만났을 때 리민 여사는 "해방 직전 김일성 주석은 동북항일연군 교도려에 소속되어 있던 최용건·안길·강건·최현·김일·최광 등 항일빨치산 주요 간부들의 추대로 조선인 부대의 책임자가 됐다"라고 말했다. 리민 여사는 그 후 국내 한 언론과의 인터뷰에서도 "최용건 등

은 소련측 책임자가 '조선인 가운데 누구를 지도자로 삼을 것이냐'고 물어
오자 해방 후 투쟁 방향과 진로를 모색하는 내부 비밀 회의를 열고 '김일성
은 나이는 우리보다 젊지만 군사적 · 정치적 능력이 탁월해 지도자로 삼기
로 결정했다'고 통보했다"라고 증언했다.

　　김일성 주석이 해방 후 북 정권이 수립되면서 최고지도자로 부상한 이
유를 짐작케 하는 증언이다.

● 개편된 조선로동당 기구표

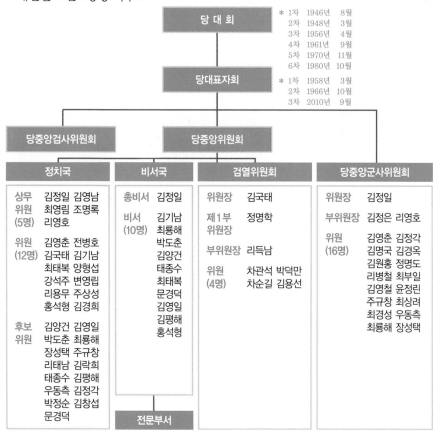

김정일 후계자 등장에도 결정적 역할

그로부터 25년 지난 항일빨치산들은 당시 노동당 선전선동부 부부장에 오른 김정일 국방위원장을 후계자로 추천한다. 김일 · 림춘추 · 최현 · 오진우 등이 중심인물이었다.

이들은 1949년 9월 김정일 국방위원장의 생모이자 항일빨치산 동료였던 김정숙이 사망하기 전 남긴 '김정일을 잘 키워달라'는 유언을 들은 바 있다. 당시 조선노동당 사회부 지도원이었던 박병엽(1998년 사망)의 증언내용이다.

"사망 직전 김정숙은 최용건 등의 손을 일일이 잡고 '내가 죽은 후에 정일이를 잘 길러 장군님을 받들어 우리 빨치산의 혁명위업을 대를 이어 계승하여 완성하고 꽃피워나가는 열렬한 혁명가로 키워 달라'고 유언한 후 눈을 감았다. 김책, 김일, 최용건 등은 장례식 때 김정숙의 영구 앞에서 '동지적 의리로 유언을 지켜 김일성 장군의 혁명위업을 대를 이어 계승하여 완성할 수 있는 훌륭한 공산주의 혁명가, 혁명위업의 계승자로 키우겠다'고 맹세했다."

김정일 국방위원장이 1974년 2월 정치위원으로 임명되면서 후계자로 공식 임명된 후에도 항일빨치산 원로들은 김정일 후계체제 수립에 상징적 역할을 담당했다. 김일, 임춘추, 이종옥, 전문섭, 박성철 등이 대표적이고, 오진우 · 최광 인민무력부장이 마지막까지 군의 원로로 김정일 위원장을 보좌했다. 또 리을설, 김철만, 리용무 등이 마지막 남은 빨치산 1세대들로, 김정일 국방위원장, 김정은 부위원장과 함께 1열에 앉아 사진을 찍었다.

빨치산 1세대들이 김정일 국방위원장을 후계자로 추대하고 안정적인 승계를 뒷받침했다면 김정은 후계자가 등장하는 과정에서는 이들의 아들인 2세대들이 핵심역할을 맡았다. 당 대표자회가 끝난 후 금수산기념궁전에서 찍은 사진을 보면 1열과 2열에 있는 인물의 대부분은 항일빨치산의 아들들이다.

1열에 앉은 김영춘 인민무력부장, 리영호 총참모장, 전병호 · 최태복 · 김국태 정치국원 등과 2열에 서 있는 최룡해 비서, 현철해 대장 등이 대표적인 빨치산 2세들이다. 김정은 부위원장이 당 대표자회와 당 창건 65주년 열병식 때 김영춘 부장, 현철해 대장 등과 긴밀하게 이야기를 나누는 장면이 방송되기도 했다.

항일빨치산 2세 리영호 총참모장이 핵심인물

특히 주목되는 인물이 리영호 총참모장이다. 1942년 10월 출생한 리영호 차수는 1959년 8월 인민군에 입대해 김일성군사종합대학을 졸업한 후 사단 참모장, 군단 작전부장, 총참모부 작전국 부국장, 인민군 부총참모장, 평양방어사령관 등 요직을 거쳐 2009년 2월 인민군 총참모장에 임명됐다. 그가 당 대표자회 직전에 차수로 승진하고, 김영춘 국방위원회 부위원장을 대신해 정치국 상무위원에 전격 등용된 것은 상당히 파격적인 일로, 김정은 후계체제 구축에 핵심역할을 부여받은 것으로 보인다. 김정일시대에 오진우 인민무력부장이 있었다면 김정은시대에는 리영호 차수가 오진우와 같은 역할을 담당하게 될 것이라는 점을 시사한다.

그의 가계는 정확히 확인되지는 않았지만 항일빨치산 리봉수와 김명숙 사이에서 태어났다는 설이 유력하다. 리봉수(1901~1967)는 1930년대 초부터 김일성 주석과 연결되어 활동한 항일빨치산 1세대로, 역시 1930년대에 항일빨치산 활동을 한 김명숙(1912~1986)과 1941년 말경 블라디보스토크 인근에 있던 남야영에서 재혼한 것으로 전해진다. 1940년 10월 김일성 주석과 소만국경을 넘기 전 훈춘에서 결혼한 것을 시작으로, 남야영에 정착한 항일빨치산 중 최용건, 류경수 등 다수의 빨치산들이 동료 빨치산들과 결혼을 했다. 리봉수 부부도 이때 결혼한 것으로 보인다. 중국공산당 문건에 따르면 리봉수는 1940년 11월 23일 김일성 주석보다 한 달 늦게 남야영에 도착했고, 1941년 8월 만주지역에 다시 파견됐다 그해 10월 19일 돌아왔다. 만주지역에서 계속 활동하던 김명숙은 1941년 10월 15일 남야영에 도착했다.

리봉수는 1930년대 초 중국 훈춘지방에서 반일지하공작을 할 때 일제의 감시를 피하기 위해 환자를 치료하는 의사로 가장해 활동했는데, 이것이 인연이 되어 1933년부터는 아예 반일유격대의 병원장으로 활동하기 시작했다. 김일성 주석은 회고록에서 "림춘추, 리봉수 등은 치료사업에서 특출한 업적을 쌓은 명의들인 동시에 후비육성에도 무시할 수 없는 공로를 세운 권위 있는 사람들"이었다고 회고한 바 있다. 후비 육성을 언급한 것은 리봉수가 해방 후 만경대혁명학원 원장으로 활동했기 때문이다. 또 김명숙은 김정일 위원장인 생모인 항일빨치산 김정숙과 가깝게 지냈으며, 1940년대 초 함께 찍은 사진을 남겼다.

즉 리영호 차수는 부모가 모두 항일빨치산 출신이고, 부친인 리봉수가 일제시기에는 '군의관'으로, 해방 후에는 만경대혁명학원 원장으로 활동해 빨치산 2세들 사이에 폭 넓은 인맥을 형성할 수 있었던 것으로 보인다. 북이 리영호 차수를 김정은후계체제 형성에 핵심역할을 맡긴 이유를 시사하는 대목이다.

상대적으로 젊은 빨치산 2세대와 3세대가 뒷받침

리영호 차수 외에도 최현 전 인민무력부장의 아들인 최룡해 비서, 오진우 전 인민무력부장의 셋째 아들인 오일정 노동당 민방위부장, 오백룡 전 국방위원회 부위원장의 아들 오금철(전 공군사령관), 김책의 아들 김국태 당 검열위원장 등도 전면에 나서고 있다.

최근 국내의 한 신문은 대북소식통을 인용해 김정은 부위원장이 후계자로 공식 등장하는 과정에서 항일 빨치산 원로들 자제들의 역할이 결정적이었다고 보도해 눈길을 끌었다. 최룡해 · 오금철 · 오일정 등이 2010년 6월 중순 비밀리에 김정일 위원장과 김정은 부위원장을 만난 자리에서 '김

▲ 「150일전투」 기간에 여성동맹 선전원들이 노동자들의 건설현장에서 노래를 부르고 있다. 북한은 2009년에 「150일전투」를 대대적으로 전개했다.

정은 대장 동지를 목숨으로 옹위하겠다'는 결의를 하고 김정은 후계자 만들기에 본격 착수했다는 것이다.

실제로 9월 28일 열린 제3차 당대표자회 결과 김정은 추대에 앞장선 항일 빨치산 자제들은 모두 당 요직을 차지했다. 가장 돋보이는 인물은 최현의 차남 최룡해다. 그는 황북 도당 책임비서를 지내다 인민군 대장이 됐고, 정치국 후보위원, 비서국 비서, 당 중앙군사위 위원이 됐다. 당 핵심기구에 모두 이름을 올린 것이다.

오백룡의 장남 오금철 상장(남쪽의 중장에 해당)은 당 대표자회 전까지 노동당 중앙위원회 후보위원이었다가 이번에 정위원이 됐다. 그는 당 대표자회 이튿날 '김정일의 노동당 총비서 재추대를 축하하는 육·해·공군 장병들의 경축모임'에서 대표로 연설을 하기도 했다.

오진우의 아들 오일정은 노동당 민방위부장에 기용됐다. 민방위부장은 400만 명의 노농적위대를 포함, 현역보다 숫자가 많은 북의 예비전력 대부분(500만 이상)을 당적으로 지도하는 중요한 자리다. 이들은 모두 60대로 항일빨치산 2세들 중에서 상대적으로 젊은 축에 속한다.

김영춘 인민무력부장, 전병호 내각 정치국장, 현철해 국방위원회 상무부국장 등 70대에 이른 2세대를 대신해 60대의 상대적으로 젊은 2세대들이 전면에 나서 김정은 후계체제를 뒷받침하고 있는 것이다.

"당 결정이 곧 인민의 결정"

북 조선중앙TV는 당 대표자회가 열린 9월 마지막 주에 〈유산〉이란 영화를 1·2부로 나눠 방영했다. 〈유산〉은 김정일 후계자 옹립에 앞장섰던 오백룡과 최현을 칭송하는 영화다. 김일성 주석의 회고록 《세기와 더불어》, 항일빨치산들의 회상기, 항일빨치산들의 활동을 소설로 그린 '불멸의 역사 총서' 등은 북에서 여전히 베스트셀러로 자리잡고 있다. 그만큼 북에서 항일빨치산과 그들의 후손들은 외부세계에서 느낄 수 없는 정도의 권위와 존경을 받고 있다.

전격적으로 공식화된 김정은 후계체제가 순조롭게 출범할 수 있었던 가장 중요한 요인도 항일빨치산들과 빨치산 2세대의 추대, 3세대들의 지지였을 가능성이 크다.

일찍이 북 연구가인 와다 하루키 교수는 북을 '유격대국가'라고 규정했다. '조선민주주의인민공화국'을 세우고 현재 북 체제의 원형을 만든 사람들이 유격대, 즉 항일빨치산들이라는 의미일 것이다. 김일성 주석을 최고지도자로 추대한 사람들도 항일빨치산 동료들이고, 김정일 국방위원장을 후계자로 추대하고 뒷받침한 것도 항일빨치산 1세대들과 2세대들이었다. 2008년 하반기에 김정은 부위원장을 후계자로 추대하고 후계체제 안착에 앞장선 사람들도 항일빨치산 1세대와 2세대이고, 이를 3세대들이 뒷받침하고 있다.

그런 점에서 북의 후계자 선정과정은 독특하다. 선거를 통해 이뤄지는 자본주의사회의 최고지도자 선출과는 전혀 다르고, 사회주의를 경험한 중국의 최고지도자 선출과도 다른 특색을 보이고 있다. 세대의 계승이 항일빨치산 출신 인물의 세대 계승으로 나타나고 있는 셈이다. 중국의 한 학자는 "중국의 후계자 승계는 오랜 검증과정과 치열한 경쟁을 통해 이뤄지지만 기본적으로 혁명1세대 후손들의 영향력, 즉 집단의지가 반영되고 있다"며 "북은 중국과는 또 다르게 항일빨치산과 그 후손들의 집단결정으로 후계자를 추대하고 있다"라고 말했다. '항일빨치산'의 권위와 후광이 존속하

는 한 북의 후계자는 항일빨치산의 집단결정으로 정해질 수밖에 없는 특수
성을 가지고 있다는 것이다.

북의 후계자 승계과정이 나름의 특수성을 띠고는 있지만 세대가 바뀌
면서 나타나는 의식의 변화는 시대를 거스를 수 없는 듯하다. 평양에 햄버
거와 피자 가게가 등장하고, 중국의 대중문화를 빠르게 흡수하고 있는 것
등이 이를 대변한다. 김정은 부위원장을 상징으로 하는 북의 3세대가 시대
의 흐름을 반영해 인민경제 재건과 대외개방에 총력을 기울일 수 있는 조
건을 갖췄다고 할 수 있는 것이다. 그런 점에서 김정은 후계자의 등장은 북
사회에 새로운 변화를 가져올 계기가 될 전망이다.

후계자 김정은 누구인가?

2008년 후계자로 결정된 지 2년 만에 당중앙군사위원회 부위원장에
임명돼 공개석상에 모습을 드러낸 김정은(金正恩)의 경력과 활동내용은 여
전히 베일에 싸여 있다. 최근 북은 김정은 부위원장이 김정일 국방위원장
의 현지지도에 수행한 사실을 공개하기 시작했다.

> "2008년 하반기에 북 최고지도부가 후계자로 결정한 김정은은 '청년대장'으로
> 불리며 국방위원회에서 사업하고 있다. 특정 지책에 임명된 것은 아니지만 후계
> 자 자격으로 당·정·군의 모든 사업에 관여하고 있다."

2010년 초 중국에서 만난 한 대북소식통의 전언이다. 그는 "외부의 관
측과 달리 후계체제 구축이 상당히 빠른 속도로 진행되고 있다"라고 덧붙

였다. 약 6개월 후 북은 김정은 후계자에게 '대장' 칭호를 부여하고, 당 대표자회를 통해 당중앙군사위원회 부위원장에 선출했다. 특히 2010년 조선노동당 제7차 당대회를 열고 후계자를 공식화할 것이라는 예상을 깨고 전격적으로 공개석상에 모습을 드러냈다. 명실상부하게 김정은시대를 맞고 있는 것이다.

김정은 부위원장은 1983년 1월 김정일 국방위원장과 고영희 씨 사이에서 둘째 아들로 태어났다. 김정은 부위원장에게는 친형 김정철과 여동생 김여정(?)이 있다. 그는 어려서부터 군복을 입고 자랐다고 한다. 평양에서 소학교와 중학교를 나온 김 부위원장은 김일성군사종합대학을 다닌 것으로 전해진다. 김일성군사종합대학에 들어가기 전 스위스에 잠시 유학을 했다는 증언도 있다.

세종연구소 정성장 연구위원은 "김정은은 2002년부터 2007년 4월까지 군 간부 양성기관인 김일성군사종합대학 특설반에서 '주체의 영군술'을 비롯해 군사학을 극비리에 공부한 것으로 전해지고 있다. 김정은이 김일성군사종합대학에서 공부한 것은 고영희가 생전에 김정일의 선군정치를 이어받아야 한다며 김정일 총비서에게 강력히 요청해 이뤄졌고, 이에 따라 이들만을 위한 특설반이 마련된 것"이라며 "김일성군사종합대학 특설반을 마친 정철·정은 두 아들이 김정일 총비서가 참석한 공개석상에서 '주체의 영군술'을 구현한 군사이론을 내놓아 김정일 총비서로부터 박수를 받기도 한 것으로 안다"라고 소개했다.

김정은 부위원장이 2005년부터 2년 정도 김일성종합대학 교수들로부터 철학, 역사, 경제학 분야의 개인교습을 받았다는 증언도 있다. 그가 2000년대 들어 집중적으로 대학과정을 이수했다는 것은 분명한 것 같다. 해외의 한 대북전문가는 "대학 수업을 들으면서 김정은 후계자가 카리스마와 리더십에서 높은 평가를 받았다"라고 말했다.

2008년 대학을 졸업한 후 김정은 부위원장의 행적은 드러난 것이 거의 없다. 이때까지만 해도 후계논의가 수면 위로는 떠오르지 않은 시점이었다. 그러나 2008년 8월 김정일 국방위원장의 '건강이상설'이 제기된 후 상황이 급반전됐다. 이때부터 북의 최고지도부 안에서 후계문제가 다시 심각하게 논의됐다. 북 내부 상황에 밝은 중국의 한 학자는 "2008년 말 항일 빨치산 2세를 중심으로 한 북의 최고영도층 내부에서 후계자 결정을 더 이상 미룰 수 없다는 엄중한 문제제기가 있었고, 심각한 논의와 고민 끝에 김정은으로 최종 결정됐다"라고 말했다.

김정은 부위원장은 후계자로 결정된 뒤 김정일 국방위원장의 거의 모든 공개 활동을 수행한 것으로 알려졌다. 후계자로 내정된 이후 '위성관제 종합지휘소'에서 장거리 로켓 발사 관찰을 포함해 김정일 국방위원장의 각종 공개활동에 빠짐없이 수행, 후계자로서 "수령을 보좌하고 받드는 혁명 활동"을 이어가면서 미래에 내세우기 위한 행보에 적극 나섰다는 것이다.

북의 내부자료들은 김정은 후계자가 2009년 김정일 국방위원장이 강원도, 함경도, 자강도 등에 대한 현지지도를 수행하기 전 사전에 해당지역

북 김정일·김정은의 승계 과정 비교				
	당 중앙위 위원(1974년)	첫 공식 직함	인민군 대장(2010년 9월 27일)	
	1980년 6차 당대회(38세)	후계 공식화	2010년 9월 28일 3차 당대표자회(27세)	
김정일 국방위원장	정치국 상무위원 비서국 비서 중앙군사위 위원	노동당 직위	중앙군사위 부위원장 중앙위원회 위원	김정은 부위원장
	1980년 6차 당대회	주석단 등장	2010년 10월 9일 당 창건 65주년 중앙보고대회	

을 방문해 검열 및 준비작업을 지도했다고 선전하고 있다. 2010년 《교도통신》 기자가 만난 김일성 종합대학 실내 수영장 안내원은 "청년대장(김정은) 동지가 2009년 11월과 올해 4월에 이곳을 방문한 적이 있다"면서 "당시 장군님(김정일)과 함께 왔다"고 말하기도 했다.

김정일 국방위원장의 현지지도 사전 점검

또 북은 '2012년 강성대국 달성'을 위해 2009년 5월부터 진행한 '150일전투', 전례 없이 성대하게 치른 5·1절(국제노동절) 기념행사와 고 김일

▲ 노동당 창건 65주년을 맞아 2010년 10월 10일 김일성광장에서 열린 경축 야회에 참석한 김정은 후계자가 김정일 국방위원장, 리영호 총참모장과 함께 박수를 치고 있다.

성 주석의 97회 생일기념 '축포야회'도 김정은의 '작품'이라고 선전하고 있다. 재일조선인총련합회 기관지 《조선신보》는 이 축포야회를 김정은 후계자가 몸담고 있었던 국방위원회가 마련했다고 보도한 바 있다. 김정은을 찬양하는 가요 '발걸음'도 북 전역에 퍼졌다.

2009년부터 이미 국가안전보와 인민보안성을 시작으로 모든 보고가 후계자를 통해 김정일 국방위원장에게 올라갔다는 증언도 나왔다. 중국의 한 대북소식통은 "2009년 당원들을 중심으로 김정일 국방위원장과 김정은 후계자에게 충성을 맹세하는 '충성의 편지쓰기'가 진행됐다"며 "지난 2년 동안 빠른 속도로 김정은 후계체제가 자리잡았다"라고 평가했다.

2010년 7월에는 김정일 국방위원장이 1974년 후계자로 내정됐을 때 사용됐던 '당 중앙'이라는 표현이 《로동신문》 등 북 언론매체에 등장했다. 김정은 후계자의 대표적인 치적으로 선전되는 컴퓨터제어기술(CNC) 구호가 2010년 8월 열린 집단체조 아리랑 공연에 처음 등장하기도 했다.

북의 주민들도 당 대표자회 이후 김정은 부위원장을 공개적으로 언급하기 시작했다. 2010년 9월 평양을 방문한 해외기자들에게 1968년 나포한 푸에블로호 해설강사는 "인민군이 몇 년 전부터 (김정은을) 대장으로서 우러러봐 왔다"며 "우리는 (김정은을) 영도자 동지(김정일)와 동등하게 보고 있다"라고 말했다.

한 대북전문가는 "김정일 국방위원장은 1972년 후계자로 확정된 후 3년 만에 당·정·군에 후계자의 유일지도체계를 완성했다"며 "인민군 내에 지도체계를 수립한 김정은 부위원장은 2012년까지 당과 내각 등 다른 부문에도 확고하게 후계체계를 수립하게 될 것"이라고 전망했다.

김정은 후계자의 첫 직책 당중앙군사위원회 부위원장

2010년 9월 28일 열린 당 대표자회를 통해 조선노동당 중앙군사위원회가 북의 최고 실세기구로 급부상했다. 부위원장 직이 신설되고, 부위원장에 김정은 대장과 리영호 총참모장이 자리를 잡았다.

중앙군사위원회 위원도 대폭 강화하는 조치가 이뤄졌다. 당 중앙군사위원회에는 김정일 중앙군사위원회 위원장과 김정은 부위원장을 비롯해 리영호 부위원장(인민군 총참모장), 국방위 부위원장인 장성택·김영춘과 국방위 위원인 김정각(군 총정치국 제1부국장)·주규창(당 기계공업부장)·우동측(국가안전보위부 제1부부장)을 비롯해 김명국(당 작전국장), 김경옥(당 조직지도부 제1부부장), 김원홍(보위사령관), 정명도(해군사령관), 리병철(공군사령관), 최부일(군 총참모부 부총참모장), 김영철(인민무력부 정찰총국장), 윤정린(호위사령관), 최상려·최경성 상장 등이 포진했다. 군 최고실세들이 대부분 당중앙군사위원회에 보강된 것이다.

당 규약에는 중앙군사위원회가 "당의 군사정책 수행방법을 결정하고, 인민군을 포함한 전 무장력 강화와 군수산업 발전에 관한 사업을 조직·지도하며, 우리나라의 군대를 지휘한다"고 명시돼 있다.

당 중앙군사위에 보강된 인물들의 면면만 보면 이미 김정일 체제의 최고 권력기구로 자리매김한 국방위원회를 넘어선 듯한 인상을 준다. 김정은 대장을 중심으로 하는 새로운 후계자 지도체계가 중앙군사위원회를 중심으로 운영될 것을 시사하는 조치로 판단된다. 당 대표자회는 당 규약을 개정해 "인민정권과 청년동맹에 대한 당의 령도를 강화하며 인민군대 안의 당조직들의 역할을 높일 데 대한 내용"을 보충했다.

따라서 앞으로 당중앙군사위원회와 정치국 상무위원회가 북의 모든 노

▲ 2010년 10월 조선노동당 창건 65주년을 맞아 열린 경축야회에서 참가자들이 김정은 부위원장의 업적으로 선전하고 있는 CNC 글자를 형상화하고 있다.

선과 정책을 결정하고 핵심기구로 자리잡을 것으로 예상된다. 특히 당중앙군사위원회가 김정은시대를 이끌어갈 기구로 급부상할 것이다. 당의 영도와 선군노선을 '조합'할 수 있는 기구인 셈이다.

김정은·리영호의 중앙군사위원회 부위원장 임명은 사실상 군내 후계체계가 마무리단계에 이르렀음을 보여준다. 김정은 부위원장이 2008년 말 후계자로 내정이 되고, 2009년 1월 노동당 내에 공식화된 후 국방위원회에서 활동한지 1년 6개월 정도 흐른 시점이다. 김정일도 1974년 정치위원회에 임명된 후 1년여 만에 군대 내에 후계체계를 완료했다. 김정일 후계체제 수립과정과 비교해 보면 1980년 상황과 유사하다고 할 수 있다.

당의 핵심기구 인선을 마친 북은 앞으로 김정은 부위원장 주도로 당 중앙위원회 부부장·과장급 인사를 비롯해 지방당까지 대대적인 인사조치를 단행할 것으로 예상된다.

후계자 단일지도체제 수립될 것

당 대표자회의에서 나타난 인선의 특징은 크게 세 가지 측면에서 주목된다. 첫째는 김정은 후계체제가 안착할 수 있도록 김일성-김정일시대에 중심역할을 했던 간부들을 총망라해 당 · 정 · 군의 주요자리에 배치했다. 외부에서 거론하는 승계과정의 불안정성을 해소하려는 의도로 보인다. 특히 김정일시대에 중앙과 지방에서 활동하며 검증된 인사들이 정치국과 비서국에 등용됐다. 한 대북전문가는 "김평해 비서, 리태남 부총리 등은 1960년대 김정일 위원장에 중앙당에 들어갔을 때부터 손발을 맞추기 시작했고, 김정일 후계체제가 수립된 후 지방책임자로 나갔다 이번에 중앙당으로 복귀했다"며 "새로운 김정은 후계체제를 확립하고, 지방과 중앙을 유기적으로 연결하는 데 큰 도움을 줄 것"이라고 말했다.

둘째는 항일빨치산의 2세대 중 상대적으로 젊은층이 김정은시대의 중심간부로 급부상했다. 최현 전 인민무력부장의 아들 최룡해 비서, 오진우 전 인민무력부장의 아들 오일정 당 민방위부장 등이 대표적이다. 중국의 한 학자는 "만경대혁명학원 출신의 항일빨치산 2세, 3세대들이 김정은 후계체제를 떠받치는 핵심역할을 할 것"이라고 전망했다.

셋째는 집단지도체제보다는 후계자 중심의 단일지도체제가 수립될 것으로 예상된다. 국내외의 대북전문가들의 예상처럼 후계체제 수립과정에서 '특정인'이 섭정을 하거나 후견인으로 부상하기보다는 '집단 협의'를 거쳐 조직적으로 후계자를 보좌하는 형태가 될 것임을 시사한다.

당 대표자회 이후 북한의 정책 전망

김 후계자가 공식 등장한 후 북의 정책방향에 관심이 쏠리고 있다. 단기적으로는 2009년부터 표면화된 평화·대화 공세가 지속될 전망이다. 김일성 주석의 '3대 유훈' 관철이 주요 목표다. 장기적으로는 김정은시대를 특징짓는 정책도 하나둘씩 나올 것으로 보인다.

후계자를 공식화한 북은 앞으로 2010년까지 인민경제생활 향상과 대외환경 개선을 위해 주력할 것으로 예상된다. 이는 2010년을 '강성대국의 대문을 여는 해'로 설정한 목표를 달성하고, 후계체제를 안정적으로 정착시키기 위한 전제이기도 하다. 이와 관련 재일조선인총련합회 기관지《조선신보》는 2010년 10월 2일 당 대표자회의 의미를 해설하면서 북이 2012년에 '강성대국' 달성을 천명한 사실을 거론하며 "오늘의 국제정세 하에서 나라(북)의 경제부흥과 조선반도의 평화보장, 북남관계의 개선은 서로 연계돼 있다"고 주장했다. 북이 계획경제의 정비, 중국과의 협력을 통한 대외개방, 6자회담 재개, 남북대화 복원 노력을 동시에 진행하겠다는 의지를 시사한 것이다.

"상호신뢰의 전범의 구축하자"

우선 북은 2010년 5월과 8월 두 차례 북중정상회담에서 합의한 북중 전략적 협력관계를 다방면에서 걸쳐 확대해 나갈 것으로 전망된다. 김정일 국방위원장은 2010년 10월 10일 조선노동당 창당 65주년 행사 참석차 방북중인 저우융캉(周永康) 중국 공산당 정치국 상무위원에게 "조중 양국은 정치면에서 상호신뢰의 전범을 구축해야 할 뿐 아니라 경제면의 상호협력에서도 전범을 만들어가야 한다"며 "앞으로 부단히 경제협력 분야 수준을 높여가도록 하자"고 제안했다.

중국도 '정부 지원'에서 '정부 주도'로 입장을 변경하며 대북 경제협력에 나설 의향을 밝혔다. 중국 지도부는 "조선노동당의 새 지도체제와 함께 협력 정신을 강화하겠다"(시진핑 국가부주석), "중조(북중) 우의가 대대로 전해져 내려가야 한다"(후진타오 주석)며 북중협력을 강조하고, 후계자 김정은 중앙군사위원회 부위원장을 중국에 초청했다. 이에 따라 북중 경제협력이 강화돼 라선시, 청진시를 비롯해 북중 국경지역에 개방구(경제특구)가 만들어질 가능성이 크다. 후진타오 주석의 평양방문, 김정은 부위원장의 중국 방문도 성사될 것으로 예상된다.

중국의 한 학자는 "중국은 동북아정세의 안정을 위해 북과의 협력을 강화할 필요성이 있고, 북은 후계체제의 조속한 안정과 인민경제 개선을 위해 중국과 협력이 필요한 상황"이라며 앞으로 "북중 간의 정치·군사·경제·문화 등 모든 분야에서 전략적 연대가 심화 발전될 것"이라고 전망했다.

"9·19공동성명을 이행할 준비가 돼 있다"

북은 평화협정 체결을 중심으로 북미대화 및 다자대화에도 적극 나설 것으로 보인다. 북미협상을 지휘했던 강석주 전 외무성 제1부상의 내각 부총리 및 정치국 위원 임명, 6자회담 수석 대표였던 김계관 외무성 부상의 제1부상으로의 승진 등을 통해 볼 때 북은 북미고위급회담을 위한 사전 포석을 끝냈다.

북은 당창건 기념행사가 끝난 직후인 2010년 10월 12일 김계관 외무성 제1부상을 중국에 보내 6자회담과 한반도 정세를 논의했다. 이와 관련 북 외무성 대변인은 "우리는 6자회담 재개에 준비되어 있지만 미국을 비롯한 일부 참가국들이 준비되어 있지 않은 조건에서 서두르지 않고 인내성 있게 계속 노력해 나가기로 하였다"고 밝혔다.

11월에 미국의 중간선거, 서울 G20 정상회의, 광저우 아시안게임 등 6 자회담 관련국에 주요 일정이 잡혀 있는 만큼 이 행사들이 끝난 12월부터 대화분위기를 본격적으로 조성해 2011년 초에 6자회담을 재개하자는 공감 대가 형성된 것으로 보인다. 특히 김계관 제1부상이 '9·19공동성명의 이 행'을 강조한 것은 9·19 공동성명에 비핵화 이행뿐만 아니라 평화협정 체 결도 들어가 있기 때문이다.

또 "제재 해제를 위한 방법을 찾자"고 언급한 대목은 북미 간 접촉의 명 분을 마련하고자 하는 의도가 깔려 있다. 일부 전문가들 사이에서는 한미 의 요구를 의식한 북이 ▲국제원자력기구(IAEA) 사찰단 복귀 ▲핵시설 모 라토리엄 선언과 같은 상징적 조치를 전격적으로 취할 가능성도 배제할 수 없다는 관측이 나온다. 이와 관련 《조선신보》는 2010년 10월 16일 "9월 이 후의 화해공세는 고도의 정책적 판단에 따라 이뤄졌다고 보는 것이 타당하 다"고 보도했다.

한 대북전문가는 "이명박 정부와 미국의 태도로 볼 때 올해 안에 6자회 담이 재개될 가능성은 낮다"며 '대응'만 있고 제대로 된 대북정책을 내놓지 못하고 있는 오바마 행정부가 아직까지 뚜렷한 해법을 내놓지 못하고 있기 때문이라고 지적했다. 다만 남북 이산가족상봉과 금강산관광 재개 논의가 일정한 진전을 이룰 경우 2011년에는 6자회담이 열릴 가능성이 크다.

"금강산 당국회담 하루빨리 갖자"

북은 2010년 10월 14일 금강산 관광문제를 협의하기 위한 남북 당국 간 실무회담을 하루빨리 가질 것을 촉구하는 통지문을 보내왔다. 남측이 10월 12일 "남북적십자회담(26~27일)과 이산가족 상봉행사(10월 30일~11월 5일) 일정 등을 감안해 추후 우리 입장을 알리겠다"고 통보한 데 대한 반응이다. 북미대화의 재개 및 속도에 맞춰 남북대화 재개를 위한 '대화공세'를 지속하겠다는 뜻을 시사한 것이다. 김양건 통일전선부장의 비서 승진, 김영철 정찰총국장의 당중앙군사위원회 위원 임명 등 기존 대남담당 간부들이 건재한 것도 이 같은 정책적 방향을 뒷받침한다.

따라서 9월 남북적십자회담→대북인도적 지원→10월 이산가족 상봉으로 이어질 남북관계가 개성공단 활성화, 금강산관광 재개로까지 발전할 수 있을지가 향후 정상회담 여부를 가늠할 수 있는 지표가 될 것으로 보인다. 2009년 비밀접촉에서 합의된 사항이 제대로 이행되지 않는 상황을 경험한 북은 남측의 쌀 지원, 금강산관광 재개 등을 통해 이명박 정부의 '대화 의지의 진정성'을 확인하려고 할 것이다.

남측도 국내의 부정적 여론을 바꾸기 위해서는 북측의 '성의'가 필요하다. 이명박 정부는 우선 '이산가족 상봉의 정례화'를 북에 제안했다. 2010년 정상회담을 위한 비밀접촉에서도 깊이 있게 논의된 내용이다. 과거 같으면 대규모 쌀·비료 지원이 선행돼야 가능한 사안이다. 북은 이산가족 상봉과 금강산관광 재개를 연계할 가능성이 크다.

물론 이명박 정부가 북의 대화공세를 적극 수용하기 위해서는 우선 대북정책을 둘러싼 정부 내의 강온파 대립을 해소해야 한다.

한국과 중국의 역할 중요

북의 후계자 등장에 대해 한국과 미국 정부가 어떤 판단을 내릴지도 변수로 작용할 것이다. 북의 '승계'을 강력하게 비난하고 북 체제의 불안정성을 관리하는 차원이 될지, 김정일 국방위원장이 있을 때 적극적인 비핵화 대화에 나설지 선택의 시점에 직면한 것이다.

일단 미국과 한국의 반응은 신중한 편이다. 이명박 대통령은 2010년 10월 11일 북의 후계 체제와 관련해 "우리가 관심을 두는 것은 3대 세습 과정이 어떠하든 간에 북이 핵 문제, 남북 평화 문제, 북 주민의 인권, 행복 이런 것에 관심을 갖는 것"이라면서 "북이 진정한 자세를 보이면 우리는 항상 열린 마음으로 대할 것"이라고 말했다. 이는 조선노동당 대표자회 등을 통한 김정은 당 중앙군사위 부위원장의 전면 등장을 후계구도 공식화의 과정으로 보고 승계 자체를 평가하기보다는 그 결과에 대해 관심을 두겠다는 의미로 풀이된다. 일단 북의 권력 승계 방식이 어떠하든 앞으로 핵 문제와 남북관계 등에서 더욱 전향적인 입장을 보여주는 게 중요하다는 입장 표명이라는 점에서 남북대화에 긍정적 메시지로 작용할 것으로 평가된다.

따라서 한반도 정세는 2010년 11월부터 2011년 초까지가 대단히 중요한 시기가 될 것이다. 이 기간에 북은 '전략적 인내'를 내세우며 대화 재개에 소극적인 한국과 미국을 움직일 수 있는 카드를 고민할 것으로 예상된다. 그것이 비핵화 진전과 대외개방으로 귀결될지, 또 다른 강경조치로 귀결될지는 좀 더 지켜봐야 할 것이다. 다만 북미대화가 지지부진하고 남북 실무대화가 실질적 성과를 내지 못할 경우 북이 추가 핵실험 등 강경노선을 선택할 가능성은 여전히 남아 있다.

남측과 중국의 중재, 미국의 선택이 주목된다. 남북관계는 이산가족 상봉 정례화 문제나 금강산관광 재개 관련 회담 등으로 남북대화가 일정하게 지속될 것이다. 이 기간에 이명박 정부가 어떤 대응을 하느냐가 중요하다.

6자회담의 재개와 성과는 중국이 핵심 키를 쥐고 있는지도 모른다. 미국과 남측은 북의 핵폐기 의지를 의심하고 있고, 북은 미국의 평화협정 체결 의지를 의심하고 있는 상황에서 '9 · 19공동성명'과 '2 · 13합의'가 '행동 대 행동의 원칙'에 따라 원만하게 이행되기 위해서는 6자회담 의장국인 중국의 중재가 어느 때보다도 중요한 상황이다. 중국이 북의 비핵화과정을 미국 측에 담보하고, 미국으로부터 평화협정에 대한 확답을 얻어내 비핵화와 평화협정이 동시에 추진되도록 '이행의 순서와 조건의 조합'을 만들어 낼 수 있는지가 향후 한반도 정세의 한 축을 규정할 수 있기 때문이다.

중국의 한 교수는 "지난 2년간 김정일 국방위원장의 행보를 보면 2012년까지 어떻게든 평화협정(안보문제), 인민생활, 남북관계 등 김일성 주석의 주요 유훈을 최대한 달성하려는 구상에 따라 이뤄지고 있다고 보여진다"며 "김정일 위원장의 두 차례 방중, 당 대표자회 개최 등도 그런 차원에서 볼 수 있고, 후계체계의 안정적 구축은 그 결과물이 될 것"이라고 말했다. 특히 2008년 '건강이상설'이 불거진 후 김정일 위원장의 행보가 더욱 빨라지고 '유훈'이 자주 거론되는 점은 시사하는 바 크다. 김정일시대를 성과 있게 '결산'하려는 움직임으로 볼 수 있는 셈이다. 앞으로 김정은 후계자의 정책 방향을 시사한다.